GOLDMANN
ARKANA

Buch

Seit fünfzig Jahren gibt Sylvia Browne mediale Beratungen. In diesem Buch blickt sie zurück auf diese Arbeit, auf die Vielfalt der Lebenssituationen, die ihr begegnet sind, auf die vielen Menschen, deren Leben sie streifte und oft genug von Grund auf veränderte. So erzählt sie aus ihrem Leben unter dem Blickwinkel, wie sie ihre starke Verbindung zur jenseitigen Welt zum Wohle ihrer Mitmenschen einsetzen konnte. Probleme mit der Liebe und Beziehungen, Familie, Gesundheit, Beruf und Finanzen, in Rechtsstreitigkeiten und mit Haustieren hat sie gelöst, die entscheidenden Tipps zum Wiederfinden gegeben, wenn jemand etwas Wichtiges verloren hatte, und spirituellen Rat gegeben, der seelische Wunden geheilt und Verzweiflung und Depression in Zuversicht, Aktivität und ein gutes Leben verwandelt hat. Sylvia Browne gibt einen zusammenfassenden Bericht über ihre Erfahrungen, schildert Fallgeschichten und lässt auch ihre Klienten zu Wort kommen. So beeindruckt das Buch durch schier unglaubliche und doch belegte Beispiele, wie die Hilfe aus dem Jenseits irdische Wunden heilte. Faszinierend ist Sylvia Brownes außerordentliche Gabe, Informationen aus der geistigen Welt zu übermitteln. Faszinierend sind auch ihre Hinweise, wie stark wir ständig mit dem Jenseits in Kontakt stehen, sowie die Selbstverständlichkeit und Aufrichtigkeit, mit der sie darüber spricht.

Autorin

Sylvia Browne wurde 1936 in Kansas City, Missouri, geboren. Der sterbende Bruder ihrer Mutter sagte vorher, dass sie »die Gabe« haben würde. Ihre Großmutter führte sie in die mediale Arbeit ein. Mittlerweile arbeitet Sylvia Browne seit nahezu 60 Jahren als Hellsichtige. Ihre einzigartige Begabung, mit der jenseitigen Welt zu kommunizieren, machte sie international bekannt. Sie hat zahlreiche Bestseller verfasst und tritt regelmäßig im US-Fernsehen auf.

Von Sylvia Browne sind bei Goldmann bereits erschienen:

Die Geisterwelt ist nicht verschlossen (21567)
Jenseits-Leben (21603)
Das Buch der Träume (21663)
Engel an deiner Seite (21693)
Von Geistern, Spuk, Gespenstern und dem Wiedersehen im Jenseits (21701)
Hellsichtig (21755)
Die großen Geheimnisse und Rätsel der Welt (21767)
Phänomene (21775)

Sylvia Browne

Einsichten

Fallgeschichten aus der jenseitigen Welt

Aus dem Englischen von
Burkhard Hickisch

GOLDMANN
ARKANA

Die amerikanische Originalausgabe erschien 2006
unter dem Titel »Insight« bei Dutton,
Penguin Group (USA) Inc., New York.

FSC
Mix
Produktgruppe aus vorbildlich
bewirtschafteten Wäldern und
anderen kontrollierten Herkünften

Zert.-Nr. SGS-COC-1940
www.fsc.org
© 1996 Forest Stewardship Council

Verlagsgruppe Random House FSC-DEU-0100
Das für dieses Buch verwendete FSC-zertifizierte
Papier *München Super* liefert Mochenwangen.

1. Auflage

Deutsche Erstausgabe August 2007

This edition published by arrangement with Dutton,
a member of Penguin Group (USA) Inc.
Umschlaggestaltung: Design Team München
Umschlagfoto: Getty-Images/DavidSacks
Redaktion: Daniela Weise
WL · Herstellung: CZ
Satz: Greiner & Reichel, Köln
Druck und Bindung: GGP Media GmbH, Pößneck
Printed in Germany
ISBN 978-3-442-21801-1

www.arkana-verlag.de

Für meine selbstlosen Klienten,
deren mutige und aufrichtige Beiträge dieses Buch
erst möglich gemacht haben

Inhalt

Dank

Wir danken nicht nur unserem unerschrockenen Team Brian Tart und Bonnie Solow, sondern auch besonders herzlich Linda Rossi und Michael McClellan, die in der Vorbereitung dieses Buchs unzählige Briefe und eidesstattliche Erklärungen aus vielen Jahrzehnten begutachtet und ausgewählt haben.

Wir schätzen eure Mitarbeit sehr.

Sylvia und Lindsay

Einleitung

Mit diesem Buch feiere ich mein 50-jähriges Jubiläum. Wie viele von Ihnen bereits wissen, bin ich von Geburt an hellsichtig. Es handelt sich dabei um eine Gabe, die in unserer Familie mindestens 300 Jahre zurückverfolgt werden kann. Aber erst seit ich fast 20 bin, also erst seit einem halben Jahrhundert (wenn ich mich nicht verrechnet habe), gebe ich – anfangs im informellen Rahmen – private Einzelreadings, bei denen mir die Person entweder gegenübersitzt oder wir telefonisch miteinander sprechen. Die Menschen, die zu mir kommen, haben die unterschiedlichsten Fragen und sind bereit, Antworten zu hören, die nicht *von mir* stammen, sondern lediglich von der Quelle aller Weisheit und allen Lebens *durch mich* übermittelt werden.

Ich gebe nun also schon 50 Jahre Readings. In einem schäbigen Ladenbüro in San José, das so klein war, dass ich Vorhänge an die nackte Wand hing, um die Illusion eines Fensters zu erzeugen. An einem gleichermaßen winzigen Platz in meinem überfüllten Haus, wo die Windeln meiner Söhne auf einer Wäscheleine vor der Tür hingen. In unzähligen Krankenhauszimmern, Altenheimen und Kindertagesstätten. In Suiten von Fünf-Sterne-Hotels, Herrenhäusern, Lehmhütten und Zelten aus Rentierhäuten. An Flussufern, in Sanddünen in der Wüste, glitzernden Meeresstränden und bitterkalten Berggipfeln. Am Fuße der Sphinx, der großen Pyramiden, des Eiffelturms und unter mächtigen Baobab-Bäumen. Auf sechs von sieben Kontinenten (mit der Antarktis verbindet mich eine auf gegenseitigem Respekt beruhende Entfernung) habe ich im letzten halben Jahrhundert Tausende und Abertausende von Readings gegeben, für Interessenten jeden Alters, jeder Herkunft und aus jeder Art von Lebensumstand. Und an dieser 50-Jahre-Marke schaue ich in tiefer Dankbarkeit zurück und komme in Bezug auf den Teil meines Lebens, der auch in Zukunft meinen Klienten gewidmet sein wird, zu einer unumstößlichen Schlussfolgerung:

Ich habe weit mehr empfangen, als ich jemals hätte geben können, und ich habe viel mehr gelernt, als ich jemals hätte lehren können.

Wenn wir die oberflächlichen Unterschiede zwischen uns Menschen mal beiseite lassen, wie zum Beispiel geografische Herkunft, Hautfarbe, kulturelle Traditionen und die speziellen Wörter, mit denen wir Gott preisen, dann sind wir Erdbewohner, die sich nicht von Ihm abgewendet haben, in unserem Kern alle gleich. Wir sehnen uns danach zu lieben und geliebt zu werden. Wir sehnen uns danach zu hören, dass wir auf dem richtigen Weg sind oder wie wir auf unseren Weg zurückfinden, wenn wir das Gefühl haben, von unseren eigentlichen Zielen abgekommen zu sein. Wir sehnen uns danach, stärker, weiser, gesünder, mutiger und weniger ängstlich zu sein. Wir sehnen uns danach, das zu verstehen, was uns verwirrt und schwächt. Wir sehnen uns danach, die Verbindung zu unserem Schöpfer und zu unserer ewigen Seele zu spüren, anstatt bloß darauf hoffen zu können, dass sie existiert. Wir sehnen uns nach der konkreten Erfahrung jenseits allen Zweifelns, dass es mehr gibt als dies hier, dass *wir* mehr sind, als wir zu sein scheinen, und dass es für uns und für alle, die wir jemals geliebt haben, kein Ende gibt. Wir sehnen uns nach innerem Frieden und nach dem ewigen Frieden, den unsere Seele durch ihr göttliches Geburtsrecht besitzt.

Dies sind in unterschiedlichen Nuancen die Themen, die mir meine Klienten in all den Jahren anvertraut haben. Und um es noch einmal zu betonen: Die Antworten, die ich anbiete, haben nichts mit mir zu tun, sie erfordern von mir nur, dass ich mich aus der Sache heraushalte und lediglich die Information genau weiterleite, die mir gegeben wird (ob sie für mich einen Sinn macht oder nicht). Ich vertraue dabei darauf, dass ich nur die Information bekomme, die für meinen jeweiligen Klienten wichtig ist.

Genauso wichtig wie Gott selbst sind die eidesstattlichen Erklärungen, die ich mir von jedem Klienten erbitte, den ich »lese«. Ich wünsche mir nicht nur eine Bestätigung, ich *brauche* eine Bestätigung. Ich muss einfach wissen, ob das, was ich weitergebe, stimmt und anderen eine Hilfe ist. Sollte beides nicht der Fall sein, ist es für mich an der Zeit, den Laden dicht zu machen. Ich spreche hier nicht von hundertprozentiger Treffsicherheit. Nur Gott selbst kann hundertprozentige Aussagen treffen. Mein Genauigkeitsgrad ist wissenschaftlich getestet und liegt irgendwo zwischen 85 und 90 Prozent. Dies ist meine Messlatte, und ich erwarte von meinen Klienten, dass sie mich jeden Tag an ihr messen.

Dieses Buch enthält nur einen kleinen Teil dieser eidesstattlichen Erklärungen. Sie stammen von Klienten, die mich in den verschiedensten Bereichen um Hilfe gebeten haben, seien es Gesundheit oder Beziehungsprobleme, vermisste oder ermordete Familienmitglieder, unbewältigte Trauer oder geistige Verwirrtheit, bis hin zu der immer wiederkehrenden und gerne gestellten Frage: »Wann werde ich den Richtigen oder die Richtige treffen?« Diese schriftlichen Zeugnisse sind nur ein kleiner Teil der unzähligen Bestätigungen, die sich dank der unermüdlichen und akribischen Mitarbeit meines Stabes in meinem Büro in den Akten befinden. Und die wenigen, die ich in diesem Buch anführe, stammen ausnahmslos von denjenigen, die mir die Erlaubnis gegeben haben, aus ihnen zu zitieren. Da die Privatsphäre meiner Klienten für mich unantastbar ist, benutze ich nicht ihren richtigen Namen, wenn ich ihre Geschichte wiedergebe. Wenn Klienten damit von sich aus an die Öffentlichkeit treten wollen, dann ist das ihre Sache und nicht meine.

Und da wir gerade dabei sind – ein paar der Bestätigungen, die Sie lesen werden, sind an mich persönlich adressiert. Andere wurden an mein Büro geschickt und beziehen sich auf mich in der dritten Person. Vielleicht wäre es nicht so verwirrend gewesen, sie alle in Briefe umzuformulieren, die mit »Liebe Sylvia« beginnen, aber ich hatte mich nun mal dazu entschlossen, die Bestätigungen in der Originalform wiederzugeben, in der sie mir geschickt wurden.

Falls Sie sich wundern sollten, welchen Nutzen Erfahrungsberichte von den Readings anderer Leute für Sie haben sollten, gibt es ein paar sehr einfache Antworten auf diese Frage. Einerseits stammen die größten Einsichten, die wir in diesem Leben haben können, aus den positiven und negativen Auswirkungen von Erfahrungen, die wir mit anderen teilen. Andererseits, und dies ist viel entscheidender, bieten diese Erfahrungsberichte eine ständige Rückversicherung, dass Sie in dem, was Sie durchgemacht haben oder gerade durchmachen oder vielleicht durchmachen werden, nicht allein sind, weil es anderen genauso ergangen ist.

Ich danke jedem Klienten in diesem halben vergangenen Jahrhundert – ob mit oder ohne eidesstattliche Erklärung, ob er in diesem Buch erwähnt wird oder nicht – aus ganzem Herzen für das, was er mich gelehrt und mir gegeben hat. Ich bedanke mich bei Ihnen für den Mut, den es Sie gekostet hat, mir die Fragen zu stellen, die für Sie so wichtig gewesen sind. Sie wussten, dass ich Sie niemals belügen oder Ihnen falsche Hoffnungen machen würde, auch wenn Sie sich manchmal vielleicht insgeheim danach gesehnt haben.

Gott segne Sie mit Seiner Liebe.

1

Die geschichtlichen Wurzeln der Hellsichtigkeit

Solange die Menschheit schon diesen Planeten bewohnt, fühlen wir uns verletzlich und ängstlich und haben großes Heimweh nach dem Jenseits, wo wir in der Vollkommenheit Gottes leben. Wir halten nach Dingen und Personen Ausschau, die uns Gewissheit geben, dass das Leben auf der Erde nicht so zufällig und sinnlos ist, wie es oft erscheint.

In vorgeschichtlicher Zeit erhofften sich die Menschen, ihr Jagdglück beeinflussen zu können, um ihre Familien zu ernähren.

Könige, Pharaonen und Krieger suchten göttliche Führung in bevorstehenden Schlachten.

Präsidenten und Premierminister, die ihren Einfluss und ihre Macht stärken wollten; Ärzte, Wissenschaftler, Psychiater und Gesetzeshüter auf der Suche nach der Auflösung unerklärlicher Rätsel; die Angehörigen vermisster Personen; die Ermordeten ohne Hinweis auf den Täter; die Schwerkranken ohne eine rettende Diagnose; die Alleinstehenden auf der Suche nach ihrem Traumpartner; Kinder mit Alpträumen oder Wunderkinder, die ihrem Alter weit voraus sind; Erwachsene mit unkontrollierbaren Ängsten – alle wollen wissen, ob ihre Erfahrungen, wenigstens für Gott, eine Bedeutung haben …

Seit Anbeginn der Zeit haben sich Menschen in jeder Lebenssituation, jeder Kultur, Religion und Zivilisation aus Verzweiflung, Kummer oder geistiger Wissbegier heraus an diejenigen gewandt, die eine besondere Einsichtsfähigkeit zu haben schienen, eine »innere Verbindung« zu einer Größeren Macht, um Antworten auf ihre dringenden und unfassbaren Fragen zu bekommen.

Wie auch immer sie diese Menschen nannten, sie wandten sich an die Hellsichtigen.

Es ist nicht leicht, »Hellsichtigkeit« zu definieren. Im Allgemeinen ist ein Hellseher oder eine Hellseherin dazu in der Lage, Botschaften aus einer Quelle zu empfangen und richtig zu interpretieren, die normalerweise nicht mit den fünf Sinnen Sehen, Hören, Riechen, Schmecken und Berühren wahrgenommen werden können – mit anderen Worten also »übersinnlichen« Ursprungs sind. Die logische Schlussfolgerung daraus wäre, dass jeder über hellsichtige Kräfte verfügt, da jeder »so ein Gefühl im Bauch« kennt und über »Impulse«, »Instinkte« und »Ahnungen« verfügt, die nichts mit den fünf Sinnen zu tun haben. Um zwischen »hellsichtig sein« und »ein Hellseher sein« zu unterscheiden, benutze ich gern die Analogie zwischen »Klavier spielen« – was jeder kann, sogar mit dem bloßen Fuß oder Ellbogen – und der Gabe, ein Konzertpianist zu sein.

Readings im Lauf der Zeiten

Es gibt keine schriftliche Überlieferung, wann ein afrikanischer Stamm das erste Mal seinen Medizinmann damit beauftragt hat, einen Fluch aufzuheben oder die Götter um eine sichere Rückkehr nach einer langen Jagd zu bitten. Wir wissen nicht, wann die Inder Auserwählte aus ihren Reihen zu Schamanen und Heilern gemacht haben oder wann die ersten wirklichen Wahrsager oder Seher die Aufmerksamkeit der ersten Gläubigen in den Dörfern Osteuropas und Nordafrikas auf sich zogen.

Wir wissen, dass die Chinesen ungefähr 2000 v. Chr. das *I Ging*, das »Buch der Wandlungen«, befragten und sich an Meister wandten, um die Botschaften aus dem Jenseits zu interpretieren, die sich in den Mustern der auf den Boden geworfenen Stäbe oder Knochen ausdrückten.

Wir wissen, dass sich mehrere Jahrhunderte vor Christus die Menschen im antiken Griechenland im heiligen Apollo-Tempel nahe der Stadt Delphi versammelten, um dort Prophezeiungen und spirituelle Weisheit zu empfangen. Das Orakel von Delphi wurde wegen allem Möglichen um Rat gefragt – von der richtigen Kriegsstrategie bis hin zur Verabschiedung der richtigen Gesetze. König Krösus von Lydien erhielt 550 v. Chr. vielleicht die am tragischsten fehlinterpretierte Botschaft des Orakels, als er wegen seines Angriffsplans auf Persien um Rat bat. Ihm wurde gesagt, dass »Krösus ein großes Reich zerstören« werde, wenn er an seinen Zielen festhielte. Da er genau das vorhatte, fiel er in Persien ein, wo seine Armee total vernichtet wurde, was dazu führte, dass die Perser Lydien eroberten. Krösus konnte es nicht fassen, wie ihm das Orakel eine so große Fehlinformation gegeben haben konnte, aber das Orakel antwortete nur, dass sich die Prophezeiung bewahrheitet habe. Krösus hatte wirklich ein großes Reich zerstört. Leider war es sein eigenes.

Über die Propheten wurden so viele Bücher geschrieben,

dass sie ganze Bibliotheken füllen. Es handelt sich dabei um David, Jesaja, Josef, Moses, Samuel, Hosea, Hesekiel, Micha, Buddha und Mohammed – um nur eine kleine Auswahl zu treffen. Ohne sie würden heute die großen Weltreligionen nicht existieren.

Das Alte Testament der Bibel, das zwischen 1450 und 430 v. Chr. geschrieben wurde, berichtet über viele Propheten und über ein paar erstaunliche Voraussagen über die Geburt, das Leben und die Kreuzigung von Jesus Christus – Ereignisse, die noch Hunderte von Jahren in der Zukunft lagen.

Im fünften Kapitel, zweiter Vers, im Buch des Micha des Alten Testaments steht zum Beispiel geschrieben: »Und du, Bethlehem Efrata, die du klein bist unter den Städten in Juda, aus dir soll mir der kommen, der in Israel Herr sei, dessen Ausgang von Anfang und von Ewigkeit her gewesen ist.« Fast 800 Jahre später wurde Jesus in der kleinen jüdischen Stadt Bethlehem geboren.

Der große Prophet Jesaja, dessen Buch auch ein Teil des Alten Testaments ist, wurde 700 Jahre vor Jesus' Geburt in Jerusalem geboren. Er schrieb ausführlich über den kommenden Messias. In Jesaja 7:14 steht zum Beispiel geschrieben: »Darum wird euch der HERR selbst ein Zeichen geben: Siehe, eine Jungfrau ist schwanger und wird einen Sohn gebären, den wird sie nennen Immanuel.«

Im Neuen Testament beschreibt Matthäus 1:18–21 die Geburt des Christus: »Die Geburt Jesu Christi geschah aber so: Als Maria, seine Mutter, dem Josef vertraut war, fand es sich, ehe er sie heimholte, dass sie schwanger war von dem heiligen Geist. Josef aber, ihr Mann, war fromm und wollte sie nicht in Schande bringen, gedachte aber, sie heimlich zu verlassen.

Als er das noch bedachte, siehe, da erschien ihm der Engel des Herrn im Traum und sprach: Josef, du Sohn Davids, fürchte dich nicht, Maria, deine Frau, zu dir zu nehmen; denn was sie empfangen hat, das ist von dem heiligen Geist. Und sie wird einen Sohn gebären, dem sollst du den Namen Jesus geben, denn er wird sein Volk retten von ihren Sünden.«

Jesaja sagte auch richtig voraus, dass Jesus zusammen mit Kriminellen gekreuzigt und in der Grabkammer eines reichen Mannes beigesetzt werde, während der Prophet Sacharja im neunten Kapitel, neunter Vers, sagt, dass der Messias auf einem Esel in Jerusalem einreiten werde, genauso wie Jesus es getan hat.

Der Prophet David, der größte König der Juden, soll im Alten Testament das Buch der Psalmen geschrieben haben. Psalm 22 enthält herzerschütternde Voraussagen der Kreuzigung von Christus, tausend Jahre, bevor sie stattfand. Es heißt dort auszugsweise:

Alle, die mich sehen, verspotten mich, sperren das Maul auf und schütteln den Kopf: »Er klage es dem HERRN, der helfe ihm heraus und rette ihn, hat er Gefallen an ihm.« …

Denn Hunde haben mich umgeben, und der Bösen Rotte hat mich umringt; sie haben meine Hände und Füße durchgraben. Ich kann alle meine Knochen zählen; sie aber schauen zu und sehen auf mich herab. Sie teilen meine Kleider unter sich und werfen das Los um mein Gewand.

Matthäus 27:28–40 im Neuen Testament ist ein Augenzeugenbericht der Kreuzigung:

Und zogen ihn aus und legten ihm einen Purpurmantel an und flochten eine Dornenkrone und setzten sie ihm aufs Haupt und gaben ihm ein Rohr in seine rechte Hand und beugten die Knie vor ihm und verspotteten ihn und sprachen: »Gegrüßet seist du, der Juden König!« und spien ihn an und nahmen das Rohr und schlugen damit sein Haupt. Und als sie ihn verspottet hatten, zogen sie ihm den Mantel aus und zogen ihm seine Kleider an und führten ihn ab, um ihn zu kreuzigen. Und als sie hinausgingen, fanden sie einen Menschen aus Kyrene mit Namen Simon; den zwangen sie, dass er ihm sein Kreuz trug. Und als sie an die Stätte kamen mit Namen Golgatha, das heißt: Schädelstätte, gaben sie ihm Wein zu trinken mit Galle vermischt; und als er's schmeckte, wollte er nicht trinken. Als sie ihn aber gekreuzigt hatten, verteilten sie seine Kleider und warfen das Los darum. Und sie saßen da und bewachten ihn. Und oben über sein Haupt setzten sie eine Aufschrift mit der Ursache seines Todes: Dies ist Jesus, der Juden König. Und da wurden zwei Räuber mit ihm gekreuzigt, einer zur Rechten und einer zur Linken. Die aber vorübergingen, lästerten ihn und schüttelten ihre Köpfe und sprachen: »Der du den Tempel abbrichst und baust ihn auf in drei Tagen, hilf dir selber, wenn du Gottes Sohn bist, und steig herab vom Kreuz!«

Während der 33 Jahre, die Jesus auf der Erde lebte, sprach er oft würdigend von den großen Propheten, die ihm vorangegangen waren, am eindruckvollsten in der berühmten Bergpredigt: »Ihr sollt nicht meinen, dass ich gekommen bin, das Gesetz oder die Propheten aufzulösen; ich bin nicht gekommen aufzulösen, sondern zu erfüllen.« (Matthäus 5:17)

Die jüdische Thora, die Gottes Wort in geschriebener Form

darstellt, stimmt natürlich mit dem Alten Testament überein und betrachtet die Propheten ebenfalls als Gottes Boten und Lehrer auf Erden. Im Judentum ist Moses der größte aller Propheten. Er befreite die Israeliten aus der Knechtschaft des Pharao und führte sie nach Kanaan, in das gelobte Land. Es war Moses, dem Gott auf dem Berg Sinai die Steintafeln mit den Zehn Geboten gab. Dem jüdischen Glauben gemäß sah Moses die Prophezeiungen aller Propheten, die noch kommen würden. Nicht vergessen sollten wir in diesem Zusammenhang auch, dass die Geburt des Moses dem Pharao von seinen persönlichen Astrologen vorhergesagt worden war, die einen großen Einfluss auf die Entscheidungen des Herrschers und daher auch auf die Politik im alten Ägypten hatten.

Mohammed, der 570 n. Chr. in Mekka geboren wurde, gründete den Islam und wird von den Muslimen als der letzte große Prophet und Abgesandte Gottes betrachtet, um der Menschheit die Lehre des einen Schöpfers zu bringen, des allwissenden, barmherzigen und höchsten Gottes, den sie Allah nennen. Mohammed war 40 Jahre alt, als ihm während der Meditation der Erzengel Gabriel erschien und ihm die erste der 23 Jahre andauernden Offenbarungen Gottes brachte, die den Kern des Islam darstellen.

Und dann gab es noch einen hochtalentierten Jungen namens Siddharta Gautama, der vor 2500 Jahren in Nordindien als Sohn der Königin Maha Maya und des Königs Suddhodana geboren wurde. Nachdem er 29 Jahre wohlbehütet im Luxus des Palasts gelebt hatte, sagte sich Siddharta von seinem königlichen Erbe, seinem Reichtum und seiner Familie los. Nur auf sich selbst gestellt, machte er sich auf den Weg, um den tragischen Kreislauf von Geburt, Entbehrung, Krankheit und Tod zu überwinden, den er außerhalb des Palastes gesehen hatte und den er nicht ertragen konnte. Sechs Jahre später, nachdem er große Entbehrungen und große Einsamkeit durchgemacht hatte, setzte er sich unter einen ausladenden Feigenbaum und gelobte sich: »Auch wenn meine Haut, meine Nerven und mein Blut austrocknen sollten, ich werde nicht eher von diesem Platz aufstehen, bis ich höchste Erleuchtung erlangt habe.« Er meditierte dort die ganze Nacht hindurch, in der ein großer Sturm wütete. Seine Gebete nach Klarheit und Verstehen fanden immer mehr Gehör, und bei Tagesanbruch war aus dem Prinzen Siddharta der große Buddha Shakyamuni geworden, der Erleuchtete, Gründer der wunderbaren, friedliebenden Religion des Buddhismus. In den buddhistischen Schriften gibt es die Prophezeiung eines zukünftigen Buddhas, der sich im Moment noch in *Tutshita*, dem Jenseits, aufhält. Sein Name wird Maitreya sein, was so viel bedeutet wie »der Beste der Menschen«. Er wird wie folgt beschrieben:

Er hat eine himmlische Stimme, die bis in die Unendlichkeit reicht; seine Haut hat einen goldenen Glanz; eine große Pracht strahlt von seinem Körper aus; seine Brust ist breit, seine Gliedmaßen kräftig, und seine Augen gleichen Lotosblüten. Sein Körper ist fast 40 Meter hoch und 10 Meter breit. Er hat ein Gefolge von 84000 Leuten … Und diejenigen, die sein Dharma [Wege, uns vor der Unwissenheit zu schützen] vernommen haben, versammeln sich in einem Park voller wunderschöner Blumen, und seine Gefolgschaft umfasst über 100 Legionen. Unter Maitreyas Führung werden Hunderttausende ein religiöses Leben beginnen.

Nicht alle Propheten inspirierten die großen Religionen, aber ihr Wirken hat auf der Erde und in den paranormalen Welten immer noch einen großen Einfluss. Ihre Schriften werden immer noch intensiv studiert, lange nachdem sie selbst wieder nach Hause zurückgekehrt sind.

Da ist Nostradamus, der 1503 geboren wurde und 942 prophetische Vierzeiler schrieb, die inzwischen seit fünf Jahrhunderten interpretiert, bewundert und belächelt werden. Eine der bekanntesten Prophezeiungen zielt auf die drei Verkörperungen des Antichrist, vor denen Nostradamus warnt. Einer von ihnen sei ein Meister-Manipulator, den er als den »großen Feind der Menschheit« bezeichnet.

Mitten im Westen Europas
wird armen Eltern ein Kind geboren,
Seine Zunge wird viele Menschen verführen,
sein Ruhm wird das Östliche Königreich vergrößern.

Er wird kommen und das ganze Land tyrannisieren.
Er wird einen Hass entfachen, der lange geschlummert hat.
Das Kind Deutschlands hält sich an keine Gesetze.
Wehklagen und Tränen, Feuer, Blut und Schlachten.

Es fällt schwer, den »Zufall« zu leugnen (als ob es so etwas gäbe), dass Adolf Hitler 1889 in einer armen österreichischen Familie geboren wurde und die Katastrophe über die Menschen brachte, die Nostradamus Jahrhunderte zuvor so unheimlich genau beschrieben hat.

Da ist Madame Helena Blavatsky, geboren 1831 in Russland, eine exzentrische Spiritistin und Hellseherin, deren seltsames Auftreten immer wieder ihre unzweifelhaften prophetischen Gaben in Verruf brachte. So existiert von ihr beispielsweise die berüchtigte (und eigentlich nur urkomische) »Fotografie«, auf der sie vor drei »aufgestiegenen Meistern« sitzt, die sie regelmäßig während ihrer Séancen gechannelt hat und die sich in geeigneter Weise materialisiert haben sollen, um mit ihr zu posieren, einer von ihnen sogar im Hermelinpelz. Auf der anderen Seite hat sie vorausgesagt, dass Atome in ständiger Bewegung sind und gespalten werden können und dass sich Materie und Energie ineinander verwandeln lassen. All diese Prophezeiungen bewahrheiteten sich nach ihrem Tod im Jahre 1891. Aber abgesehen von den aufgestiegenen Meistern und anderem fragwürdigen Verhalten, gehörte ihr Buch *Die Geheimlehre*, das Einsichten und Prophezeiungen über eine atemberaubende Fülle von Themen beinhaltete, zu den wenigen Büchern, die Albert Einstein griffbereit auf seinem Schreibtisch liegen hatte.

Da ist der englische Autor und Prophet H. G. Wells (1866 bis 1946), der mit seinen Science-Fiction-Romanen *Der Krieg der Welten, Die Insel des Dr. Moreau* und *Die Zeitmaschine* weltberühmt geworden war. Unter seinen nachweislichen Voraussagen waren die Atombombe, die Luftangriffe auf London, Militärflugzeuge, Computer, Fernsehgeräte und Videorekorder.

Da ist Sir Arthur Conan Doyle, Erfinder der legendären Romanfigur Sherlock Holmes. In seiner zweiten Lebenshälfte beschäftigte sich Doyle fast ausschließlich mit spirituellen Dingen. Er fing an, seinen Geistführer Phineas zu channeln, und kurz vor seinem Tod im Jahre 1930 veröffentlichte er eine Reihe von Prophezeiungen. Zu ihnen gehörten »Erdbeben von großer Stärke und gewaltige Flutwellen«, die einen Großteil der Menschheit zerstören würden, sowie »ungefähr drei Jahre andauernde Erschütterungen« im östlichen Mittelmeerraum, »wo nicht weniger als fünf Länder völlig verschwinden werden«. Seine Prophezeiungen endeten mit einer Schlussfolgerung, deren Wahrheitsgehalt wohl jeder tief in seinem Innern spüren kann: »Die Menschheit kann gerettet werden, wenn sie zu ihren spirituellen Werten zurückkehrt.«

Da ist der wundervolle »schlafende Prophet« Edgar Cayce, der im späten 19. Jahrhundert in Kentucky geboren wurde und dort aufwuchs. Ohne medizinische Ausbildung war er in der Lage, unzählige Krankheiten »aus der Ferne« zu heilen, durch Informationen, die er in einem selbst herbeigeführten Trancezustand bekam. Schließlich befasste er sich auch mit einer erstaunlichen Vielfalt metaphysischer Phänomene, die von hervorragenden Studien zur Reinkarnation bis hin zu Prophezeiungen reichte, darunter (1939) der Tod Franklin Roosevelts im Jahre 1945 oder derjenige von John F. Kennedy im Jahre 1963 sowie (1935) eine sich zusammenballende Katastrophe in Europa, in die Deutschland und Österreich, aber letztlich auch Japan verwickelt sein würden.

Es gibt zu viele andere historisch bedeutsame Propheten und Hellseher, um sie alle an dieser Stelle aufzuführen und näher auf sie einzugehen – wie zum Beispiel Aldous Huxley, Eileen Garrett, Mother Shipton, Maria Esperanza. Diese Namen sind gerade mal die Spitze des Eisbergs all derer, die ihren unauslöschlichen Einfluss auf die Welt hinterließen und uns anderen den Weg geebnet haben.

Darüber hinaus dürfen wir natürlich auch nicht die Astrologen vergessen, die seit dem antiken Babylonien den Himmel nach Zeichen absuchen, um unsere Entscheidungen zu erleichtern und den besten Weg zu finden, vor uns liegende Hürden zu überwinden.

Da sind Handleser, die die Vergangenheit, Gegenwart und Zukunft aus den Handlinien lesen.

Da sind Numerologen, die Zahlen und Buchstaben benutzen sowie das Geburtsdatum und den vollen Namen einer Person, um nach Anzeichen dafür zu suchen, was gewesen ist, was in der Zukunft liegt und was den Weg versperrt.

Da sind Tarotkartenleser, die einen Satz symbolischer, speziell definierter Karten benutzen, um das Potenzial einer Person, mögliche Stolpersteine auf ihrem Weg und die beste Handlungsweise in buchstäblich jedem Lebensbereich aufzuzeigen.

Da sind Channels, die geistige Botschaften empfangen, indem sie sich in einen veränderten Bewusstseinszustand versetzen und es den Geistwesen erlauben, durch sie zu sprechen.

Da sind Medien, die ebenfalls geistige Botschaften empfangen und diese in ihren eigenen Worten weitergeben.

Da sind Schamanen, die – gemäß der klassischen Definition – mit Hilfe der lebendigen Weisheit der Natur, die sie umgibt, heilen.

Da sind Hellseher, die Informationen aus anderen Dimensionen sehen und interpretieren.

Da sind Hellhörige, die Informationen aus anderen Dimensionen hören und interpretieren.

Da sind Hellfühlende, die Informationen aus anderen Dimensionen fühlen.

Da sind (oder besser waren, weil sie inzwischen fast alle verschwunden sind) Phrenologen, die die natürliche Schädelform interpretierten.

Da sind Teesatzleser, die die unterschiedlichen Formen aufgebrühter Teeblätter interpretieren.

Da sind Alchemisten, die obskure natürliche Elemente benutzen – einschließlich einer schwer fassbaren Substanz, die »der Stein der Weisen« genannt wird –, um zu heilen und göttliche Informationen zu offenbaren.

Da sind diejenigen, die nach geistigen Botschaften von Hoffnung oder Verdammung in allem Möglichen suchen, von aufsteigendem Rauch (Kapnomantiker) und brennenden Zweigen (Botanomantiker) und den Bewegungen der Fische (Ichthyomantiker) und zufällig aufgeschlagenen Büchern (Rhapsodomantiker) bis hin zum Verhalten von Schlangen (Ophiomantiker).

Und um es noch einmal zu wiederholen: Dies ist nur die Spitze des Eisbergs.

Es überrascht nicht, dass die Welt der übernatürlichen und paranormalen Phänomene ein Gebiet ist, das viel studiert, getestet, erforscht, verehrt und gefeiert wird, aber auch als ein riesiger weltweiter Betrug oder gar als »Teufelswerk« hingestellt wird. Madame Blavatsky und Colonel Henry Olcott, ein amerikanischer Journalist und Forscher, der zu der Kommission gehörte, die die Ermordung Abraham Lincolns untersuchte, gründeten im Jahre 1875 die Theosophische Gesellschaft mit dem Ziel, unter anderem auch Spiritismus und Okkultismus zu erforschen. Die Society for Psychical Research wurde 1882 in England von keinem geringeren als dem Cambridge-Professor Henry Sidgwick gegründet, und es dauerte nicht lange, da gesellte sich Sir Arthur Conan Doyle zu ihm. Das bekannte Medium Arthur Ford gründete 1955 die Spiritual Frontiers Fellowship. The Stanford Research Institute und die Duke

University haben sich ausgiebig mit verschiedenen Aspekten übernatürlicher Phänomene befasst. Selbst der CIA gründete 1975 das Projekt Star Gate, in dem ein Team von »remote viewers« gebildet wurde, die in der Lage waren, Einzelheiten über einen bestimmten Ort wahrzunehmen und zu beschreiben, von dem sie zeitlich, räumlich und körperlich getrennt waren. Die Regierung hoffte, durch hellseherische Fähigkeiten an Informationen zu kommen, an die man sonst nicht kam, von geheimen Waffenlagern des Feindes bis hin zu vermissten Geiseln. (Im Jahre 1995 wurde das Projekt Star Gate zwar offiziell eingestellt, aber die Ergebnisse von 20 Jahren gezielter Forschung und die Liste der Teilnehmer befinden sich weiterhin in den Akten.) Auch ich gründete meine eigene Nirvana Foundation for Psychic Research. Die Zahl der Organisationen, die sich in den letzten 150 Jahren der Erforschung übernatürlicher Phänomene widmeten, ist fast unüberschaubar.

Die Skeptiker, und davon gibt es nicht wenige, weisen darauf hin, dass es trotz aller Nachforschungen und Überprüfungen bislang nicht gelungen sei, übernatürliche Phänomene wissenschaftlich zu beweisen.

Allen anderen genügen als Beweis die Augenzeugenberichte aus erster Hand.

Und außerdem lässt sich natürlich nicht bestreiten, dass auf jeden wirklichen, talentierten und ehrlichen Hellseher, der jemals existiert hat, Tausende und Abertausende von Schwindlern und Betrügern kommen.

Manche sind sehr geschickt und arbeiten mit einfachen Zaubertricks, besonders wenn sie das Bargeld ihrer Klienten in ein Tuch einschlagen und – nachdem ihr Gegenüber für wenige kritische Momente seine Augen im Gebet geschlossen hat – das

Tuch wieder öffnen und nur noch ein Haufen wertloser Asche zu sehen ist. Wie konnte das nur geschehen? Weil das Geld nicht rechtmäßig verdient und daher verflucht war – oder, was den Sachverhalt genauer trifft: weil es mit einem identischen Tuch voller Asche vertauscht wurde und nun in der Tasche des Hellsehers/Mediums/Spiritisten steckt.

Andere scheuen keinen Aufwand und statten den Raum mit »geisterhaften« Eindrücken, Klangeffekten und frei schwebenden Tischen aus. Selbst die prophetisch durchaus begabte Madame Blavatsky griff traurigerweise auf ein paar dieser geschmacklosen gefälschten Geistererscheinungen zurück, mit Hilfe geheimer Trennwände und wohl durchdachter Beleuchtung.

Dann gibt es noch die unverhohlenen Erpresser, deren Effektivität bei der Entfernung eines Fluchs (der überhaupt nicht existiert, es sei denn, Sie glauben daran) oder der Beschaffung von Liebe, Gesundheit und Erfolg direkt davon abhängt, wie viel Geld man ihnen überreicht.

Manche verkaufen abergläubischen Menschen sehr erfolgreich bestimmte Gegenstände, die (durch imaginäre Rituale und Gebete) »gesegnet« oder mit bestimmten Kräften ausgestattet sind – normalerweise Kerzen, Kräuter oder kleine Fläschchen mit »heiligem« (Leitungs-)Wasser. Die Wirksamkeit dieser Sachen steigt mit der Höhe ihrer Kosten. Eine Duftkerze, die 40 Euro kostet und Sie für einen potenziellen Liebhaber unwiderstehlich machen soll, ist beispielsweise nichts gegenüber der Effektivität einer Kerze, die 80 Euro kostet. Die größtmögliche Wirkung erzielen Sie jedoch mit einer magischen Kerze für 120 Euro, die »extra für Sie« aus dem Hinterzimmer geholt wird, wenn Sie zufälligerweise bar bezahlen können und nicht mit Scheck oder Kreditkarte, sodass Sie den Kauf rückgängig machen können, wenn Sie wieder zu Hause sind und sich klarmachen, dass Sie 120 Euro für eine Kerze bezahlt haben, die sonst 2,50 Euro kostet. Wenn die lächerlich teuren Kerzen, Kräuter oder heiligen Wasser nicht das bewirken, was Sie sich erhofft haben (und sie werden es nicht tun), und Sie zurückkehren, um sich zu beschweren, dann erzählen Ihnen alle, dass der wirkliche Fehler bei Ihnen liegt. Es ist Ihre Negativität, die die gewünschten Resultate unmöglich macht, oder Ihnen wurde ein ärgerlicher Fluch angehängt. Es kann aber auch daran liegen, dass Sie nicht bereit sind, sich zu öffnen und an das positive Resultat zu glauben. Schlimmstenfalls liegt es an Ihrer Knauserigkeit, für die Sie Gott offensichtlich bestraft. Es gibt nur eine Lösung – Sie müssen Ihre Ernsthaftigkeit und Hingabe dadurch unter Beweis stellen, dass Sie noch großzügiger sind. Und welch glücklicher Zufall, Ihr Sparkonto, Ihr Schmuck oder Ihr Auto könnten Ihnen vielleicht aus der Patsche helfen. Dies führt zu der naheliegenden Frage, an die sich leider zu wenige vertrauensselige Menschen rechtzeitig erinnern: Was fängt Gott bloß mit Bargeld, Schmuck oder einem Auto an?

Besonders in »Hellseher-Hotlines« kommt es häufig vor, dass unbekannte »Hellseher« auf kunstvolle Weise eine unheimlich anmutende Treffsicherheit an den Tag legen, ohne dass der Anrufer erkennt, dass er selbst all die entscheidenden Informationen geliefert hat.

Alle nutzen nur das Vertrauen der Menschen, ihre Verletzlichkeit und ihr grundlegendes Bedürfnis nach Bestätigung auf unmoralische und verachtenswerte Weise aus.

Wie viele Strafverfolgungsbehörden bestätigen können, gibt

es hauptsächlich zwei Gründe dafür, warum so viele dieser zwielichtigen Betrüger ungestraft davonkommen: Zum einen sind sie sehr geschickt darin, im rechten Moment das Weite zu suchen, bevor ihr Betrug auffliegt. Zum anderen ist den meisten ihrer Opfer die eigene Leichtgläubigkeit, Dummheit und Bereitschaft, sich an einen »Hellseher« zu wenden, zu peinlich, um als Zeuge zu dienen oder selbst Anzeige zu erstatten.

Wenn Sie zu diesen unglücklichen Opfern gehören, dann sollten Sie sich fragen, was letztlich beschämender ist – einem Betrüger in einer Situation vertraut zu haben, in der Sie sehr verletzlich waren, und dabei zu helfen, ihn dingfest zu machen, oder einen Betrüger durch Ihr Schweigen auf andere Opfer loszulassen, was teilweise auch durch Ihr hart verdientes Geld finanziert wird?

Ein dritter Grund, warum diese Betrüger oft erfolgreicher sind, als sie es eigentlich sein sollten, ist der, der mich am meisten aufregt: Ihre Opfer haben Angst vor Vergeltung. Diese Angst möchte ich auf der Stelle aus dem Weg räumen. Zum einen würden diese Hellseher/Medien/Spiritisten keine Betrüger sein, wenn sie tatsächlich die Macht hätten, Ihr Leben positiv oder negativ zu beeinflussen, und Sie würden sich selbst nicht so betrogen fühlen. Wenn es wirklich so etwas wie Flüche, »böse Augen«, »schlechtes Mojo« und all das andere dunkle Zeugs, was diese Leute im Geschäft hält, geben würde, wäre ich zum anderen schon vor Jahren aus mysteriösen Gründen tot umgefallen, bei den vielen Betrügern, die ich bloßzustellen geholfen habe.

Professionelle Ermittler wären wahrscheinlich überrascht zu erfahren, wie viele Betrüger ich persönlich entlarvt und der Staatsanwaltschaft übergeben habe, genauso wie meine Vorgänger und gegenwärtigen Kollegen. Diejenigen von uns, die das Paranormale jeden Tag erleben und sein von Gott gegebenes Potenzial in Ehren halten, fühlen sich wahrscheinlich mehr als jeder andere von denen angegriffen, die daraus nur eine schnelle und leichte Betrügerei machen. Egal, ob die Skeptiker und andere Ermittler es als gute oder schlechte Nachricht auffassen, sie und ich haben mehr gemein, als sie es vielleicht denken.

Nehmen wir zum Beispiel den Fall einer Klientin, die eines Tages für ein Reading in mein Büro kommt und sehr verstört von den schrecklichen Voraussagen ist, die ihr eine andere Hellseherin gemacht hat. Als sie mir ein paar dieser Voraussagen nennt, bin ich entsetzt, nicht nur, weil sie falsch sind, sondern auch, weil sie so vage und ohne jeden Nutzen sind. (»Hüten Sie sich vor einer Frau mit schwarzem Haar«, ist ein Beispiel für eine unsinnige, aber leider weit verbreitete »Voraussage«. Was genau für eine Frau mit schwarzem Haar? Wer ist sie? Warum soll sie sich vor ihr in Acht nehmen? Was hat diese Frau vor, wann wird sie es tun und aus welchem Grund? Ohne weitere Informationen laufen Sie Gefahr, sich bei jeder schwarzhaarigen Frau unwohl zu fühlen, die Ihnen über den Weg läuft. Was wird von Ihnen erwartet? Sollen Sie schreiend aus jedem Flugzeug stürzen, nur weil eine Stewardess mit schwarzem Haar Sie begrüßt? Oder sollen Sie sich von nun an nur noch mit blonden Menschen umgeben? Wenn Sie nach einem Reading mehr Angst als vorher haben, dann bezieht die Person, die das Reading mit Ihnen macht, ihre Informationen nicht von der liebenden, mitfühlenden geistigen Welt, aus der allein die Wahrheit stammt, das garantiere ich Ihnen.)

Als meine arme Klientin ihre Litanei düsterer »Voraussagen« beendet hatte, die ihr so viele schlaflose Nächte bereitet hatten, konnte ich nicht widerstehen, sie zu fragen: »Wer um Himmels willen hat Ihnen all das erzählt?«

Ich glaube, mir standen die Haare zu Berge, als die Klientin antwortete: »Die Frau in Texas, die für Sie Readings durchführt.«

Meinen Aufschrei »Was?!« konnte man wahrscheinlich meilenweit hören.

Es schien, dass eine »Hellseherin« in Austin und weitere Personen, die ich seitdem ausgegraben habe, behaupteten, von mir bestätigte Repräsentanten zu sein, die mir Klienten abnahmen, weil ich nicht überall gleichzeitig sein konnte. Ich kann es nicht genug betonen: *Niemand führt in meinem Namen Readings durch. Ich habe kein Team von durch mich bestätigten hellsichtigen Repräsentanten, die in diesem Land und auf der ganzen Welt verteilt sind und für mich einspringen, weil sonst die Warteschlange zu lang wird.* Dies war nie der Fall und wird auch nie der Fall sein, und zwar aus dem gleichen Grund, warum ich millionenschwere Angebote ablehne, meine eigene Hellseher-Hotline einzurichten. Ich kann nur die Qualität, die Richtigkeit und die Integrität meiner eigenen Readings garantieren, alles andere würde ich niemals tun, noch nicht einmal für Millionen von Dollars. Wenn Sie jemals daran gezweifelt haben sollten, wie ernst ich meine hellseherischen Kräfte nehme und wie sehr ich darauf achte, sie nur zum Wohle der Menschen einzusetzen, so wie es Gott beabsichtigt hat, als er sie mir gab, dann rufen Sie die Frau in Austin an, die »in meinem Namen« Readings durchgeführt hat. Fragen Sie sie, wie viel von ihr nach unserem Telefongespräch noch übrig war. Sagen wir es so: Nach unserem Gespräch und bevor der Staatsanwalt in Austin in Aktion trat, konnte sie erfolgreich zu einem Berufswechsel überredet werden.

Dann gab es da noch eine »spirituelle Beraterin« in San José, die Klienten mit Readings für 10 Dollar anlockte und dann bei jedem feststellte, dass er das unwissentliche Opfer eines vielleicht sogar tödlichen Fluchs sei, den die spirituelle Beraterin – was für ein Glück – für 4000 Dollar *in bar* aufheben konnte. Der Staatsanwalt in San José und ich machten auch in diesem Fall kurzen Prozess, genauso wie wir es mit einer Hellseherin in Vallejo taten, deren Betrug noch vergleichsweise preiswert war, denn sie verlangte für das Aufheben von Flüchen nur gerade mal 2500 Dollar. Ein Schnäppchen. Und das meine ich wortwörtlich.

Zusammen mit meinem lieben Freund Montel Williams beendete ich in Manhattan die Laufbahn einer unverschämten »Hellseherin« namens Madame Zorro oder Zara oder so ähnlich. Jetzt, wo ich darüber schreibe, fällt mir auf, dass die »Hellseherin« in Vallejo auch eine Madame »Z« war – Zina oder Zita. Wahrscheinlich soll das Wort »Madame« mit einem Namen, der mit einem nicht so gebräuchlichen Buchstaben anfängt, besonders exotisch, mysteriös und nicht von dieser Welt klingen. Leider ist es schwieriger, die dahinter steckende Person herauszufinden, wenn sie keinen Nachnamen hat.

Am meisten empört hat mich jedoch eine Betrügerin, die ihre Hellseher-Hotline in einer ganzen Reihe bundesweit erscheinender Zeitungen annonciert hatte. Ihr Name war Silvia Brown. »Die international anerkannte Hellseherin und TV-Berühmtheit Silvia Brown«, wenn ich mich recht entsinne. Klingt sehr ähnlich dem Namen Sylvia Browne, meinen Sie nicht auch? Das Heer der Rechtsanwälte, das ich auf sie losließ, war der gleichen Ansicht, und glauben Sie mir, es war mir eine besondere Genugtuung, dem Treiben dieser Frau ein Ende zu setzen.

Um es an dieser Stelle noch einmal zu wiederholen: Es hat nie eine Hellseher-Hotline existiert und wird sie auch nie geben, mit der ich irgendetwas zu tun habe. Punkt. Wenn Sie von einer hören, die sich auf mich beruft, teilen Sie dies bitte meinem Büro und Ihrem zuständigen Staatsanwalt mit – in welcher Reihenfolge, bleibt Ihnen überlassen.

Ich bin mir sicher, dass die ureigenste Natur des »Geschäfts« mit dem Übernatürlichen/Spirituellen/Paranormalen die Menschen davon abhält, an diese Dinge zu denken, wenn sie ein Reading buchen. Bevor Sie jedoch eine Verabredung treffen, sollten Sie auf jeden Fall etwas über das Medium in Erfahrung bringen, das Sie in Anspruch nehmen wollen. Es spricht nichts dagegen, mündlichen Empfehlungen seine Aufmerksamkeit zu schenken, denn keine Hellseherin wird in ihrem Beruf alt, wenn nicht viel Mundpropaganda für sie gemacht wird. Aber warum sich nur darauf verlassen? Ist es nicht besser, zusätzlich herauszufinden, ob sie über ein Gewerbe verfügt und/oder Mitglied von einem Berufsverband ist. Und wenn dies der Fall ist, liegen dann vielleicht Beschwerden gegen sie vor? Ihre erste Reaktion auf meine Vorschläge ist vielleicht »Wen interessiert so etwas, solange ich ein seriöses Reading bekomme?« Aber was soll daran falsch sein, sich vorher zu vergewissern, ob das seriöse Reading, nach dem Sie suchen, auch von einer seriösen Geschäftsperson gegeben wird? Seien wir einmal ehrlich: Dieses »Hauptsache, das Reading selbst ist seriös!« ist das Gleiche wie »ein bisschen schwanger« – so etwas gibt es schlicht und einfach nicht. Entweder man ist schwanger oder nicht. Und weil ich weiß, wie hart meine seriösen Kollegen und Kolleginnen auch für den kleinsten Grad an Glaubwürdigkeit haben kämpfen müssen, kann ich Sie nicht genug dazu ermutigen, alle möglichen Vorsichtsmaßnahmen zu ergreifen, bevor Sie überhaupt die Tür aufmachen. Auf diese Weise schützen Sie sich vor Betrügern, die sich über einen Beruf lustig machen, der mir so sehr am Herzen liegt.

In der Zwischenzeit werde ich weiterhin auf meinen beiden Webseiten *www.sylvia.org* und *www.novus.org* auf Betrüger hinweisen und weiter mit den Strafverfolgungsbehörden zusammenarbeiten, um allen Betrügereien, auf die ich aufmerksam werde, einen Riegel vorzuschieben. Der finanzielle Schaden, der durch Betrug angerichtet wird, ist schlimm genug. Der emotionale, psychologische und spirituelle Schaden, den Betrüger anrichten, ist jedoch unermesslich.

Verschaffen Sie sich also Gehör. Es muss Ihnen nicht peinlich sein, und Sie brauchen keine Angst zu haben. Und wenn Sie es nicht für sich selbst tun, dann vielleicht für das nächste Opfer, das nicht so viel Mut hat wie Sie. Wir sitzen doch alle im selben Boot, da brauchen wir uns nichts vorzumachen. Wir lernen und wachsen so gut wie wir es können in dieser rauen irdischen Schule. Unser Lebenssinn lässt sich auf drei einfache Grundaussagen reduzieren, die Sie mich wahrscheinlich schon tausendmal haben sagen hören:

Tue Gutes,
schenk Gott deine Liebe,
halt dann deinen Mund und geh nach Hause ins Jenseits.

2

Meine eigene Geschichte als Hellseherin

Im Vergleich dazu, dass Hellsichtigkeit auf der Erde schon existiert, »seit die Menschheit das erste Mal ihren Fuß auf diesen Planeten gesetzt hat«, fällt die 300-jährige Abstammungslinie von Hellsehern in meiner Familie kaum ins Gewicht. Aber wie dem auch sei, wie viele von Ihnen wissen, wurde ich am 19. Oktober 1936 in Kansas City im US-Bundesstaat Missouri geboren und bin seit jenem Tag genetisch hellsichtig.

Ich werde ständig gefragt, wie es sich anfühlt, hellsichtig zu sein, und am liebsten reagiere ich auf die Frage mit einer Gegenfrage: »Wie fühlt es sich an, *nicht* hellsichtig zu sein?« Ich habe nie die Erfahrung gemacht, nicht hellsichtig zu sein, und so habe ich keine Vergleichsmöglichkeit, genauso wie Sie noch nie eine andere Person erlebt haben als sich selbst. Schon sehr früh in meiner Kindheit habe ich gelernt, dass ich Dinge sah und hörte, die andere Menschen nicht wahrnahmen. Wäre nicht meine weise und stark hellsichtige Großmutter Ada an meiner Seite gewesen, um mir das zu erklären, was ich erlebte, und mir zu helfen, darin eine Gabe und keine Last zu sehen, wäre ich sicherlich als ängstliches und verzweifeltes Kind aufgewachsen, das versucht hätte, seine augenscheinliche Verrücktheit vor der Welt zu verbergen.

Unter der behutsamen Führung meiner Oma lernte ich stattdessen, in mir auf Bilder, Klänge und stillschweigendes Wissen zu achten. Ich hatte offensichtlich Fähigkeiten, die andere Menschen nicht besaßen, obwohl ich mir nichts sehnlicher wünschte, als »normal« zu sein. Ich lernte, dafür zu beten, dass ich keine Informationen erhielt, die ich nicht verkraften konnte – bitte keine Visionen von schmelzenden Gesichtern bei denjenigen, die bald sterben sollten; keine gewalttätigen »Filme« von Flugzeugabstürzen ohne den Hinweis auf die Flugnummer oder von ineinander verkeilten Autos mit blutenden Unfallopfern ohne genug Details, um jemanden vorher warnen zu können; keine unbeeinflussbaren Szenen von Verbrechen, es sei denn, ich erhielt auch Gesichter oder Namen der Gewalttäter. Ich lernte, die Anwesenheit meiner Geistführerin zu akzeptieren und schließlich sogar zu schätzen. Sie war eines Nachts aus dem Jenseits in mein Leben geplatzt, als ich acht Jahre alt war, und nachdem ich meine ursprüngliche Angst vor ihr überwunden hatte, ließ sie es sogar zu, dass ich ihren Namen von Iena in Francine umtaufte. Ich machte die Erfahrung, dass die Nonnen an der katholischen Schule, zu der ich ging, zwar daran glaubten, dass die Seele nach dem Tod weiterlebt und dass es Engel gibt, sie aber überhaupt kein Verständnis dafür hatten, wenn ich ihnen erzählte, die gleichen Seelen und Engel auch tatsächlich zu sehen. (Ich dachte, die Nonnen müssten hocherfreut sein, dass ich die Existenz dieser geistigen Welt, an die sie glaubten, bestätigen konnte. Stattdessen aber tadelten sie mich und wiesen mich an, meine »Märchengeschichten« doch besser für mich zu behalten.)

Aber ungeachtet der Nonnen und der Verwirrung, die sie in mir auslösten, und in Anbetracht der Tatsache, dass ich offenbar »Dinge wusste«, wie die beschönigende Beschreibung lautete, entschied ich mich dafür, jene Dinge nicht länger für mich selbst zu behalten – egal, ob jemand sie hören wollte oder nicht.

Manchmal verursachte ich damit Probleme, zum Beispiel, als ich meiner Mutter erzählte, dass mein Vater eine Freundin hat. Ich konnte ihr auch sagen, wie sie aussieht und wie lange mein Vater sie schon traf, obgleich es niemals auch nur den geringsten Hinweis darauf gegeben hätte, dass so eine Freundin überhaupt existierte.

Manchmal waren meine Eingebungen aber auch direkt von Gott gesandt – wie an jenem Tag, als ich mit meinem Vater im Kino saß und mich mitten im Film eine plötzliche, eiskalte Panik überkam und ich ihn anschrie, dass wir *auf der Stelle* nach Hause gehen müssten. Meine kleine Schwester Sharon, die damals noch ein Baby war, konnte nicht mehr atmen, erklärte ich ihm. Sie lief blau an und würde sterben, wenn wir ihr nicht sofort zur Hilfe kommen würden. In der Einfahrt stießen wir auf unsere Mutter, die ganz außer sich war und uns schluchzend erzählte, dass mit Sharon etwas ernsthaft nicht in Ordnung war. Meine kleine Schwester verbrannte fast vor Fieber und rang nach Atem. Meine Mutter hatte versucht, einen Krankenwagen zu bestellen, aber die Telefonleitung war aus unerklärlichen Gründen tot. Daddy fuhr Sharon rasch ins Krankenhaus, wo die Ärzte ihm nachher erzählten, dass er nicht viel später mit ihr hätte kommen dürfen. Zum Glück erholte sie sich schnell von ihrer Krankheit, die sich als doppelseitige Lungenentzündung herausstellte.

Während meiner ganzen Kindheit wurde es mir zur zweiten Natur, unaufgefordert wichtige oder belanglose Informationen an die Menschen in meiner Umgebung weiterzugeben. Und noch heute erinnere ich mich an das erste Mal, als jemand wirklich von sich aus an mich herantrat, um eine Antwort auf etwas zu erhalten, was ihm Kopfzerbrechen bereitete. Es war sozusagen mein erstes offizielles »Reading«.

Ich war acht Jahre alt und unterhielt mich inzwischen regelmäßiger mit meiner Geistführerin Francine, obgleich ich immer noch ein wenig zögerlich und skeptisch war. Aber die Tatsache ließ sich nicht leugnen, dass sie interessant war und anscheinend wusste, wovon sie sprach.

Eines Tages kam meine Schulfreundin Mary Marguerite nach der Schule auf mich zu und zog mich zur Seite, sodass uns niemand hören konnte. Mary Marguerite und ich waren seit dem fünften Lebensjahr Freundinnen. Sie hatte sich vollkommen an meine hellsichtigen Fähigkeiten gewöhnt und akzeptierte, dass ich Dinge wusste, von denen andere keine Ahnung hatten. Im Rückblick glaube ich, dass sie und meine anderen Freundinnen sich darüber, dass ich »Dinge wusste«, nicht mehr Gedanken machten als darüber, dass unsere Freundin Louise mit ihrer Zunge die Nase berühren und unsere Freundin Cindy willentlich rülpsen konnte.

»Sylvia«, flüsterte Mary Marguerite, »ich mache mir große Sorgen um meine Mutter. Sie scheint nicht sehr glücklich zu sein, und ich weiß nicht warum. Stimmt irgendetwas nicht mit ihr?«

Ich hatte Francine oder jemand anderem in dieser Sache nicht bewusst eine Frage gestellt. Zurückblickend wünschte ich, ich hätte Mary Marguerite eine behutsamere Antwort gegeben. Aber eine Aussage kam spontan aus mir heraus, und so teilte ich sie ihr mit. »Ich weiß nicht, aber sie sollte vorsichtig sein, denn sie wird stürzen und sich den Arm brechen.« Zugegeben, ich war erstaunt darüber, wie klar ich dies wie auf Befehl sah und wusste, und zwar als Reaktion auf eine Frage und nicht einfach, wie gewohnt, auf zufällige Weise. Und außerdem war es nicht die einzige Information. »Dein Vater wird auch seine Arbeit verlieren.«

Kaum waren zwei Monate vergangen, da hatte sich Mary Marguerites Mutter den Arm gebrochen und ihr Vater war arbeitslos. Es war mein erstes offizielles »Reading«, und selbst im Alter von acht Jahren bedeutete es mir nur deshalb etwas, weil sich meine Voraussage als richtig erwies.

Ablehnen und Annehmen der Gabe

Während der gesamten Zeit auf der Highschool gab ich ständig Readings, denn meine Freundinnen wollten unbedingt hören, ob ihre Freunde treu waren und/oder sie eines Tages heiraten würden. Ich gab auch Readings für verlegene Mitglieder des Lehrkörpers, die nicht widerstehen konnten, privat auszukundschaften, was es mit den angeblich hellsichtigen Fähigkeiten ihrer Schülerin auf sich hatte. Ich gab buchstäblich allen hellsichtige Informationen, nur in Bezug auf mich selbst tappte ich im Dunkeln. Und wenn meine Teenagerjahre auch nichts anderes bewiesen haben, so bewiesen sie doch, dass ich in Bezug auf mein eigenes Leben keine hellsichtigen Aussagen treffen konnte. Als meine Zeit auf der Highschool zu Ende ging und das College begann, trauerte ich um den Verlust meiner geliebten Oma Ada und um das Ende der Beziehung zu einem Mann, von dem ich sicher war, dass er die größte und letzte Liebe meines Lebens gewesen ist. (Was natürlich überhaupt nicht stimmen sollte.) Und obwohl ich die intellektuelle Herausforderung genoss, am St. Theresa's College Pädagogik und Literatur im Hauptfach und Theologie im Nebenfach zu studieren, fühlte ich mich verloren, leer, ängstlich und allein.

Ich erinnere mich nicht mehr genau daran, wann mich mein depressiver Zustand dazu zwang, meine hellseherische Gabe im Allgemeinen und Francine im Besonderen »loszuwerden«. Aber ich weiß, dass ich dadurch, dass ich mein inneres Wesen verleugnete, körperlich krank wurde. Ich lag ständig im Bett, sei es mit einer Grippe, einer Bronchitis oder einer schweren Lungenentzündung. Mir war auch klar, dass der Selbstzweifel, mit dem ich rang, sich noch verstärkte, als ich zusätzlich zu meinem schon überfüllten Studienplan auch noch einen Psychologiekurs belegte und erkannte, dass mindestens vier der sieben grundlegenden Anzeichen von Geisteskrankheit perfekt auf mich zutrafen.

Wer jemals Psychologiekurse belegt hat, ist bestimmt genauso von der gruseligen Vorstellung geschockt gewesen wie ich, dass die höllische Aufzählung psychotischer Symptome der eigenen Selbsteinschätzung gefährlich nahe kommt. Ich hatte darüber hinaus noch etwas auf der Habenseite, was die meisten von Ihnen glücklicherweise außer Acht lassen können. Mein ganzes Leben lang sah ich Dinge, die sonst niemand sah. Mein ganzes Leben lang hörte ich Stimmen, die sonst niemand hörte. Die Schlussfolgerung war unvermeidbar und schockierend: Ich bin schizophren.

Diese Erkenntnis wäre für sich allein genommen schon niederschmetternd genug, aber was mich betrifft, so bedeutete sie auch, dass ich meinen Traum vom Lehrerdasein vergessen konnte. Es war der einzige Beruf, den ich mir hätte vorstellen können, und ich glaubte wirklich, eine gute Lehrerin zu sein. Ich konnte jedoch die unschuldigen Kinder nicht dadurch gefährden, dass ich sie jeden Tag einer Lehrerin aussetzte, die gleichzeitig völlig irre war. Ich bin mir sicher, Oma Ada hätte mir die Leviten gelesen und mich wieder »geerdet«, aber sie war gegangen, und Francine gegenüber verschloss ich meine Ohren, indem ich sie zum stärksten Beweis meiner schrecklichen Geisteskrankheit erklärte. Schließlich vertraute ich mich meinem Arzt und einem Priester an, die ich beide schon seit Jahren kannte. Sie waren sehr verständnisvoll, mitfühlend und bestanden darauf, dass ich zu einem Psychiater ging. Ich tat es, überzeugt davon, dass er meine Selbstdiagnose bestätigen würde. Mein Arzt und mein Priester räumten hinterher ein, dass sie das beabsichtigt hatten, was dann tatsächlich geschah: Nach zahllosen Gesprächen und Untersuchungen ließ mich der Psychiater Platz nehmen, zog seinen Stuhl nahe an den meinen heran und sagte mit ruhiger Stimme: »Sie sind völlig normal, aber gleichzeitig geschieht auch etwas Paranormales.«

Es war besser, als wenn er gesagt hätte: »Aus meiner Sicht als Psychologe sind Sie völlig durchgeknallt.« Aber immer noch war ich nicht gänzlich davon überzeugt, dass man mich tatsächlich gefahrlos auf unglückliche Schulkinder loslassen konnte. Immerhin gab es einen Beweis für meinen Irrsinn und zwar die ständige zirpende Präsenz namens Francine, die, seit ich acht bin, ein Teil meines Lebens, ein Teil von *mir* ist – jene mich heimsuchende Stimme, die sonst niemand vernahm. Je mehr ich mir über sie den Kopf zerbrach, desto klarer wurde es, dass Francine nicht nur nicht aus der geistigen Welt stammte und nicht meine Geistführerin war, sie war noch nicht einmal real. *Deshalb* war ich die einzige Person, die sie überhaupt wahrnahm. Sie war eine Illusion, lediglich eine andere Persönlichkeit, die mein armseliger Geist als eine Ausflucht erschaffen hatte, eine Ablenkung von meiner ständig auf mich übergreifenden Mutter, ein Bewältigungsmechanismus wie aus dem Lehrbuch. Und ich war dumm genug, das Ganze nicht zu durchschauen. Wenn ich sie ein für alle Mal loswerden konnte, würde ich meine innere Zerrissenheit überwinden und könnte mich sogar darauf freuen, eines Tages wieder ganz gesund zu sein.

Dies alles klang so logisch für mich, und ich war so davon überzeugt, mein Abschied von der eingebildeten Francine wäre ein riesiger Schritt in Richtung geistige Gesundheit, dass ich ihr tatsächlich eine zeremonielle Abschiedsrede hielt. Ich erklärte ihr, was ich durchgemacht und mir zurechtfantasiert hatte, und schließlich mündete alles in ein großes Finale, in dem ich ihr ihre Geistführermaske abnahm und ihr mitten ins Gesicht sagte, dass ich – Gott sei Dank – inzwischen wüsste, dass sie nur in meiner Vorstellung existierte und ich sie daher auch genauso gut wieder verschwinden lassen könnte.

Sie hörte mir mit der ihr eigenen Geduld zu, ohne sich zu verteidigen oder mir irgendetwas zu verübeln. Sie sagte kein Wort, bis ich zu Ende gesprochen hatte. Dann machte sie einen Vorschlag, den ich entweder annehmen oder ablehnen konnte, ganz wie ich mich entscheiden würde: Wenn es darum ging, dass niemand außer mir jemals ihre Gegenwart wahrgenommen hatte und sie dies auch nicht beeinflussen konnte, dann könnte ich sie als bloße Einbildung abtun, und sie würde mich nicht weiter belästigen. Aber wenn sie wirklich meine Geistführerin wäre, eine tatsächlich existierende Wesenheit aus dem Jenseits, so wie sie es von sich behauptete, und wenn andere Menschen sie als getrennt von mir wahrnehmen würden, dann sollte dies ein für alle Mal klären, dass ich geistig wohlauf war.

»Was schlägst du also vor?«, fragte ich sie und fürchtete mich fast davor, ihre Antwort zu hören.

»Ruf deine Familie zusammen«, sagte sie. »Ich werde mich dir und ihnen zeigen. Dann wirst du es wissen.«

In all den Jahren hatte ich Francine niemals zu Gesicht bekommen. Sie hatte sich lediglich beschrieben: hochgewachsen, schlank, olivfarbene Haut, große dunkle Augen und schwarzes Haar, das sie in einem dicken Zopf trug, der ihr bis zur Taille reichte. Komischerweise war es nie ein Thema gewesen, dass sie sich in ihrer Gestalt manifestierte. Nun bot sie mir genau das als letztlichen Beweis für meine geistige Gesundheit an, wodurch es mir unmöglich war, ihr Angebot abzulehnen.

»Wann?«, fragte ich.

»Heute Abend«, antwortete sie. Meine Hände zitterten, als ich die Telefonnummer meiner Eltern wählte.

Es regnete. Natürlich. Daddy, Mutter und meine Schwester Sharon saßen mit mir in einem abgedunkelten Raum voller Kerzen, so wie es Francine angeordnet hatte. (Geistige Wesen sehen übrigens Kerzenlicht klarer als elektrisches Licht, falls Sie sich wundern sollten.) Sie konnten es gar nicht abwarten, die Frau zu sehen, die ich all die Jahre mit mir herumgetragen hatte. Im Gegensatz zu ihnen war ich nicht nur ängstlich, sondern hatte regelrecht Panik. Ich war hin und her geworfen zwischen einer merkwürdigen Angst davor, dass Francine sich tatsächlich materialisieren würde, und der Furcht, dass sie ihre Gestalt vielleicht doch nicht zeigte, dass wir vier hier stundenlang warten würden und nichts geschah, was zweifellos beweisen würde, wie verrückt ich wirklich war.

Neben mir stand ein leerer Schaukelstuhl. Daddy, Mutter und Sharon saßen mir gegenüber. Keiner sagte ein Wort. Das einzige Geräusch war der heftige Regen außerhalb des kleinen Fensters. Zuerst bemerkte ich, wie sich Daddys Augen zum Schaukelstuhl hin bewegten und sich vor Erstaunen weiteten. Im nächsten Augenblick starrten auch die Augen meiner Mutter und meiner Schwester in diese Richtung, mit dem gleichen Anblick ehrwürdigen Staunens.

Ich konnte mich nicht dazu überwinden, direkt wie sie in Richtung des Schaukelstuhls zu schauen. Ich beobachtete ihn nur aus dem Augenwinkel heraus und sah, wie sehr langsam und würdevoll, ohne irgendein Geräusch, ein blasses blaues Kleid Gestalt annahm, dessen undurchsichtige Falten von der Sitzfläche des Stuhls bis zum dunklen Holzfußboden reichten.

Dann erschienen die langen, schlanken Finger einer Hand mit einer unglaublich zarten gold/olivfarbenen Haut auf dem Pastellblau und ruhten dort, wo der Schoß war. Ein Arm, dünn und muskulös, kam immer mehr über der Hand zum Vorschein, so als ob ein transparenter Schleier gelüftet worden wäre.

In diesem Moment rief mein Vater plötzlich aus: »Sagt nichts, bis sie wieder weg ist, damit wir uns nicht gegenseitig mit dem, was wir sehen, beeinflussen können.« Niemand antwortete ihm. Er schien der Einzige im Raum zu sein, der überhaupt in der Lage war, ein Wort zu sagen.

Als ich weiterhin aus meinem Augenwinkel heraus zuschaute, fiel auf einmal ohne Vorwarnung ein langer, dicker schwarzer Haarzopf vorne von der Schulter und legte sich auf den Arm.

Mehr konnte ich nicht ertragen. Während meine Familie fasziniert weiterstarrte, wandte ich meinen Blick ab und schaute nicht mehr in Richtung Schaukelstuhl. Das war alles, was ich von Francine zu sehen bekam, was ich von ihr sehen wollte, und ich habe sie seit einem halben Jahrhundert auch nie wieder gesehen.

Der Psychiater Dr. John Renick, den ich vertrauen und wertschätzen gelernt hatte, brachte am nächsten Tag schnell das Entscheidende auf den Punkt: Francine war wirklich ein reales Wesen. Es gab Zeugen, die dies bestätigen konnten. So viel zur Theorie meiner gespaltenen Persönlichkeit, dem letzten gefürchteten »Symptom« meiner Verrücktheit.

»Warum haben Sie sich abgewandt?«, wollte er wissen, und ich spürte sein Mitgefühl und keine Kritik oder Ablehnung.

Ich lasse es nur selten zu, dass andere Menschen mich weinen sehen, aber an diesem Tag konnte ich meine Tränen nicht zurückhalten. »Weil ich in dieser Welt leben muss«, erzählte ich ihm. »Ich sehe und höre so viel, was normale Menschen nicht ertragen müssen. Ich möchte nicht als eine Psychopathin gelten, sondern Lehrerin werden. Ich bin schon komisch genug und kann es mir nicht leisten, noch komischer zu sein. Ich hatte Angst, dass ich das alles nicht verkraften würde, wenn ich einfach dagesessen und Francine angeschaut hätte, als wäre sie nur eine weitere Person im Raum.«

Er lächelte mich an, und ich werde ihm mein ganzes Leben für seine Antwort dankbar sein, die ernsthaft und entschlossen klang. »Sylvia«, sagte er. »Sie hätten das Ganze gar nicht vernünftiger ausdrücken können.«

Ich ließ seine Worte auf mich wirken und lächelte schließlich durch meine Tränen zurück. Nie wieder habe ich meine geistige Gesundheit in Frage gestellt.

Kurz darauf, ich war inzwischen 19 Jahre alt, begann ich als Lehrerin zu arbeiten. Langsam, aber sicher ließ ich Francine wieder an meinem Leben teilhaben. Wenn ich jedoch Witze über meine geistige Gesundheit mache, unterbricht sie bis auf den heutigen Tag für kurze Zeit den Kontakt mit mir.

Ich liebte es, Lehrerin zu sein. Ich liebte es sogar noch mehr, eine hellsichtige Lehrerin zu sein. Ich wusste immer über all meine Schülerinnen und Schüler Bescheid, und es war sinnlos, wenn sie mich anzulügen versuchten, warum sie ihre Hausaufgaben nicht gemacht hatten oder warum sie zu spät zum Unterricht kamen, denn ich konnte ihnen immer den wirklichen Grund nennen, schon bevor sie mit ihrer eigenen Lügengeschichte fertig waren.

Von weitaus größerer Wichtigkeit war jedoch, dass ich ohne zu fragen wusste, was emotional in ihnen vorging und wie ihre häusliche Situation war – wer unterstützt oder vernachlässigt wurde, welche Eltern Drogenprobleme oder Probleme mit ihrer Wut hatten; welche Eltern zu faul oder selbstbezogen oder einfach nicht da waren, um für das Frühstück zu sorgen oder ihr Kind einmal in den Arm zu nehmen. Ich konnte mich auf diese Weise anders verhalten und dafür sorgen, dass sie das Klassenzimmer niemals verließen, ohne zu wissen, dass jemand an sie glaubte. Ich erzählte meinen Schülern jeden Tag, wie gern ich sie hatte, und weil es Kinder waren, kleine hellsichtige Wahrheitsbarometer, wussten sie, dass ich es auch so meinte.

Am Anfang meines ersten Jahres als Lehrerin spürte ich eines Morgens unwillkürlich in jedes Kind hinein, das in den Klassenraum kam. Plötzlich fühlte ich mich überwältigt von all der physischen, emotionalen und spirituellen Last, die diese kleinen Körper ertragen mussten, meistens sogar mit der innerlichen Haltung, dass alles in Ordnung sei. Da waren die notorisch Schüchternen; die körperlich Schwachen, auf die sich alle Kraftprotze der Schule stürzten; die übertrieben Aggressiven, die versuchten, tiefe Unsicherheiten zu überspielen; die Lernschwachen, denen das Lernen nicht leicht fiel, so sehr sie sich auch anstrengten; diejenigen, für die die Schule ein Zufluchtsort vor dem Alptraum war, den sie zu Hause erlebten; diejenigen, denen seit der Geburt gesagt worden war, dass sie sowieso zu nichts nütze seien; diejenigen, die so selbstsüchtig waren, dass sie kaum noch Mitgefühl für andere hatten – jede Variation menschlicher Befindlichkeit, verpackt in Pakete, die zu klein waren, um den ganzen Inhalt aufzunehmen, geschweige denn, mit ihm fertig zu werden.

Ich wollte ihnen helfen, sie beruhigen und ihre Seele mit etwas Bedeutungsvollem berühren, das über die Schule hinausging und auch in ihrem Alltag wirksam werden konnte. Ich musste darüber hinaus mit meinem mitfühlenden Schmerz fertig werden, den ich für sie fühlte, oder ich würde keinen Unterrichtstag durchstehen, ohne mich emotional total zu verausgaben.

Nachdem sie sich gesetzt hatten, stand ich also vor ihnen und sagte aus einem spontanen Impuls heraus: »Bevor wir heute Morgen anfangen, möchte ich gerne, dass ihr etwas für mich tut. Stellt eure Füße auf den Boden, legt die Hände in den Schoß, schließt die Augen und entspannt euch.«

Sie waren zuerst ein wenig irritiert und zögerten, aber dann befolgten sie die Anweisungen. »Nehmt nur ein paar langsame, tiefe Atemzüge – einatmen … ausatmen, einatmen … ausatmen. Denkt jedes Mal, wenn ihr ausatmet, an etwas, das euch stört oder traurig macht, und stellt euch vor, dass es von euch wegfliegt und in den Wolken verschwindet.«

Es wurde sehr still im Raum, und ich konnte fühlen, wie sich das Chaos in der Luft langsam auflöste.

Dies war der Anfang einer regelmäßigen Übung, die ich mit meinen Schülern im Klassenzimmer durchführte. Man könnte sie vielleicht »subversive Meditation« nennen. Ich habe das Wort »Meditation« nie benutzt, weder vor der Klasse noch für mich selbst, denn immerhin geschah dies alles vor Jahrzehnten im tiefsten Mittelwesten. Wenn es herausgekommen wäre, dass Miss Shoemaker (mein Mädchenname) ihren Kindern beibrachte, im Klassenzimmer zu meditieren, wäre ich bestimmt gefeuert und öffentlich gesteinigt worden. Während der wenigen Minuten, in denen meine Schüler mit geschlossenen Augen entspannt auf ihren Stühlen saßen, führte ich sie durch bestimmte Visualisierungstechniken. Sie stellten sich vor, was sie am liebsten sein wollten, wenn sie groß waren, oder dass sie den glücklichsten, perfektesten Tag erlebten, den sie sich nur wünschen konnten. Ich gab ihnen einfache Affirmationen für ihre Gesundheit, ihr Selbstvertrauen, die gottgegebenen Talente, die jeder von ihnen hatte, und für ihren Wert in dieser Welt, den ihnen niemand streitig machen konnte.

Durch diese fünf Minuten jeden Tag oder jeden zweiten Tag veränderte sich langsam, aber sicher etwas. Einige Veränderungen waren offensichtlich – bessere Noten, besseres Verhalten, allgemein eine bessere innere Einstellung. Andere waren subtilerer Natur – Kinder, die noch nie gelächelt zu haben schienen, lächelten auf einmal; mutlos hängende Schultern erhoben sich mit neu gewonnenem Stolz. Es gab kleine Gesten von Schülern, die bislang zu selbstbezogen waren, um etwas anderes überhaupt mitzubekommen; neue Freundschaften zwischen Kindern, die ich nie für möglich gehalten hätte; eine Begeisterung für Lernen und Mitmachen, die im Verlauf des Jahres noch weiter zunahm. Ich möchte nicht den falschen Eindruck erwecken, dass ich aus meinem Klassenraum ein kleines Shangri-La gemacht hätte, in dem alles nur noch perfekt war und jedes Kind einen Heiligenschein bekam und ihm Flügel wuchsen, bevor der Sommer kam und die großen Ferien anfingen. Ich möchte nur, dass Sie wissen, dass es kein Kind gab, dem nicht durch ein paar Minuten ruhige und zielgerichtete Affirmation und Visualisierung auf einer regelmäßigen Basis geholfen werden konnte.

Meine Tätigkeit als Lehrerin hat mir viel Freude bereitet, genauso wie das erneute Akzeptieren meiner gottgegebenen paranormalen Fähigkeiten und der ständigen Anwesenheit Francines.

Und dann gab es noch mein Privatleben, das in einem schrecklichen Zustand war, da ich versuchte, mich von dem unweigerlichen Ende meiner ersten großen Liebe zu erholen. Wenn ich das Hochzeitsbild von mir und einem jungen, blauäugigen Polizisten namens Gary Dufresne betrachte, das zu schnell nach dieser schmerzlichen Trennung entstand, dann werde ich daran erinnert, dass ich Gary nur geheiratet habe, um mich über diesen Schmerz hinwegzutrösten. Dennoch bin ich ihm für unsere gemeinsame Zeit dankbar, denn nach dieser turbulenten Kurzzeitehe hatte ich zwei Söhne, die ich vergöttere, und wagte einen neuen Start in Nordkalifornien, wo die Readings zu meiner Vollzeitbeschäftigung und lebenslangen Freude wurden.

Bewusste Entscheidungen treffen

Ich habe nur eine Sucht, und von der will ich niemals loskommen: Ich bin ein Lern-Junkie. Ich liebe die Schule. Ich liebe es zu studieren und Nachforschungen anzustellen. Ich liebe sogar die Tatsache, dass ich, je mehr ich lerne, umso mehr erkenne, wie wenig ich eigentlich weiß. Es ist daher keine Überraschung, dass ich mich als Studentin der Universität in San Francisco einschrieb, um einen Abschluss in Literatur zu machen, bevor ich nach einem übereilten Umzug aus Kansas City in San José überhaupt all meine Koffer ausgepackt hatte.

Die Universität von San Francisco veränderte unwiderruflich die Richtung meines Lebens und zwar in einer Weise, die ich mir nie hätte träumen lassen. Genauer gesagt, war es eigentlich ein Mann namens Bob Williams, der mein Leben für immer veränderte. Im kleinen Maßstab war er mein Dozent für kreatives Schreiben. In einem unendlich größeren Maßstab ermunterte er mich, belesen wie er war, die Welten des Metaphysischen und Paranormalen zu erkunden, wofür ich mir noch nie die uneingeschränkte Erlaubnis gegeben hatte. Wir redeten und redeten, oft bis tief in die Nacht hinein, über diese Welten, wir forderten einander heraus und inspirierten einander, erzählten uns gegenseitig unsere Ideen. Unsere intensiven Gespräche erzeugten in mir ein Gefühl der Begeisterung für meine hellseherischen Talente und ihr Potenzial, anstatt in ihnen eine Last zu sehen. Eines Tages zog er mich in einen kleinen, exzentrischen Buchladen und fing an, den Einkaufskorb mit Büchern des hellsichtigen Heilers Edgar Cayce, der Theosophin Helena Blavatsky, der Propheten Nostradamus und Arthur Conan Doyle, aber auch der Philosophen Jean-Paul Sartre und Bertrand Russell zu beladen. Ich musste lachen, weil der Korb schnell mit Büchern überquoll, und so fragte ich ihn, was er da tat.

»Ich gebe dir die nächste Studienarbeit«, sagte er. »Ich bin dein Dozent, und du bekommst jetzt von mir die Hausaufgabe, all diese Bücher zu lesen.«

»Das habe ich bereits getan«, sagte ich stolz.

Meine Aussage irritierte ihn überhaupt nicht. »Dann lies sie noch mal. Aber zieh diesmal einen Nutzen aus diesen Büchern. Die Autoren unterscheiden sich in keinerlei Weise von dir. Sie besaßen Gaben, die genauso umstritten sind wie deine. Aber sie nutzten sie, um über konventionelle Grenzen hinauszugehen und Neuland zu entdecken, ohne vorher um Erlaubnis zu fragen. Sie brachten alles in Erfahrung, was sie über die einzigartigen Einsichten, die Gott ihnen geschenkt hatte, in Erfahrung bringen konnten, und dann benutzten sie das, was sie wussten, um andere Menschen zu heilen, aufzuklären, zu trösten oder ihnen in dieser furchtbaren Welt auch nur einen kleinen Hoffnungsschimmer zu geben. Du kannst das Gleiche tun, was diese Menschen taten, und deine Arbeit kann genauso wichtig sein wie ihre, wenn du dich bewusst dafür entscheidest und mit aller Kraft in diese Richtung gehst.«

»Glaubst du das wirklich?« Ich wollte nicht bloß ein weiteres Kompliment hören, sondern bestand darauf, die Wahrheit von ihm zu erfahren.

»Ich glaube an dich«, sagte er, und diese einfachen vier Worte von diesem dynamischen, liebenswürdigen und großzügigen Mann entzündeten in mir ein Feuer, das niemals wieder verlosch.

Und um seine Worte gleich unter Beweis zu stellen, überraschte mich Bob ein paar Tage später in unserem kreativen Schreibkurs. Wir hatten eben unsere Diskussion von *Ulysses* beendet und noch eine halbe Stunde Zeit, bevor die Glocke läutete, als er plötzlich so lässig, dass ich wusste, er hatte es vorher geplant, verkündete, dass Sylvia Dufresne gerne ihre hellseherischen Fähigkeiten unter Beweis stellen und denen ein Reading geben wolle, die daran interessiert seien.

Insgesamt befanden sich 50 Studenten im Raum, und sofort gingen 50 Hände in die Höhe. Ich starrte Bob entgeistert an, aber er grinste nur vertrauensvoll zurück, als ich mich auf den Weg zu ihm nach vorn machte. Ehrlich gesagt, erinnere ich mich an keines der Readings an diesem Tag, vielleicht aufgrund der Kombination von Schock und Nervosität. Ich erinnere mich aber an Begeisterung und einen großen Applaus, als eine halbe Stunde später die Glocke läutete. Von dem Tag an wurde ich mit auffallend größerem Respekt behandelt. Damals war mir noch nicht klar, dass Sylvia Shoemaker Dufresne, dank der alleinigen Initiative meines lieben Freundes Bob Williams, gerade damit angefangen hatte, sich eine »Anhängerschaft« aufzubauen.

Für mich bleibt es immer eine große tragische Ironie in meinem Leben, dass ausgerechnet Bob, der mein größter Fan war und am meisten an mich glaubte, nicht auf mich hörte, als ich ihn eindringlich darum bat. Schon lange hatte er vor, für ein Jahr nach Australien zu gehen, und freute sich maßlos darauf.

Und ich wusste, ohne nähere Einzelheiten nennen zu können, dass ich Bob niemals wiedersehen würde, wenn er tatsächlich nach Australien ginge. Wenn er es tat, würde er in einem Sarg zurückkehren. Ich war mir dessen ganz sicher, und darum bat ich ihn nicht nur, nicht zu gehen, ich flehte ihn regelrecht an.

»Was glaubst du, wird mir zustoßen?«, fragte er viel zu fröhlich.

»Du wirst sterben, Bob.«

»Wodurch?«

»Ich weiß es nicht. Ich bekomme nur, dass du sterben wirst. Du wirst nicht lebend aus Australien zurückkehren, und ich kann diesen Gedanken nicht ertragen.«

Es war ein Gespräch, wie wir es schon tausendmal gehabt hatten, und es endete immer damit, dass er mich in den Arm nahm und mir versprach, er würde es nicht zulassen, dass etwas Schlimmes passierte. Oft fügte er hinzu: »Außerdem bin ich viel zu feige, in Australien zu sterben, denn ich weiß ja, wenn ich es täte, würdest du mich dafür umbringen!« Er lachte jedes Mal darüber. Ich lachte nie.

Also ging Bob, und mit ihm ein großer Teil meines Herzens, nach Australien – gesund und glücklich und schon in der Vorfreude, irgendwann zurückzukehren, um mit mir dort weiterzumachen, wo wir aufgehört hatten. Nachdem er bereits ungefähr drei Monate in Australien war, entdeckte er eines Tages beim Duschen eine kleine Geschwulst unter seinem Arm. Als sie nach ein paar Wochen nicht wieder verschwunden war, suchte er einen Arzt auf, um sich untersuchen zu lassen. Die Diagnose: Lymphdrüsenkrebs. Weniger als sechs Monate später war er tot und kehrte aus Australien in einem Sarg zurück. Kein Tag ist seitdem vergangen, an dem ich Bob Williams nicht vermisst und ihm dafür gedankt habe, mir auf liebenswürdige und unbeirrbare Weise den Weg gezeigt zu haben, den ich einschlagen sollte.

Mehrere Wochen nach Bobs Tod ging ich zusammen mit ein paar Freunden zu einer bekannten Hellseherin, die in einem überfüllten Raum in San Francisco einen Vortrag hielt. Als ich dort ankam, war ich wissbegierig und bereit, mich von einer Person inspirieren zu lassen, die schon da war, wo ich erst noch hinwollte. Nach zehn Minuten fing ich an, mich zu ärgern. Nach einer halben Stunde war ich wütend. Nach einer Stunde war ich so außer mir, dass ich mich stark zusammenreißen musste, um nicht protestierend die Bühne zu stürmen.

Ich schaffte es irgendwie, nicht zu explodieren und bis zum Schluss durchzuhalten. Hinterher saß ich noch mit den Freunden in einem nahe gelegenen Restaurant zusammen. »Jeder Idiot kann sich da vorne hinstellen und behaupten, alles Mögliche gesehen und vorhergesagt zu haben. Und dieser oder jener Prominente mache keinen Atemzug, ohne ihn vorher um Rat gefragt zu haben, und wenn es ihn nicht gäbe, hätte jener Filmstar gar keinen Erfolg. Zuerst einmal: Wo sind die Beweise für all ihre Behauptungen? Wo ist die Bestätigung der Voraussage? Zweitens, wen interessiert es, wer zu ihren Klienten gehört? Konnte sie überhaupt noch indiskreter sein? Ist sie süchtig nach Publicity? Und drittens: Wie kann sie es wagen, ihren Informationen so blind zu vertrauen? Hat sie sich nur einen Moment lang gefragt, woher die Informationen wirklich kommen? Hat sie sich überhaupt mit der geistigen Welt befasst und sie erforscht? Weiß sie, dass es dabei nicht um uns geht, sondern um Gott? Alles fängt mit Ihm an und endet mit

Ihm. Ihm allein gebührt der Dank für alles. Aber habt ihr das Wort ›Gott‹ heute Abend überhaupt ein einziges Mal gehört? Ich nicht!«

Schließlich musste ich kurz Luft holen, und während ich dies tat, hörte ich Bob Williams' Stimme, klar und deutlich, als säße er direkt neben mir: »Und was wirst du jetzt tun?«

Nach einer schlaflosen Nacht gründete ich am nächsten Morgen die Nirvana Foundation for Psychic Research, im Gedenken an Bob. Zweck der Stiftung war es, über Hellsichtigkeit aufzuklären, das Überleben der Seele nach dem Tod (und damit das göttliche Versprechen des ewigen Lebens) zu bestätigen und die ganze Bandbreite paranormaler Phänomene zu erforschen, wobei es darauf ankam, jeden Schritt bestätigen und beweisen zu können. Die Stiftung sollte mir dazu dienen, Gott in jeder erdenklichen Weise dienen zu können, um mich dadurch bei Ihm für die Gabe zu bedanken, die er mir gegeben hat. Und war es nicht wundervoll, dieses Geschenk dafür zu benutzen, all Seinen Kindern, die mich um Hilfe baten, Trost, Hoffnung und Einsichten aus dem Jenseits zu bringen?

Mit diesen Gedanken begann meine »Karriere« als Hellseherin, obgleich das Wort »Karriere« nicht die große Ehre und die zunehmende Bewusstheit der göttlichen Gnade wiedergibt, die immer noch jedes Mal mein Herz erfüllt, wenn ein Klient mir erzählt, wie entscheidend die hellsichtigen Informationen für ihn gewesen sind.

Natürlich war ich von Anfang an Zielscheibe eines ganzen Heeres engstirniger professioneller Skeptiker und Atheisten sowie dogmatischer Fundamentalisten, die mich alles nannten, von einer Betrügerin bis hin zur Dienerin des Teufels. Meine Haltung dazu war und ist immer die gleiche, und sie wird sich auch nicht ändern: Ich respektiere das Recht eines jeden Menschen auf seinen eigenen Glauben, und wenn dieser Glaube nicht auch die übersinnlichen Phänomene umfasst, dann bedeutet dies nur, dass unsere Lebenserfahrungen sehr verschieden sind. Wenn ich etwas immer und immer wieder wahrnehme und bestätigt bekomme, Tag für Tag, Woche für Woche und Jahr für Jahr, und trotzdem nicht daran glauben würde, dann wäre ich bestimmt der größte Narr, den man sich überhaupt vorstellen kann.

Einer meiner schärfsten öffentlichen Kritiker/Ankläger war in den letzten Jahren James Randi, bekannt durch seinen Künstlernamen Amazing Randi. James Randi ist Bühnenzauberer und Atheist und hat in einer bundesweit ausgestrahlten Fernsehsendung behauptet, dass ich eine Quacksalberin und totale Schwindlerin sei, die sich billiger mentaler Tricks bediene und aus den Ängsten und Verletzungen der Menschen Kapital schlage, um selbst reich und berühmt zu werden. So viel ich weiß, hat Randi niemals ein Buch von mir gelesen oder auch nur mit einem einzigen meiner Klienten gesprochen. Aber er forderte mich offen heraus: Wenn ich eine Reihe von Hellsichtigkeitstests, die er bestimmen wollte, zu seiner Zufriedenheit bestünde, würde er mir eine Million Dollar geben. Ich lehnte sein Angebot ab, denn in dieser Phase meines Lebens und meiner Karriere hatte ich nicht das Gefühl, durch Reifen springen zu müssen, um ihm oder sonst irgendjemandem etwas zu beweisen. Stattdessen machte ich den Vorschlag, er möge seine Million für eine anerkannte wohltätige Einrichtung spenden, deren Verantwortliche dafür sorgten, dass das Geld in die richtigen Hände gelange.

Randi hatte sich auch niemals für ein Reading mit mir bereit erklärt, bis er eines Abend in der Fernsehshow *Larry King Live* ein spontanes Reading erhielt, das ihn genauso überraschte wie mich. Hier ist die teilweise Abschrift dieses »Readings«, das am 3. September 2001 stattfand:

Browne: Aber ich werde Ihnen jetzt etwas über Sie erzählen, Randi. Sie sollten Ihr Herz einmal untersuchen lassen. Sie können mich für was auch immer halten, aber lassen Sie die Funktion Ihrer linken Herzkammer überprüfen.

Randi: Warum erzählen Sie mir nicht auch noch etwas über meine Nieren und meine Prostata, meine Füße, mein Herz und meine Lungen?

Browne: Hören Sie auf damit, ich meine es ernst. Mit Ihrer linken Herzkammer stimmt etwas nicht.

Randi: Nun gut, ich werde das überprüfen lassen und Ihnen das Untersuchungsergebnis mitteilen.

King: Nehmen wir nun einmal an, Randi, dass Sie morgen zum Kardiologen gehen, und der sagt Ihnen, rein hypothetisch: »O Mann, Ihre linke Herzkammer …«

Browne: … ist total verstopft.

King: Was würden Sie dann sagen?

Randi: Ich würde Sie sofort davon in Kenntnis setzen, Larry.

King: Das würden Sie wirklich?

Randi: Ich würde Ihnen mitteilen, dass es stimmt.

King: Und würde Sie das davon überzeugen, dass an Sylvia vielleicht doch etwas dran ist?

Randi: Tatsache ist, dass ich morgen meinen Kardiologen anrufe. Ich schreibe Ihnen dann eine E-Mail oder rufe Sie an, wenn Ihnen das lieber ist, und informiere Sie umfassend über den Zustand meines Herzens.

King: Er muss Sie aber untersuchen.
Browne: Telefonieren allein reicht nicht.

Randi leugnete danach, irgendwelche Herzprobleme zu haben, und ich weiß nicht, ob er Larry King tatsächlich einen vollständigen Bericht über den Gesundheitszustand seines Herzens zukommen ließ.

Ich weiß nur, dass James Randi sich am 2. Februar 2006 einer Notfall-Bypass-Operation unterziehen musste. In den Unterlagen seiner Einlieferung ins Krankenhaus hieß es, dass diese Herzoperation »völlig unerwartet notwendig geworden war«.

Randi, ich bin nicht erfreut über diese Neuigkeiten, und ich bete für Ihre schnelle und vollständige Genesung.

Wie bereits erwähnt, habe ich mich daran gewöhnt, dass meine hellsichtigen Gaben in Frage gestellt werden. Ich bin inzwischen an dem Punkt, an dem ich nur noch mit der Schulter zucke und einfach meine Arbeit weitermache. Es ist, als wollte ich engstirnige Atheisten davon überzeugen, dass Gott existiert. Sie sind so von ihrer absoluten Ungläubigkeit überzeugt, dass meine absolute Sicherheit, dass wir Gottes Gegenwart mit jedem Atemzug, den wir nehmen, erfahren, garantiert auf taube Ohren stoßen würde. Um ehrlich zu sein, ich habe das Interesse an der ganzen Debatte über die Bestätigung paranormaler Phänomene verloren. Ich weiß einfach, dass es sie gibt. Dieses eintönige, sich ständig wiederholende »Das kann nicht sein!« der professionellen Zweifler ist inzwischen einfach dermaßen nervtötend geworden, dass die einzig angemessene Reaktion darauf lautet: »Es tut mir leid, aber Sie müssen jemand anderen damit langweilen. Ich habe zu tun.«

Was ich hingegen nicht ertragen kann, ist, wenn an der Aufrichtigkeit meiner Spiritualität und an meiner absoluten Gewissheit gezweifelt wird, dass Gott uns das ewige Leben versprochen hat. Seit meinen späten Teenagerjahren beschäftige ich mich mit den Weltreligionen, und ich habe alle 26 Versionen der Bibel studiert. Stolz stehe ich neben denen, die das Gleiche glauben wie ich:

- »Gott schenkt uns das ewige Leben durch Jesus Christus, unseren Herrn.« (Christentum)
- »Der Staub kehrt zurück zur Erde, von wo er stammt, aber die Seele kehrt zu Gott, ihrem Schöpfer, zurück.« (Judentum)
- »Diejenigen, die glauben und rechtschaffen sind, werden in das Paradies eingehen.« (Islam)
- »Ich weiß, dass das Leben weitergeht.« (Jainismus)
- »Alle Lebenden müssen sterben und durch den Tod wieder zur Erde zurückkehren, aber der Geist lebt weiter im Licht.« (Konfuzianismus)
- »Der wird unsterblich, der das Gute in sich sucht.« (Hinduismus)
- »Warum weinen, wenn ein Mensch stirbt, er kehrt doch nur nach Hause zurück?« (Sikhismus)
- »Ernsthaftes Praktizieren ist der Weg zur Unsterblichkeit.« (Buddhismus)
- »Betrachte den Himmel als deinen Vater, die Erde als deine Mutter, alle Dinge als deine Brüder und Schwestern, und du wirst das göttliche Land genießen, das alle anderen Länder übertrifft.« (Shintoismus)
- »Das Leben geht weiter. Der Tod ist die Rückkehr nach Hause.« (Taoismus)

- »Die Seele der Rechtschaffenen wird sich des ewigen Lebens erfreuen.« (Zoroastrismus)
- »Erwähne Mich auf Erden, sodass Ich Mich in Meinem Himmel an dich erinnere.« (Bahaismus)

Wenn ich mich zusammen mit all diesen großen, wunderbaren Glaubenssystemen irren sollte und wir nicht ins Jenseits gehen, wenn unser Leben vorüber ist, dann bin ich vollkommen zufrieden, dahin zu gehen, wo auch immer die Anhänger dieser Religionen hingehen.

Aber wir irren uns nicht. Auch Sie wissen es in Ihrem Herzen, so wie ich es in meinem weiß. Sie müssen nicht mein Versprechen nehmen. Nehmen Sie das Versprechen Gottes, das er uns in so vielen Sprachen gegeben hat.

Readings und Francine

Zuerst einmal möchte ich ein verbreitetes Missverständnis aus dem Weg räumen, das selbst unter denen existiert, die mit meiner Arbeit vertraut sind: Meine Geistführerin Francine nimmt *nicht* aktiv an meinen täglichen Readings teil. Es handelt sich nicht um ein ununterbrochenes Puppenspiel, das wir beide inszenieren und in dem ich mich bloß mit dem Klienten hinsetze und sie in mein Ohr zwitschern lasse, um das, was sie zu sagen hat, hinterher pflichtbewusst wie ein Papagei zu wiederholen. Die Quellen meiner Informationen sind so unterschiedlich wie die Readings selbst; es handelt sich dabei um auf Gott ausgerichtete Geistwesen aus dem Jenseits, genau wie Francine, aber meistens mit größerer irdischer Erfahrung.

Wir alle wählen unsere Geistführer im Jenseits aus, bevor wir erneut inkarnieren, und vertrauen darauf, dass dieser Führer uns ständig begleitet und in diesem Leben unser feinstofflicher, objektiver Mentor und intimer Vertrauter ist. Eine der Grundvoraussetzungen dafür, ein Geistführer sein zu können, besteht darin, wenigstens einmal selbst auf der Erde inkarniert gewesen zu sein, sodass man ein Gefühl für die zahllosen Versuchungen, Ängste, Probleme und all die nichtigen und manchmal verhängnisvollen Fehler hat, die ein unausweichlicher Teil des menschlichen Lebens auf der Erde sind. Francine hat sich selbst nur einmal inkarniert. Sie war eine Azteken-/Inkafrau und lebte von 1500 bis 1520 in Kolumbien. Vorher und nachher hat sie ausschließlich im Jenseits gewohnt.

Wie ich ausführlich in meinem Buch *Jenseits-Leben* beschreibe, leben wir in unserer geistigen Heimat in einem Zustand permanenter Glückseligkeit. Wir haben viel zu tun und leben in perfekter Harmonie mit Gott. So etwas wie Zeit existiert nicht, es gibt keine Vergangenheit, Gegenwart oder Zukunft. Alles geschieht »jetzt«, und die Ewigkeit ist nicht nur eine Vorstellung, sondern eine vollkommen verstandene Tatsache und die reale Grundlage, auf der alles wahrgenommen wird.

Und in der Perspektive der Unendlichkeit, aus deren Blickwinkel heraus alles vollkommen klar ist, sind so traumatische irdische Ereignisse wie »Ich habe meine Arbeit verloren« oder »Mein Freund hat mich sitzengelassen« oder selbst »Mein Kind ist sehr krank«, offen gesagt, belanglos. Vor dem Hintergrund der Ewigkeit ist unsere gesamte Lebensspanne auf der Erde nicht mehr als ein Augenaufschlag. Und die Bewohner des Jenseits wissen, dass, egal, was uns hier auch zustößt, wir sowieso »im nächsten Moment« schon wieder zu Hause bei ihnen sind.

Geistführer, die mehrmals inkarniert gewesen sind, haben – zumindest bis zu einem gewissen Grad – Verständnis dafür, dass unsere alltäglichen Probleme uns manchmal unüberwindbar erscheinen.

Obwohl Francine nur einmal 20 Jahre als Mensch gelebt hat und zwar vor einem halben Jahrtausend, würde sie meine Sorgen und Ängste niemals herunterspielen und dies auch nicht bei einer anderen Person tun. Wenn ich mich an sie wegen meiner »irdischen« Belange wende, reagiert sie meistens, indem sie sagt: »Alles wird gut werden.«

Und sie hat natürlich Recht, denn im großen Zusammenhang betrachtet, können wir uns alle auf die Ewigkeit in der vollkommenen, heiligen Seligkeit des Jenseits freuen. Es stimmt also, alles *wird* früher oder später gut werden. Aber wenn Ihr Kind gerade krank ist oder Ihr Partner Sie verlassen hat oder Ihr Kühlschrank leer ist und Sie kein Geld mehr für Lebensmittel haben, dann brauchen Sie eine Weisheit, die sich sofort praktisch umsetzen lässt.

Während eines Readings kann Francine mir mitteilen, ob ein Familienmitglied des Klienten stirbt oder schon gestorben ist, wann dies genau geschah und woran er oder sie gestorben ist. Es ist genauso möglich, dass der tote Verwandte mir selbst diese Informationen gibt, aber Francine ist in dieser Hinsicht eine außerordentlich zuverlässige Quelle.

Es gibt eine Geschichte über Francine, über die ich bereits an anderer Stelle geschrieben habe, die es sich aber lohnt zu wiederholen. Sie geschah vor vielen, vielen Jahren. Ein Freund namens Dr. William Yabroff war Professor für Psychologie an der Universität von Santa Clara. Er war das, was ich in aller Hochachtung als »geistig offenen Skeptiker« bezeichne, und zeigte Interesse an vielen Bereichen meines Lebens und meiner Arbeit, einschließlich Francine. Er hatte mehrere ihrer Vorträge über Theologie und das Jenseits besucht und fragte mich eines Tages, ob ich bereit wäre, sie zu channeln, sodass er ihre Authentizität überprüfen könne. Er verriet mir vorher nicht, welche Art von »Test« er beabsichtigte, aber ich vertraute ihm. Ich wusste, dass er objektiv und unparteiisch war, und daher stimmte ich seinem Vorschlag ohne Vorbehalte zu.

Wie sich herausstellte, bestand der »Test« darin, dass sich Bill zusammen mit Francine hinsetzte und einen Stapel von 20 Berichten über verstorbene Patienten durchging, die er zufällig seinem Archiv und dem Archiv seiner Kollegen entnommen hatte. Bill las jeweils den Namen des Patienten, und nur seinen Namen, laut vor und bat Francine, ihm die Todesursache von jedem Patienten zu nennen. Wenn Francine tatsächlich aus dem Jenseits zu ihm sprach, so wie sie es behauptete, dann sollte sie von den verstorbenen Patienten selbst die nötige Information erhalten, schlussfolgerte Bill. Wenn dies nicht der Fall war, würde sie nur raten können und sich auf diese Weise zum Narren machen.

Francine identifizierte korrekt und sehr spezifisch die Todesursachen von 19 der 20 Patienten auf Bills Stapel.

Bill war beeindruckt. Die Wahrscheinlichkeit, eine solche Genauigkeit durch bloßes Raten zu erzielen, war praktisch gleich null. Und er hatte eine zusätzliche Sicherheitsvorkehrung getroffen und sich die Todesursache erst dann angeschaut, nachdem Francine sie ihm genannt hatte, um die Möglichkeit auszuschließen, dass sie seine Gedanken las.

Der 20. Todesfall, den Francine »falsch« identifiziert hatte, war eine Drogenüberdosis, an der laut Francine drei

Substanzen beteiligt waren. Der Autopsiebericht erwähnte allerdings nur zwei. Bill war so sehr von Francines Treffsicherheit beeindruckt und so neugierig, dass er die Angehörigen des Patienten anrief. Es stellte sich heraus, dass diese eine zweite Autopsie gefordert hatten, durch die das Vorhandensein von drei Substanzen, und nicht nur von zwei, ans Tageslicht kam.

Wenn Francine also genauer als so mancher Leichenbeschauer ist und solch einen Test mühelos besteht, dann können Sie sich sicherlich vorstellen, dass ich ihr in Situationen vertraue, in denen Klienten Antworten aus dem Jenseits brauchen und ihre eigenen verstorbenen Familienmitglieder noch nicht bereit oder gewillt sind zu sprechen.

Bill hat die Untersuchungsergebnisse des Tests zwar niemals veröffentlicht, aber er hatte schon vor seiner Begegnung mit Francine einen Brief an alle geschrieben, »die an dieser Sache interessiert sind«. Ich habe ihn all die Jahrzehnte lang für mich behalten (und entschuldige mich dafür, dass das Datum auf dem Brief nicht mehr lesbar ist). An dieser Stelle freue ich mich jedoch, ihn als ein weiteres Dankeschön an Dr. William Yabroff abzudrucken.

THE UNIVERSITY OF SANTA CLARA • CALIFORNIA • 95053

To Whom It May Concern
Re: Qualifications of Sylvia Brown as a Psychic
From: William Yabroff, Ph.D. Director, Counseling Psychology.

It is with pleasure that I recommend Sylvia Brown both as a person and a psychic. I have known Sylvia professionally for five years and find her to be an unusually authentic psychic as well as a highly ethical person, qualities which seem rare these days in the psychic field.

Sylvia seems to have the ability to accurately read the physical and emotional states of persons who come to her. She is specific in her readings rather than general, and encourages people to check-out the specificity of these readings. I have referred a number of clients to her and have been gratified by the client's reports of how helpful her sessions became in the course of therapy.

I have also had the opportunity to evidence her ability to find people and objects on a number of occassions. These include the finding of a valuable piece of jewelry, the location of metal objects underground, the accurate prediction of earth tremors and quakes, and descriptions of former structures which had been removed from the premise long before her services were called upon.

No psychic is %100 percent accurate and Sylvia is the first to call attention to this. Her own work reflects a surprising accuracy level and has inspired confidence with a number of professionals in Santa Clara Valley.

I recommend her for your most serious consideration, with enthusiasm and without reservation.

William Yabroff, Ph.D.
Associate Professor
Counseling Psychology

Die Übersetzung des Briefes lautet:

An alle Interessierten
Betrifft: Die hellseherischen Fähigkeiten von Sylvia Browne
Von: Dr. phil. William Yabroff, Fachbereichsleiter Beratende Psychologie an der Universität von Santa Clara (Kalifornien)

Ich kann Sylvia Browne als Person und Hellseherin uneingeschränkt empfehlen. In den fünf Jahren, in denen ich bereits beruflich mit Sylvia zu tun habe, hat sie sich immer als authentisches Medium und als eine Frau mit hohen ethischen Grundsätzen erwiesen – beides Eigenschaften, die heute im Bereich des Paranormalen eher selten geworden sind.

Sylvia ist in der Lage, den körperlichen und emotionalen Zustand der Personen zu lesen, die zu ihr kommen. In ihren Readings trifft sie nicht nur allgemeine Aussagen, sondern ist sehr spezifisch und ermutigt ihre Klienten, die Genauigkeit ihrer Aussagen zu überprüfen. Ich habe viele von meinen eigenen Klienten zu ihr geschickt und von ihnen immer wieder gehört, wie hilfreich die Sitzungen mit Sylvia im Verlauf ihrer Therapie gewesen sind.

Ich war auch mehrmals Zeuge, wie Sylvia vermisste Personen und Objekte gefunden hat. Sie ist in der Lage, kostbare Schmuckstücke zu finden oder Metallgegenstände im Erdboden aufzuspüren, Erdbeben genau vorherzusagen und frühere Gebäude auf Grundstücken zu beschreiben, die schon lange abgerissen waren, bevor sie in die Ermittlungen einbezogen wurde.

Kein Medium hat eine Trefferquote von 100 Prozent, und Sylvia wäre die Letzte, die eine solche Quote für sich beanspruchen würde. Ihre eigenen Aussagen treffen jedoch zu einem überraschend hohen Prozentsatz zu, wodurch sie sich das Vertrauen vieler Experten im Santa Clara Valley erworben hat.

Ich kann Sylvia Browne daher ohne Vorbehalt und aus ganzem Herzen als Hellseherin empfehlen.

Dr. phil. William Yabroff, außerordentlicher Professor für Beratende Psychologie

Eine persönliche Bemerkung

Im nächsten Kapitel werde ich die einzelnen Bestandteile eines Readings aus meiner Sicht beschreiben. Im Grunde genommen läuft aber alles auf die vier folgenden Schritte hinaus:

- Ich formuliere eine Frage und behalte sie entweder für mich oder spreche sie laut aus.
- Mit allem Vertrauen, das ich aufbringen kann, sage ich aus der Tiefe meiner Seele so etwas wie: »Was sagst Du dazu, Gott?«
- Ich nehme meinen eigenen Verstand aus dem Weg und mache Platz für die Antworten, die aus einer viel verlässlicheren Quelle kommen, als ich es bin.
- Ich habe den Mut, die Antworten, die kommen, zu akzeptieren und laut zu wiederholen, ohne sie umzuformulieren, zu bewerten oder zweideutig zu sein.

Andere Hellseher mögen da anderer Meinung sein, aber für mich ist der schwierigste Schritt der letzte. Im Laufe der Jahre ist er mir allerdings immer leichter gefallen. Aber es gibt immer wieder Augenblicke, in denen ich Informationen erhalte, die so grotesk und absurd zu sein scheinen, dass ich meinen Klienten am liebsten auffordern würde, aufzuspringen und aus meinem Büro zu stürzen mit den Worten: »Wenn Sie nur dasitzen und mir all diesen Unsinn erzählen, dann auf Nimmerwiedersehen, Sie Betrügerin!«

Ein gutes Beispiel für so einen Moment liegt schon viele Jahre zurück, als eine gut angezogene, selbstbewusste Frau mit der vertrauenswürdigen Aura einer erfolgreichen Managerin zu mir kam und mich bat, ihr mitzuteilen, was ich in Bezug auf den bevorstehenden Karrierewechsel sah, den sie plante.

Schweigend ging ich in weniger als einer Sekunde durch die einzelnen oben dargelegten Schritte und bekam klar und deutlich eine Antwort. Das Problem war nur, dass sie total lächerlich war. Meine ganze innere Logik sagte mir, dass das niemals stimmen könne und ich meine Glaubwürdigkeit vollends verspielen würde, wenn ich sie laut wiederholte. Aber die Verpflichtung gegenüber Gott, nichts zu verändern, zu bewerten oder zweideutig zu machen, war stärker als mein Stolz, und so schlug ich alle Bedenken in den Wind, holte tief Luft und wiederholte wörtlich, was ich so klar vernommen hatte:

»Sie haben eine Wurmfarm.«

So klischeehaft es auch klingen mag, in diesem besonderen Fall traf es absolut zu – ich war wirklich sprachlos, als sie lässig antwortete: »Ja, Sie haben Recht.«

Ich habe diese Geschichte in meinem Buch *Die Geisterwelt ist nicht verschlossen* erwähnt. Vor ein paar Wochen gab ich eine Autogrammstunde für mein Buch *Phänomene*, als eine Frau zu mir an den Tisch kam, mir ihr Buchexemplar hinhielt und mich anlächelte: »Hallo Sylvia, ich bin die Frau mit der Wurmfarm.«

Ich gebe zu, dass ich mich nur schwer an die Namen und Gesichter meiner Klienten erinnern kann. Wenn Sie mich jedoch anlächeln und mich mit Ihrer Version von »Ich bin die Frau mit der Wurmfarm!« begrüßen, dann stehen die Chancen nicht schlecht, dass Sie mir – so wie diese Frau es getan hat – meinen Tag retten.

3

Wie ein Reading bei mir abläuft

Die Readings, die ich durchführe, fallen in drei grundlegende Kategorien, soweit es den äußeren Ablauf betrifft.

- Readings von Angesicht zu Angesicht, wenn die Person körperlich mit mir in einem Raum ist.
- Readings übers Telefon, was mir erlaubt, einen weltweiten Stamm an Klienten zu haben (was ich in all den Jahrzehnten sehr genossen habe).
- Schriftliche Readings für Klienten, die spezielle Fragen haben und verständlicherweise schneller eine Antwort haben wollen, als es die Warteliste der beiden ersten Optionen zulassen würde.

Schriftliche Readings beantworte ich übrigens persönlich, aber bei Telefongesprächen werden meine Antworten von meinen Mitarbeitern weitergegeben. Dies ist zwar nicht so direkt, wie ich es gerne hätte, aber dadurch werden wochen- oder monatelange Verzögerungen in der Beantwortung der Fragen vermieden. Und um es noch einmal zu betonen, alle Antworten stammen ausschließlich von mir.

Es vergeht kein Tag, an dem ich nicht gefragt werde, ob es

zwischen Readings, bei denen die Person mir gegenübersitzt, telefonischen Readings und schriftlichen Readings einen Unterschied in der Genauigkeit gibt. Das ist eine berechtigte Frage, mit einer sehr einfachen Antwort:

In Bezug auf die Präzision meiner Voraussagen gibt es keinen Unterschied zwischen den einzelnen Arten von Readings, die ich durchführe. Ich bin von mehr Psychologen, Wissenschaftlern, Ärzten, Psychiatern, Hypnosetherapeuten und Forschern getestet worden, als ich aufzählen kann. Das Ergebnis ist, dass meine Genauigkeit zwischen 87 und 90 Prozent liegt. (Wenn ein Hellseher behauptet, seine Treffsicherheit läge bei 100 Prozent, dann brauchen Sie sich den Rest des Readings auch nicht mehr anzuhören, denn Sie sind bereits belogen worden.) Die Höhe meines Prozentsatzes ist nicht davon abhängig, ob wir uns im gleichen Raum aufhalten oder jeweils auf der anderen Seite der Erdkugel sind oder gegenseitig unsere Stimmen hören oder nicht.

All das wird klar verständlich, wenn Sie die Bestandteile eines Readings verstehen, so wie ich es durchführe (auch wenn ich *selbst* es nicht immer völlig verstehe).

Was mache ich in einem Reading?

Ehrlich gesagt, weiß ich gar nicht so genau, was ich eigentlich mache. Ich mache es einfach. Und weil ich mit dieser Gabe geboren bin, weiß ich nicht, wie es ist, es nicht zu tun, oder wie ich es am besten in einzelne Bestandteile zerlege, um es erklären zu können. Es geht ein wenig in die Richtung, als würde ich Sie fragen: »Wie atmen Sie?« Es steht außer Zweifel, dass Sie es tun, dass Sie es Ihr ganzes Leben lang getan haben und dass Sie nicht viele Gedanken daran verschwenden. Sie wissen, dass Sie einatmen und ausatmen. Aber wenn ich Sie um genauere Einzelheiten bitten würde, um eine Beschreibung der physiologischen Abläufe während des Atmens in den Muskeln, Organen und Zellen, dann wäre die überwiegende Mehrheit von Ihnen mit ihrer Weisheit am Ende. (Ich wäre es auf jeden Fall, und ich kenne mich schon ein wenig damit aus, wie der Körper funktioniert.)

Ich bin gerne bereit zu erklären, wie ich das tue, was ich tue, und was alles während eines Readings eine Rolle spielt. In welchem Ausmaß ich allerdings das eine oder andere Element in einem »typischen« Reading benutze (das es eigentlich auch gar nicht gibt), weiß ich letztlich genauso wenig wie Sie.

Und so stelle ich Ihnen jetzt in loser Reihenfolge, die nichts über die Wichtigkeit aussagt, ein paar Werkzeuge vor, die ich bei jedem Klienten benutze, und zwar unabhängig davon, ob wir uns im selben Raum befinden oder nur gegenseitig unsere Stimme hören.

Eingeflößtes Wissen

Eingeflößtes Wissen ist die Information, die direkt von einem Geist auf den anderen übertragen wird, wobei der Empfänger die Information erhält, die er vorher nicht hatte, und nicht weiß, woher sie kommt.

Eingeflößtes Wissen ist die am weitesten verbreitete Art, in der Wesen aus dem Jenseits mit uns kommunizieren. Wenn ich ein Reading mache und plötzlich »weiß«, dass Ihr Blutzuckerspiegel niedrig ist, obwohl Sie gar nicht über Ihre Gesundheit gesprochen haben; oder wenn Sie mit Ihrem Kind den Endokrinologen aufsuchen sollten, ohne dass Sie vorher erwähnten, dass Sie überhaupt ein Kind haben; oder wenn es in sechs Monaten in Norwegen zu einem Durchbruch in der Behandlung der Krankheit Ihrer besten Freundin kommen wird, obwohl Sie bislang kein Wort über diese Freundin verloren haben – dann handelt es sich dabei wahrscheinlich um eingeflößtes Wissen. Für mich ist die Information brandneu, sie wurde mir von niemandem erzählt, und in den oben beschriebenen Fällen existieren keine feinstofflichen Stimmen, die mir die Information ins Ohr flüstern. Zuerst weiß ich nichts, und dann weiß ich es einfach. Ich habe keine Ahnung, wie das geschieht. Es ist halt einfach eingeflößtes Wissen.

Wenn ich Readings durchführe oder Voraussagen treffe, wie ich es routinemäßig im Fernsehen tue und in meinem Buch *Prophecy* getan habe, dann muss ich oft auf ein Wörterbuch zurückgreifen, nachdem ich eingeflößtes Wissen weitergegeben habe, besonders im Bereich von Medizin und Technologie. Obwohl ich diese Fachgebiete nicht studiert habe, ist es nicht ungewöhnlich, dass ich mich eine Terminologie wiederholen höre, die ich nicht buchstabieren, geschweige denn definieren kann.

Eingeflößtes Wissen ist nicht etwas, was mir oder anderen Hellsehern exklusiv zur Verfügung stehen würde. Es ist weit verbreiteter, als man normalerweise annimmt, wahrscheinlich weil es so stillschweigend und subtil funktioniert. Die geistige Welt im Jenseits arbeitet beispielsweise ständig an neuen Heilmitteln, wissenschaftlichen Durchbrüchen, Erfindungen und zahllosen anderen Beiträgen zu unserem Wohlergehen auf der

Erde. Jene Informationen werden von den Geistwesen durch eingeflößtes Wissen an die geeigneten Forscher, Wissenschaftler, Physiker, Ärzte und andere brillante Köpfe weitergegeben, die die Informationen in die konkrete Wirklichkeit transformieren.

Und dann gibt es noch die Nächte, in denen Sie schlafen gehen und ein Problem wälzen und am anderen Morgen mit einer Lösung im Kopf aufwachen oder plötzlich wissen, wo Sie diese finden können. Es hat nichts damit zu tun, dass Sie sich im Schlaf an etwas erinnern oder dass ihr Geist so entspannt war, dass Sie klar denken konnten. Es liegt vielmehr daran, dass einfach »etwas zu Ihnen kam«, und wenn Sie genau hinschauten, würden Sie sehen, dass es sich um brandneue Informationen handelt und Sie nicht wissen, woher sie kommen.

Sie stammen aus dem Zuhause im Jenseits und sind ein weiteres Beispiel für eingeflößtes Wissen, eines meiner wertvollsten und völlig unbeeinflussbaren Arbeitswerkzeuge.

Hellsehen

Hellsehen ist die Fähigkeit, Wesen, Gegenstände oder Informationen zu sehen, die aus einer anderen Dimension stammen. Sie wird manchmal auch »zweites Gesicht« genannt und ist ein gottgegebenes Geschenk, das es bestimmten Menschen ermöglicht, eine größere Bandbreite an Frequenzen wahrzunehmen als »normal«.

Ich bin hellsichtig. Ich sehe, welche geistigen Wesen aus dem Jenseits um Sie herum sind, und kann sie genau beschreiben; ich sehe, wo ein vermisstes Kind oder Objekt gefunden werden kann; ich sehe die letzten Momente im Leben eines Mordopfers, unabhängig davon, ob die Tat zehn Minuten oder zehn Jahre zurückliegt; ich sehe auch, ob eine Person in drei Jahren heiraten wird. Die hellsichtigen Visionen stammen aus anderen Dimensionen. Nur auf der Erde haben wir diese Begrenzung, die wir Zeit nennen. Überall sonst gibt es nur ein »Jetzt«, und daher spielt Zeit nicht unbedingt eine Rolle in den Dimensionen, die jenseits von uns liegen. Es erfordert einiges Geschick und viel Übung, eine zeitlose Vision in irdische Parameter zu übertragen, sodass ich zum Beispiel einen Klienten in einem Autounfall »sehen« kann und weiß, ob er schon geschehen ist oder ob der Betreffende Vorsichtsmaßnahmen für die Zukunft ergreifen sollte.

Die Gabe der Hellsichtigkeit ist nicht auf uns Hellseher beschränkt, wie viele von Ihnen bereits wissen. Sie sehen Dinge, die Sie entweder nicht sehen wollen oder die Sie nicht verstehen, und/oder Ihre Kinder sehen sie und sind verwirrt und ängstlich. (Obgleich Kinder in der Regel lockerer damit umgehen.) Für diejenigen von Ihnen, die genau wissen, wovon ich spreche, habe ich eine wichtige Lektion von meiner Oma Ada, die sie mich lehrte, als ich fünf Jahre alt war und die ersten hellsichtigen Erfahrungen hatte, welche mir große Angst einjagten. (Ich sah beispielsweise eines Abends beim Abendessen der Familie die Gesichter meiner Urgroßmütter zerlaufen, was ziemlich eklig war, und ich wusste nicht, dass ich dadurch auf hellsichtige Weise wahrnahm, dass beide im Laufe der nächsten Wochen sterben sollten.) Ich hatte Panik bei der Vorstellung, ich würde mein ganzes Leben damit verbringen, dass ich urplötzlich brutale, groteske Szenen sah und nicht wusste, ob ich sie ertragen konnte oder nicht. Ich erinnere mich immer noch daran, dass ich zu Oma Ada sagte, dass ich all diese Dinge nicht sehen wollte. Ich wollte nicht hellsichtig sein, sondern wünschte mir, dass ich damit nichts mehr zu tun hätte und eine ganz normale Fünfjährige wäre.

Sie erklärte mir, dass meine Gabe der Hellsichtigkeit und alle Informationen, die mir dadurch zur Verfügung stehen, aus ein und derselben Quelle – nämlich von Gott – stammten. Dies bedeutete, dass sie etwas Besonderes waren. Sie mussten geehrt und respektiert und entweder für Seine Zwecke eingesetzt oder gar nicht benutzt werden. Und da Er mir diese Gaben aus einem guten Grund gegeben hatte, war Er auch der Erste, an den ich mich um Hilfe wenden sollte, wenn ich sie bräuchte. »Bitte darum, und sie wird dir gegeben.«

Mit ein wenig fachkundiger Beratung durch Oma Ada versprach ich also Gott, dass ich diese Gaben in Seinem Sinne einsetzen würde und Er mir nur noch die hellsichtigen Bilder schicken möchte, mit denen ich etwas anfangen konnte. Gib mir bitte, wenn ich einen Flugzeugabsturz sehe, genügend Informationen, damit ich die richtigen Leute warnen kann. Und wenn ich ein brennendes Haus sehe, dann sag mir bitte, in welcher Stadt das ist und wie die Adresse lautet – etwas, mit dem ich sicherstellen kann, dass sich zum Zeitpunkt des Brands niemand in dem Haus befindet, oder besser noch, wie die Bewohner verhindern können, dass das Feuer überhaupt ausbricht. Zeig mir bitte kein krankes Herz, ohne dass ich weiß, wessen Herz es ist und was diese Person zur Genesung tun kann. Und bitte auch kein Schiffswrack ohne genaue Position, wo die Rettungsmannschaften es finden können.

Ich betete und betete und betete dafür, dass meine Hellsichtigkeit zu etwas nutze sein oder ganz verschwinden möge –

und es funktionierte. Wie bereits gesagt, wenn Sie selbst oder ein Familienmitglied oder besonders ein Kind, das Sie kennen, die Gabe der Hellsichtigkeit hat, dann sollten Sie das beherzigen, was ich von meiner Oma Ada gelernt habe: Danken Sie Gott für die Gabe, halten Sie sie in Ehren, setzen Sie sie für Seine Zwecke ein und beten Sie dafür, dass Sie nur die Visionen bekommen, die es Ihnen ermöglichen, Gottes Wirken auf Erden zu dienen.

Alles, was ich Ihnen im Verlauf eines Readings erzähle, ist ein Resultat meiner Hellsichtigkeit – egal, ob ich Ihnen erzähle, dass vier Engel um Sie herum sind, oder Sie nach dem kleinen untersetzten Mann mit dem kahlen Kopf und dem Schnauzer frage, der direkt hinter Ihnen steht, oder Sie bitte, in den nächsten sechs Monaten nicht in ein rotes Auto zu steigen, oder erwähne, dass Ihr Haus vor zwei Jahren abgebrannt ist.

Hellhören

Ich kann nicht nur hellsehen, sondern auch hellhören, das heißt, ich habe die Fähigkeit, Stimmen und Geräusche aus anderen Dimensionen zu hören. Wenn Sie sehen, dass ich während einer Fernsehsendung Namen erwähne und Einzelheiten verstorbener Familienmitglieder von Menschen im Publikum weiß, die ich nicht kennen kann, dann erfahren Sie mein Hellhören in Aktion. Einige Informationen kommen durch eingeflößtes Wissen oder auf telepathischem Wege, wie Sie auf den nächsten Seiten lesen werden. Aber vieles kommt auch direkt von den Geistwesen im Jenseits, die nur darauf warten, dass jemand in der Lage ist, sie zu verstehen und Botschaften weiterzuleiten.

Es ist erstaunlich, wie oft die Person, der ich eine Nachricht überbringe, zuerst nichts mit dem anfangen kann, was sie von mir hört, sei es in einem Reading, während eines Vortrags oder im Fernsehen, nur um dann später zu erkennen, dass die Information gar nicht offensichtlicher sein konnte. Und während sie einen Blackout hat, starren die Freunde, mit denen sie gekommen ist, sie fassungslos an, so als ob sie völlig ihren Verstand verloren hätte. Das beste Beispiel dafür geschah in einer zweistündigen Live-Sendung, die bundesweit ausgestrahlt wurde. Ich beantwortete gerade die Frage eines Herrn aus dem Publikum, als ich hinter ihm klar und deutlich ein Geistwesen erblickte.

»Wer ist die kleine, schlanke, dunkelhaarige Frau mit einem herzförmigen Gesicht und hohen Wangenknochen, die bei Ihnen ist?«, fragte ich ihn.

Nachdem er verstanden hatte, dass ich ein Geistwesen meinte und nicht einen seiner Freunde, antwortete er wie selbstverständlich: »Das ist meine Mutter.«

»Sie möchte, dass ich Keith von ihr grüße«, sagte ich, denn diese Frau zwitscherte »Hallo, Keith!«, so laut sie nur konnte in mein Ohr. »Wer ist Keith?«

Er zuckte nur mit den Schultern, gab ein knappes »Keine Ahnung« von sich und nahm seine ursprüngliche Frage wieder auf. In der Zwischenzeit starrten seine Freunde ihn mit offenem Mund an, und seine Mutter verursachte mir gerade Kopfschmerzen mit ihrem unaufhörlichen »Hallo, Keith!«

Es blieb mir nichts anderes übrig, als ihn zu unterbrechen. »Es tut mir leid, aber ich soll Keith grüßen. Wer ist Keith?«

Er hatte keine Ahnung, wer Keith war. Seine Freunde konnten es nicht fassen. Und da seine Mutter nicht lockerließ, konnte auch ich nicht zur Tagesordnung übergehen. Es ging bestimmt noch zwei- oder dreimal hin und her, bevor sich sein Gesicht plötzlich aufhellte und er verkündete: »Oh, *ich* bin Keith.«

Das ist Hellsichtigkeit.

Und lassen Sie mich an dieser Stelle noch einen wichtigen Hinweis für diejenigen geben, die ebenfalls hellsichtig sind, unabhängig davon, ob sie die Gabe wirklich verstehen oder nicht. Dies ist eine eindeutige Tatsache: Keine Stimme von Gott oder aus der Heimat des Jenseits wird *jemals* etwas Ärgerliches, Gemeines oder Bedrohliches sagen oder Sie dazu auffordern, sich selbst oder anderen zu schaden. Und ich sage dies als jemand, der großen Respekt vor meinen vielen Freunden und Kollegen im Gesundheitswesen hat: Wenn Sie negative Stimmen hören, die erniedrigend oder gotteslästerlich sind und vielleicht sogar zur Gewalt aufrufen, dann suchen Sie bitte sofort einen Therapeuten auf, der sich mit diesen Dingen auskennt. Sie können auch mein Büro anrufen, und wir unterstützen Sie dabei, professionelle Hilfe zu finden.

Telepathie

Telepathie ist die direkte Übertragung von Informationen oder Gefühlen von einem Wesen zum anderen, ohne dass die fünf Sinne daran beteiligt sind. Ein »Sender« sendet lautlos Signale an einen »Empfänger«, manchmal über große Entfernungen. Dies kann willentlich geschehen, aber auch ohne dass sich Sender oder Empfänger dessen bewusst sind.

Telepathische Informationen sollen in der Regel eine Wirkung auf den Empfänger haben und/oder eine Handlung bewirken, sodass der bewusste Geist früher oder später mit ins Spiel kommt. Die Information wird auf verschiedene Arten empfangen: Wörter oder Sätze tauchen plötzlich ohne ersichtlichen Grund im Bewusstsein auf, ebenso bildliche Szenen, ungewöhnlich klare Träume oder unerklärliche Gedanken an eine Person, an die wir schon lange nicht mehr gedacht haben.

Wir alle kennen die Geschichte von Zwillingen oder engen Familienmitgliedern und verwandten Seelen auf der Erde, wenn der eine plötzlich »weiß«, was der andere denkt oder wann er in Not ist. Hierbei handelt es sich um klassische Beispiele von irdischer Telepathie. Die Wesen der geistigen Welt sind besonders empfänglich für telepathische Mitteilungen. Wenn man diejenigen fragt, die Kontakt zu einem verstorbenen Familienmitglied hatten, dann berichten sie häufig von ganzen Gesprächen, in denen kein einziges Wort gesagt wurde. Die Kommunikation mit Engeln ist nur auf telepathischem Wege möglich, da Engel niemals sprechen.

Wenn Sie übrigens das Glück haben und eng mit einem Tier zusammenleben, dann muss ich Ihnen nicht sagen, wie sehr diese Wesen telepathische Botschaften »senden«. Man muss sich nur die Zeit nehmen, um sich auf sie einzustellen und sie zu »empfangen«.

Sie fragen sich jetzt bestimmt, was der Unterschied zwischen Telepathie und eingeflößtem Wissen ist. Und es gibt einen Unterschied, wenn auch nur einen sehr subtilen: Bei einer telepathischen Mitteilung existiert ein »Sender«, während eingeflößtes Wissen immer aus einer nicht identifizierbaren Quelle stammt.

Auf dem Gebiet der Telepathie gibt es so genannte »Experten«, die der Ansicht sind, dass die einen natürliche telepathische »Sender« und die anderen natürliche »Empfänger« sind. Ich glaube nicht an diese Theorie, zumindest nicht daran, dass dieser Sachverhalt eine große Rolle spielt. Wichtig ist nur, dass telepathische Kommunikation eine weitere Gabe ist, die unsere Seele vom Leben im Jenseits mitbringt, um sie dann zu benutzen, wenn sie benötigt wird.

Psychometrie

Die geistige und emotionale Energie, die wir Menschen ausströmen, ist sehr mächtig. Sie wissen das ebenso wie ich. Wenn man zum Beispiel in einen Raum kommt, in dem gerade heftig gestritten wurde, und die Betreffenden sitzen da und tun so, als ob alles in Ordnung wäre, dann kann man immer noch die Wut spüren. »Man könnte die Spannung, die in der Luft liegt, mit dem Messer zerschneiden«, ist eine Beobachtung, die wir alle schon gemacht haben.

Ein subtiler, aber sehr realer Nebeneffekt dieser geistigen und emotionalen Energie besteht darin, dass leblose Objekte in unserer Umgebung die Energie absorbieren und speichern, mit der sie in Kontakt kommen.

Psychometrie ist die Fähigkeit, die Energie in einem leblosen Gegenstand wahrzunehmen und zu interpretieren und sie dafür zu benutzen, um mit dem ursprünglichen Besitzer oder der ursprünglichen Umgebung in Kontakt zu treten. Hellsichtige, die sich auf Psychometrie spezialisiert haben und mit der Polizei zusammenarbeiten, können beispielsweise ein Kleidungsstück von einem vermissten Kind in die Hand nehmen und – indem sie die Energie lesen, die in diesem Kleidungsstück enthalten ist – Bilder, Gerüche oder Geräusche der jetzigen Umgebung des Kinds empfangen. Sie können spüren, ob das Kind Angst hat, friert und hungrig ist oder ob es ihm gut geht. Außerdem können sie Verletzungen wahrnehmen, die das Kind vielleicht hat. Für einen Hellseher kann es auch während eines normalen Readings hilfreich sein, einen Gegenstand des Klienten oder eines lebenden oder verstorbenen Angehörigen in die Hand zu nehmen, über den der Klient etwas in Erfahrung bringen will.

Ich selbst greife nur selten in meinen Readings auf Psychometrie zurück. Meistens gehe ich damit um wie jeder von Ihnen – ich nehme zum Beispiel beim Einkaufen einen Gegenstand hoch und reagiere auf das Gefühl, das er mir gibt. Ich sehe vielleicht eine Handtasche oder eine Halskette, die genau das ist, wonach ich gesucht habe, aber wenn ich sie eine Weile in der Hand halte, dann spüre ich, dass mich irgendetwas dazu veranlasst, die Handtasche oder die Halskette zurückzulegen und weiterzusuchen. Das ist Psychometrie. Oder ich suche nach einem Haus oder einer Wohnung und betrete ein Objekt, das in jeder Hinsicht ideal zu sein scheint, mit einer Ausnahme: »Aus irgendeinem Grund« kann ich es gar nicht abwarten, wieder draußen im Freien zu sein. Auch das ist Psychometrie.

Wenn ich bei der Arbeit mit meinen Klienten Psychometrie benutze, dann dreht es sich meistens um ein bestimmtes Thema, über das sie etwas wissen wollen. Wenn Sie mich öfter in der *Montel Williams Show* gesehen haben, dann wissen Sie wahrscheinlich schon, wie das Ganze funktioniert. Jemand aus dem Publikum überreicht mir einen Gegenstand, den er gekauft, gefunden oder geerbt hat. Typischerweise hat er für ihn einen finanziellen oder emotionalen Wert, aber entweder hat er in Bezug auf den Gegenstand ein ungutes Gefühl, oder er sagt: »Seit ich ihn mit nach Hause gebracht habe, gibt es viel Spannung im Haus.«

Manchmal werde ich darum gebeten, einen Gegenstand in die Hand zu nehmen, und im Laufe der Jahre hatte ich mit Objekten zu tun, die mir Angst und Schrecken einjagten oder die sich ruhig und friedlich »anfühlten« oder völlig neutral zu sein schienen. Manchmal muss ich den Gegenstand auch gar nicht erst in die Hand nehmen, denn ich »spüre« schon aus 20 Schritten Entfernung, dass ich damit nichts zu tun haben will. (An ein Objekt erinnere ich mich besonders gut. Es handelte sich um eine Puppe aus Antiquitätenbeständen. Montel, Lindsay und ich sprechen immer noch von ihr. Ich wollte gar nicht erst wissen, wie sie sich »anfühlte«. Es war ohne Zweifel die hässlichste und gruseligste Puppe, die ich jemals zu Gesicht bekommen hatte. Wenn sie jemand in mein Haus gebracht hätte, wäre sie sofort im Kamin gelandet, emotionaler Wert hin oder her.) Oder ich »fühle« auf 20 Schritte, dass es mit einem bestimmten Gegenstand ein Problem gibt und irgendetwas nicht stimmt.

Ich gebe zu, es fasziniert mich, wenn ein Klient mit einem Gegenstand in mein Büro kommt und sagt: »Dies ist schon seit Generationen in meiner Familie, aber ich hatte immer das Gefühl, dass etwas Böses damit verbunden ist. Sollte ich es lieber weggeben?« Sie müssen kein Hellseher sein, um diese Frage beantworten zu können. Aber es ist wichtig, sich klarzumachen, dass die absorbierte Energie in diesen Gegenständen unsere psychometrische Reaktion bewirkt. Das Objekt selbst ist weder »heimgesucht« noch »besessen« oder »böse«. Geistige Wesen oder Gespenster können unbelebte Gegenstände manipulieren und ihre Energie beeinflussen, aber sie können sie nicht in Besitz nehmen. »Unbelebt« bedeutet »nicht lebendig«, und »nicht lebendig« besagt, dass dieses Objekt nicht von einem lebenden Wesen bewohnt werden kann – egal, ob es von der Erde oder aus dem Jenseits stammt.

Unabhängig davon, ob Sie sich Ihrer psychometrischen Fähigkeiten bewusst sind oder kein Wort davon glauben, hoffe ich, dass Sie darauf achten, was Sie von den Gegenständen in Ihrer Umgebung »aufnehmen«. Wenn Sie verstehen, was Sie in der materiellen Welt um sich herum fühlen (akkumulierte Energie) und was Sie nicht fühlen (ob das Objekt heimgesucht wird oder besessen ist), können Sie sich mit Hilfe der Psychometrie von Negativität in Ihrem Leben befreien. Und wer von uns könnte nicht all die Hilfe brauchen, die er bekommen kann?

Die Quellen

All diese Werkzeuge sind bedeutungslos, wenn man nicht die Möglichkeit hat, sie auch einzusetzen. Stellen Sie sich vor, Sie wären ein Baumeister und hätten eine Lkw-Ladung feinster Werkzeuge, aber kein Baumaterial. Dies gibt Ihnen vielleicht eine Vorstellung davon, wie es für mich wäre, wenn ich all diese Möglichkeiten hätte, an Information zu kommen, mir jedoch keine Information als solche zur Verfügung stünde. Aber dank Gott und der unendlichen Vollkommenheit des Universums, das Er erschaffen hat, steht uns diese Information grenzenlos zur Verfügung.

Hier sind nun, wieder in wahlloser Reihenfolge, die grundlegenden Quellen der Informationen, die ich während eines Readings erhalte. Welche ich davon benutze, hängt allein von den individuellen Bedürfnissen des jeweiligen Klienten ab.

Das Jenseits

Ohne die Existenz des Jenseits würde es gar keine seriösen Readings geben können. Das Jenseits ist unser Zuhause, der Ort, den wir für unsere kurzen Besuche auf der Erde verlassen und zu dem wir zurückkehren, wenn unsere Lebenszeit vorüber ist. Es ist der uns umfangende Bereich Gottes, in realer, physischer Form. Er ist unser Ursprung und unser Ziel und mit sehr seltenen Ausnahmen die grundlegende Quelle dessen, was ich meinen Klienten übermittle.

Ob Sie es glauben oder nicht, das Jenseits ist direkt hier unter uns, eine andere Dimension, die unserer überlagert ist, knapp einen Meter oberhalb unserer Dimension auf »Bodenhöhe«. Ihre Schwingungsfrequenz ist viel höher als unsere, und daher können wir sie nicht wahrnehmen. Ihre Topografie ist ein genaues Spiegelbild unserer Dimension, mit einer Ausnahme – da es im Jenseits keine Erosion oder Verschmutzung gibt, sieht die Landschaft dort noch so aus, wie die Erde vor Tausenden von Jahren ausgesehen hat, als die Gewässer noch blau und die Berge und Küsten noch vollkommen intakt waren. Im Jenseits blühen und gedeihen die »verlorenen Kontinente« der Erde, Atlantis und Lemurien, und ebenso die großen architektonischen und künstlerischen Meisterwerke, selbst die, die auf der Erde schon längst zerstört sind.

Im Jenseits gibt es keine Negativität, keine Aggression und kein Ego. Es gibt keine Eifersucht und keinen Stolz und keine Bewertung. Gott hat diese Emotionen nicht erschaffen. Wir haben es getan. Und dennoch, so unglaublich es ist, genau diese menschlichen Emotionen führen uns zu dem scheinbar verrückten Entschluss, das Jenseits von Zeit zu Zeit zu verlassen, um uns durch eine weitere Runde zu kämpfen, die wir seltsamerweise »Leben« nennen. Wir verlassen ab und zu die Herrlichkeit des Jenseits, damit unsere Seelen lernen und wachsen können, denn es ist unsere Aufgabe und unsere Freude, das beste aus unseren Seelen zu machen, um damit ihren Schöpfer zu ehren.

Und wenn diese kurzen Aufenthalte vorbei sind, kehren wir zu unserem *wirklichen* Zuhause zurück und nehmen unser gesegnetes *wirkliches* Leben wieder auf, und zwar mit einem tieferen Verstehen und einem größeren Wissen als zuvor.

Die Archivhalle

Wir alle haben von dem legendären Tunnel gehört, durch den wir nach Hause ins Jenseits gelangen, wenn unser Leben auf der Erde seinen Zweck erfüllt hat. Dieser Tunnel ist vollkommen real, und er schwebt nicht aus den Tiefen des Kosmos herab, um uns »hoch« ins Jenseits zu befördern. Stattdessen erhebt er sich aus unserem eigenen Körper, aus unserer eigenen ätherischen Substanz, in einem Winkel von ungefähr 30 Grad. Dies ist möglich, weil – wie Sie sich sicherlich erinnern –

unser Ziel nur ungefähr einen Meter oberhalb der Dimension ist, in der wir uns gegenwärtig befinden.

Wo auch immer auf der Erde unser Leben enden mag und unabhängig von unserer Kultur oder Religion oder Lebenssituation – alle Tunnels führen zu demselben Ort, demselben wunderschönen Eingang zum Jenseits, wo prachtvolle weiße Marmorgebäude über einer Wiese thronen, die uns begrüßt, wenn wir hier ankommen. Eine der ersten Gebäudegruppen ist ein Dreigestirn von riesigen Hallen, der Halle der Weisheit, der Halle der Gerechtigkeit und der Archivhalle.

Die Archivhalle ist – wie auch die beiden anderen Gebäude – im griechisch-römischen Stil erbaut, mit spektakulären Säulen und einer erhabenen Kuppel. Sie ist das geschäftige Zentrum dieser drei weißen Marmorgebäude, und zwar aus faszinierenden Gründen.

Um einen Eindruck vom Inneren der Archivhalle zu bekommen, können Sie sich eine Ansammlung von unzähligen Gängen vorstellen, an deren Seiten sich eine unbegrenzte Anzahl von Regalen befindet, mit einer unbegrenzten Anzahl von Schriftrollen, Büchern, Dokumenten, Landkarten, Kunstwerken, Entwürfen usw. Jedes Regal befindet sich in einer perfekten Ordnung. Stellen Sie sich nun diese unbegrenzte Anzahl von Gängen, Regalen und Inhalten vor und multiplizieren Sie sie mit einer unbegrenzten Zahl, die Ihnen spontan einfällt – und Sie haben eine Vorstellung vom atemberaubenden Ausmaß der Archivhalle. Ihr Daseinszweck erfordert jeden Quadratzentimeter dieses Ausmaßes, obgleich die physikalischen Gesetze im Jenseits, unbegrenzt wie sie sind, dafür sorgen, dass die Halle niemals an die Grenze ihres Aufnahmevermögens kommt.

Die Archivhalle beherbergt jedes geschichtliche oder literarische Werk, das jemals auf der Erde oder im Jenseits geschrieben, gezeichnet, entworfen, skizziert oder gemalt worden ist. Hierzu gehören wertvolle Dokumente und Kunstarbeiten, deren »Originale« auf der Erde schon längst zerstört sind, von der legendären Bibliothek in Alexandria, die vor 2000 Jahren durch einen Brand zerstört wurde, bis hin zu den großartigen Wälzern, die das Meer verschlang, als Atlantis und Lemurien untergingen.

Die Halle beherbergt außerdem den detaillierten Lebensplan von jeder Inkarnation eines jeden Menschen, der jemals auf diesem Planeten gelebt hat. Diese Lebenspläne – geschrieben in fehlerlosem Aramäisch, der universellen Sprache im Jenseits – sind tadellos auf Schriftrollen erhalten und in vollkommener Ordnung für uns und alle anderen im Jenseits aufbewahrt. Wir können sie anschauen, studieren, als Grundlage für Forschungen nehmen und aus ihnen lernen.

Der Zugang zu all diesen Lebensplänen ist einer der Gründe, warum die Archivhalle ein so großes Zentrum der Aktivität ist. Im Schlaf, während der Meditation oder in der Hypnose können wir von der Erde aus eine Astralreise zur Archivhalle unternehmen, was wir auch oft tun, aber wir haben in diesem Fall keinen Zugriff auf unseren eigenen Lebensplan. (Das wäre ungefähr das Gleiche, als würden wir in einer wichtigen Prüfung schummeln, es ist einfach nicht erlaubt.) Sobald wir wieder im Jenseits sind, können wir unsere Daten so lange einsehen, wie wir wollen, um die Reise unserer Seele im Zusammenhang und in der Perspektive zu betrachten. Wir können die Pläne von geliebten Menschen einsehen, die wir auf der Erde zurückgelassen haben, um unsere guten und schlechten

Interaktionen mit ihnen besser zu verstehen, und wir sehen, was noch vor uns liegt und warum es noch vor uns liegt. Wir können die Pläne historischer Persönlichkeiten studieren, die wir bewundert oder verachtet oder nie verstanden haben, sowie die Daten von Menschen, die sich noch auf der Erde befinden und eine persönliche oder globale Bedeutung haben, und wir können uns anschauen, was ihr Einfluss in der Zukunft bewirken wird. Wir können sogar mit dem Datenmaterial »verschmelzen«, sodass unsere Seele buchstäblich die Augenzeugin eines von ihr ausgesuchten Ereignisses oder Lebens wird, ohne dabei die endlosen, leuchtenden Gänge der riesigen Archivhalle jemals zu verlassen.

Die Archivhalle ist jedoch für die Bewohner des Jenseits nicht nur wichtig und faszinierend. Sie gehört zu den heiligsten Orten, weil in ihr auch die Akasha-Chroniken aufbewahrt werden, die Gottes Wissen, Seine Gesetze und Seine Erinnerungen umfassen.

Die Akasha-Chroniken

Die Mehrheit der Glaubensrichtungen, Kulturen und Philosophien auf dieser Welt scheint davon überzeugt zu sein, dass die Akasha-Chroniken existieren. Nicht einig ist man sich hingegen, wo sie existieren und was sie genau sind.

Die Hindus glauben an eine universelle Substanz namens »akasha«, aus der die natürlichen Elemente Feuer, Wasser, Luft und Erde erschaffen werden. Jeder Gedanke, jedes Wort und jede Tat in der Geschichte des Universums hat auf ewig einen Abdruck auf dieser Substanz hinterlassen, die als Ganzes die

Akasha-Chroniken genannt wird. Der herausragende Prophet und Hellseher Edgar Cayce hielt die Akasha-Chroniken für kollektive Erinnerungen an jeden Gedanken, jeden Klang, jede physische und emotionale Schwingung, jedes große und kleine Ereignis in der Ewigkeit, eine atmosphärische Präsenz, die auf uns alle einwirkt und die wir mit jedem Atemzug beeinflussen. Der berühmte Psychologe C. G. Jung beschrieb die Akasha-Chroniken als eine spürbare universelle Naturkraft, die er das »kollektive Unbewusste« nannte, die ewige und unendliche Verkörperung des Prinzips, das besagt, dass es für jede Aktion eine gleiche und entgegengesetzte Reaktion gibt.

Meine Definition der Akasha-Chroniken widerspricht keiner dieser Auffassungen, sie vereinfacht sie nur und gibt ihnen dadurch mehr Kraft. Die Akasha-Chroniken sind der hochheilige Korpus des Wissens, der Gesetze und der Erinnerungen Gottes. Sie durchdringen den Äther jedes Planeten, jedes Sonnensystems und jeder Galaxie. Aber sie existieren im Jenseits in der Archivhalle auch in schriftlicher Form, perfekt aufgezeichnet in der universellen Sprache des Aramäischen.

Zu Hause im Jenseits haben wir die Ehre des ständigen Zugangs zu den Akasha-Chroniken. Auch unsere Seele, sicher behütet in unserem Unterbewusstsein, hat während unserer flüchtigen Inkarnationen auf der Erde eine permanente Zugriffsmöglichkeit auf sie. Wenn wir schlafen, in der Hypnose, während der Meditation oder im Zustand körperlicher Unbewusstheit, wenn unser lauter, chaotischer, bewusster Geist zeitweilig aus dem Weg geräumt ist, wissen unsere Seelen genau, wo die Akasha-Chroniken sind und wie sie zu ihnen gelangen. Wir wenden uns öfter an sie, als es uns bewusst ist, um bestimmte Antworten zu erhalten, aber auch um Klarheit,

Trost und Ermunterung zu empfangen, die uns nur Gott geben kann.

Denken Sie immer daran, dass es nur auf der Erde so etwas wie »Zeit« gibt. Überall sonst im ewigen Universum und somit auch im Jenseits, gibt es nur ein »Jetzt«. Gottes geschriebener Korpus des Wissens umfasst alles, was jemals war und jemals sein wird.

Kann es für Readings und Voraussagen eine bessere Quelle geben?

Der Lebensplan

Wie bereits erwähnt, befindet sich in der Archivhalle jeder Lebensplan, der jemals geschrieben wurde, von jeder Inkarnation, die jemals auf dieser Erde stattgefunden hat. Indem ich Ihren Lebensplan oder den Lebensplan einer Ihnen nahe stehenden Person, aus diesem Leben oder aus einem vergangenen Leben, lese, erhalte ich die unterschiedlichsten Informationen, zum Beispiel über Ihren Berufsweg, den Namen und die Besonderheiten Ihres Traumpartners, gegenwärtige und zukünftige Gesundheitsfragen bis hin zu Themen aus vergangenen Leben, die Ihr gegenwärtiges Dasein beeinflussen. Um das, was ich tue, wirklich verstehen zu können, müssen Sie erst einmal wissen, was es mit Ihrem Lebensplan auf sich hat.

Wir unternehmen diese kurzen Ausflüge zur Erde, um aus eigener Erfahrung zu lernen und zu wachsen, damit sich unsere Seele auf ihrer ewigen Wanderschaft weiterentwickeln kann. Es ist eine andere Erfahrung als die im Jenseits, wo alles von der göttlichen Vollkommenheit durchdrungen ist. Immer wenn ich mich bei meiner Geistführerin Francine darüber beschwere, warum ich so harte Zeiten habe durchmachen müssen, stellt sie mir daher einfach nur die rhetorische Frage: »Was hast du denn schon in guten Zeiten gelernt?«

Wir entscheiden uns hierher zu kommen, sooft wir das Bedürfnis dazu haben, und wir wählen das aus, was wir in dieser Zeit auf der Erde lernen und arbeiten wollen. Wir würden niemals auf ein College gehen, ohne uns vorher darüber zu informieren, ob dieses College uns auch die Ausbildung anbieten kann, nach der wir suchen. Wir würden schauen, welche Kurse wir belegen müssen, und uns entscheiden, welche Wohnung wir mieten und mit wem wir zusammenwohnen. Wir würden alles tun, um die besten Voraussetzungen dafür zu haben, dass wir auch das erreichen, was wir uns vorgenommen haben. In ähnlicher Weise würde es uns nicht im Traum einfallen, etwas derart Willkürliches und Zweckloses zu tun, als unvorbereitet auf die Erde zu kommen. Auch würde uns Gott niemals so »am langen Arm verhungern lassen«.

Bevor wir also hierher kommen, schreiben wir unseren Lebensplan. Es ist eine Untertreibung, ihn »detailliert« zu nennen. Von schweren Schicksalsschlägen bis hin zu den banalsten Ereignissen – wenn es um unser ewiges Wachstum geht, überlassen wir nichts dem Zufall.

Ich kenne niemanden, mich eingeschlossen, der sich vorstellen kann, die Unannehmlichkeiten und Tragödien im eigenen Leben bewusst gewählt zu haben. Aber um Sie und mich noch einmal daran zu erinnern: Wir schreiben unseren Lebensplan als Vorbereitung für unseren Aufenthalt in diesem rauen Internat, sodass unser Plan natürlich voll von schwierigen Herausforderungen und harten Lektionen ist. Wenn es uns darum ginge, ein glückliches, sorgenfreies und vollkommenes Leben zu führen, dann wären wir zu Hause geblieben.

Und dann gibt es noch die Glückseligkeit, die unser dauerhafter Zustand im Jenseits ist, auch wenn wir unseren Lebensplan schreiben. Zu Hause im Jenseits sind wir ohne Angst, wir haben Vertrauen und sind auf ewig eingebettet in die zeitlose, spürbare Gegenwart von Gottes bedingungsloser Liebe. Wenn wir unseren Plan in diesem Bewusstseinszustand schreiben, dann ist das, als gingen wir mit leerem Magen und voller Brieftasche in einen Lebensmittelladen – er ist ein Rezept für schiere Gier in unserem Eifer nach spirituellem Fortschritt.

Wir fangen mit den allgemeinen Schicksalsschlägen an, jenen mächtigen inneren Antrieben, die uns auf die unterschiedlichen, selbst gewählten Wege führen, immer der Ziellinie entgegen, die wir fest entschlossen erreichen wollen.

Lebensthemen

Einer dieser herben Schicksalsschläge ist unser Lebensthema. Es besteht in der Antwort auf die Frage »Was hast du dir diesmal für dein Leben vorgenommen?«. Es gibt 44 Lebensthemen, die ich in meinen Büchern *Jenseits-Leben* und *Die Geisterwelt ist nicht verschlossen* aufgelistet und beschrieben habe.

Wir schreiben uns zwei Lebensthemen in unseren Lebensplan – ein Hauptthema und ein Unterthema. Das Hauptthema definiert das übergreifende Ziel, das wir uns im Leben vornehmen, und das Unterthema ist gewöhnlich ein emotionaler Antrieb, der damit in Konflikt steht und den wir überwinden müssen, wenn wir unser Ziel erreichen wollen. Das Hauptthema, das ich als treibende Kraft in diesem Leben gewählt habe, ist zum Beispiel »Menschenfreund«. Aber mein Unterthema ist »Einzelgänger«, eine Sehnsucht nach Einsamkeit. Es würde mein Menschenfreund-Thema unmöglich machen, wenn ich ihm zu viel Raum in meinem Leben geben würde. Ein Pessimist würde die Ansicht vertreten, dass das Unterthema das größte Hindernis auf dem Weg zur Erfüllung unseres Hauptthemas ist. Ein Optimist würde sagen, und dies trifft meinem Empfinden nach eher zu, dass die Herausforderung des Unterthemas in uns den Willen stärkt, unser Hauptthema am Ende erfolgreich umzusetzen.

Wahlfächer

Wir bestimmen jedoch nicht nur unsere Lebensthemen, wir wählen außerdem noch einen spezifischen Lebensbereich aus, den wir anscheinend nie auf die Reihe bekommen, so sehr wir es auch versuchen und so erfolgreich wir in den anderen Bereichen auch sein mögen. Dieser eine spezielle Bereich ist unser Wahlfach, das heißt der härteste Kursus, in den wir uns in dieser harten Schule des Lebens auf der Erde einschreiben.

Es gibt sieben Wahlfächer. Ich glaube, Sie erkennen spontan Ihr Fach, wenn Sie sich den nächsten Satz anschauen: »Selbst wenn sonst in meinem Leben alles wunderbar ist, kann ich immer darauf zählen, dass meine … (tragen Sie hier das entsprechende Wahlfach ein) mir einen Strich durch die Rechnung macht.«

Die einzelnen Wahlfächer lauten:

- Gesundheit
- Spiritualität
- Liebesbeziehungen
- Soziale Interaktion
- Finanzen
- Karriere
- Familie

Ausstiegspunkte

Da es sein kann, dass wir uns zu stark mit dem Leben auf der Erde identifizieren, ist es wichtig, sich immer wieder daran zu erinnern, dass unser eigentliches Leben im Jenseits stattfindet, wo wir die meiste Freude haben und wirklich »lebendig« sind. Und wir würden gar nicht daran denken, dieses wahre Zuhause zu verlassen, um dem »Trainingslager für Rekruten« kurze Besuche abzustatten, ohne vorher sicherzustellen, dass wir uns auf eine Reise machen, die uns wieder sicher nach Hause führt, wenn sie ihren bestimmten Zweck erfüllt hat.

Die Ausstiegspunkte sind die Wege und Mittel, die wir im Vorhinein arrangieren, um ins Jenseits zurückzukehren, wenn wir unsere Aufgabe erfüllt haben. Sie sind ein weiterer Bestandteil unseres Plans. Für unser Leben auf der Erde bestimmen wir fünf Ausstiegspunkte und wir müssen nicht notwendigerweise bis zum fünften warten, um den Weg nach Hause zu nehmen. Vielleicht nehmen wir schon den ersten oder den zweiten oder den vierten, wenn wir der Ansicht sind, dass wir das erreicht haben, was wir in diesem Leben erreichen wollten. Und es ist nicht gesagt, dass wir sie gleichmäßig verteilen, wenn wir sie für uns festsetzen. Vielleicht schaffen wir uns gleich zwei Ausstiegsmöglichkeiten in einem Jahr und lassen dann 20 oder 30 Jahre verstreichen, bis der nächste Ausstiegspunkt kommt.

Zu den offensichtlichsten Ausstiegspunkten gehören ernsthafte Erkrankungen und Operationen, potenziell tödlich verlaufende Unfälle und andere Ereignisse, die zu unserem Tod führen könnten, es aber nicht tun – und zwar nicht, weil wir »Glück« hatten, sondern weil wir uns einfach nur dazu entschließen, diesen besonderen Ausstiegspunkt nicht in Anspruch zu nehmen. Andere Ausstiegsmöglichkeiten können so subtil sein, dass wir sie gar nicht bewusst wahrnehmen. Wir entscheiden uns beispielsweise »ohne ersichtlichen Grund«, einen anderen Weg zur Arbeit zu nehmen als sonst; »banale« Dinge führen dazu, dass wir nicht pünktlich aus dem Haus gehen; eine Veränderung des Reiseplans in letzter Minute; das Absagen einer Verabredung, weil wir uns »plötzlich nicht mehr danach fühlen«. Zahllose Vorfälle, die absolut bedeutungslos zu sein scheinen, können unbewusste Erinnerungen an einen Ausstiegspunkt sein, den wir zwar in unseren Lebensplan geschrieben haben, aber nicht in Anspruch nehmen wollen.

Erinnerungen an unsere Ausstiegspunkte treten oft auch als wiederkehrende Träume in unser Bewusstsein. Achten Sie auf wiederkehrende Träume von unbekannten, aber sehr speziellen Personen, Orten und Situationen, die Ihnen ein ungutes Gefühl geben. Wenn solch ein Traum sich im »wirklichen Leben« manifestieren sollte, dann könnte der Traum eine Prophezeiung gewesen sein. Aber ebenso oft stellt er eine Erinnerung an einen geplanten Ausstiegspunkt dar, auf den Ihr Traumbewusstsein hinweist, um Ihnen zu signalisieren, dass Sie eine Entscheidung treffen müssen.

Es ist wichtig, dass wir verstehen, was es mit den Ausstiegspunkten auf sich hat, damit wir uns nicht verantwortlich fühlen, wenn eine nahe stehende Person stirbt, obwohl wir uns so um sie gekümmert und so leidenschaftlich für sie gebetet haben. Wir haben alle unsere Ausstiegspunkte. Niemand macht in dieser Hinsicht eine Ausnahme. Und letztlich entscheiden nur wir selbst, welchen Ausstieg wir schließlich nehmen. Grämen Sie sich nicht länger über den Verlust einer geliebten Person, für die Sie Ihrer Meinung nach mehr hätten tun oder beten sollen. Glauben Sie niemals, dass Gott Ihre Gebete ignoriert, denn das ist nicht der Fall. Erinnern Sie sich daran und respektieren Sie, dass sich die geliebte Person einfach nur aus eigenen Gründen für einen bestimmten Ausstiegspunkt entschieden hat, der schon festgelegt war, bevor sie auf die Erde kam. Wenn Sie wieder zu Hause im Jenseits sind, werden Sie dies vollkommen verstehen.

Die Akasha-Chroniken und die detaillierten Eintragungen, die meine Klienten in ihrem Lebensplan vornehmen, sind mit all ihren »Unterkategorien« eine offensichtlich unendliche Quelle für jedes Reading und für jede Voraussage, die ich treffe.

Aber manchmal kommt es vor, dass ein Klient aus verständlichen Gründen einem bestimmten Menschen direkt begegnen will. Und in diesem Fall kommen die tatsächlichen Bewohner des Jenseits ins Spiel.

Geistwesen

Wie ich bereits oben angedeutet habe, erleben die meisten von uns einen hell erleuchteten Tunnel, wenn ihr Körper stirbt. Dieser Tunnel kommt nicht von oben aus einem entfernten Ort im Himmel herab, sondern steigt aus unserem eigenen Körper nach oben. Wie bewegen uns mit einer herrlichen, schwerelosen Freiheit durch diesen seitwärts verlaufenden Tunnel und haben zu keiner Zeit das Gefühl, tot zu sein. Vielmehr fühlen wir uns so lebendig, wie wir es uns hier auf der Erde gar nicht vorstellen können. All unsere Sorgen und Frustrationen, all unsere Wut, Verbitterung und andere Formen von Negativität fallen von uns ab. Stattdessen breiten sich Frieden und ein grenzenloses, alles mit Liebe durchdringendes, bedingungsloses Verstehen aus, an die wir uns erinnern und mit denen wir uns in der Heimat wieder vereinen. Das heilige weiße Licht Gottes wartet auf uns am Ende des Tunnels, zusammen mit geliebten Menschen aus jedem Leben, das wir jemals gelebt haben. Selbst unsere Haustiere aus allen Leben sind gekommen, um uns zu begrüßen. Sie freuen sich so, uns zu sehen, dass die menschlichen Wesen warten müssen, bis sie zu uns durchkommen. Und sobald wir im Jenseits angekommen sind, nehmen wir unser aktives Leben dort wieder auf, wo wir es für kurze Zeit unterbrochen hatten, um unser spirituelles Wachstum in der rauen irdischen Schule zu fördern.

Wenn Sie schon einmal Geistwesen aus dem Jenseits begegnet sind oder mit Menschen gesprochen haben, die eine solche Begegnung erlebt haben oder über solche Begegnungen gelesen haben, dann ist Ihnen sicherlich aufgefallen, dass oftmals die Rede davon war, dass die Geistwesen über dem Erdboden

»schweben«. Obgleich es durch unsere Augen oft genauso aussieht, bewegen sich diese Wesen in Wirklichkeit auf ihrem Boden im Jenseits, der – wie bereits erwähnt – nur ungefähr einen Meter höher ist als unserer.

Wenn Geistwesen aus dem Jenseits zurückkehren, um mit uns in Kontakt zu treten und uns wissen zu lassen, dass sie immer noch am Leben sind, dann haben sie schon in vollkommener körperlicher Gesundheit an einem Ort emotionaler und spiritueller Glückseligkeit gelebt. Alles Unglücklichsein, das sie im vergangenen Leben auf der Erde erlebt haben, jede Negativität, die sie mit sich herumgetragen haben, jede Krankheit oder Gebrechlichkeit oder Verletzung, die sie erlitten haben, hat sich bereits aufgelöst. Dies bedeutet, dass wir keinen Gedanken daran verschwenden müssen, ob es dem geliebten Verstorbenen im Jenseits gut geht und ob er glücklich ist. In der gesegneten Vollkommenheit des Jenseits kann es ihm gar nicht anders ergehen.

Alle Geistwesen legen großen Wert darauf, dass wir sie genau erkennen, das heißt, sie erscheinen uns in einer Form, die uns vertraut ist. Sie erzeugen beispielsweise einen Duft, den wir mit ihnen verbinden, oder sie berühren uns leicht am Kopf, am Nacken oder an der Schulter, so wie sie es getan haben, als sie noch körperlich anwesend waren. Vielleicht bewegen sie auch einen Gegenstand so, dass wir einen Hinweis auf ihre Identität bekommen. Sie bewegen ein eingerahmtes Bild, auf dem sie zu sehen sind, sodass es in eine andere Richtung weist, oder kippen es auf einem Tisch oder einer Kommode um. Sie spielen mit der Flamme einer Kerze, die wir ihnen zum Gedenken angezündet haben, überlagern ein gemaltes Bild oder einen fotografischen Schnappschuss mit ihrem Gesicht, bewegen ihren geliebten Schaukelstuhl, spielen eine Musik, die sie uns geschenkt haben – die Möglichkeiten sind so mannigfaltig wie das Vorstellungsvermögen der geliebten Personen und wir müssen nicht mehr tun, als aufmerksam und empfangsbereit zu sein.

Weil Geistwesen wieder in unsere Dimension eintauchen müssen, um uns besuchen zu können, verbinden sie ihre Energie oft mit so starken Leitern wie Elektrizität und Wasser, um ihren »Wiedereintritt« zu erleichtern. In dem Bemühen, ihre Anwesenheit kundzutun, beeinflussen sie die Funktionsweise von Fernsehern, Haushaltsgeräten, Telefonen und anderen Gegenständen. Besonders aktiv sind sie in der Zeit zwischen ein und fünf Uhr morgens, wenn die Nachtluft feucht und alles vom Tau bedeckt ist. Verstehen Sie es also nicht falsch, wenn Ihr Telefon ständig klingelt, und am anderen Ende ist niemand oder nur unidentifizierbares Rauschen, oder wenn Ihr Fernsehgerät plötzlich anspringt und alle Kanäle wild durchlaufen, während die Fernbedienung seelenruhig auf dem Kaffeetisch liegt. Ihre Sachen sind nicht »besessen«, genauso wenig, wie Sie »besessen« sind, wenn Sie sie benutzen. Stattdessen ist die Wahrscheinlichkeit groß, dass ein Geistwesen auf sich aufmerksam zu machen versucht und sagt: »Ich bin hier und passe auf dich auf.« (Ich bin aber realistisch genug, um an dieser Stelle darauf hinzuweisen, dass die geistige Welt nicht für alle Fehlfunktionen in Ihrem Haus verantwortlich ist. Manchmal brauchen Sie einfach nur einen guten Handwerker.)

Schließlich bleibt zu erwähnen, dass die Geistwesen aus dem Jenseits nicht nur zu negativen Gedanken und Handlungen unfähig sind, sie können uns auch nur aus positiven Gründen aufsuchen. Obgleich es Verwirrung stiften kann, sie zu sehen oder zu hören, wenn man nicht daran gewohnt ist, besuchen uns Geistwesen aus dem Jenseits niemals in der Absicht, uns Angst zu machen, uns einzuschüchtern, uns zu drohen oder uns zu vertreiben. Sie wollen uns nur ihre Liebe zeigen und uns Trost spenden und versichern, dass sie immer noch bei uns sind und uns nie verlassen werden.

Es gibt zwei Fragen, die mir meine Klienten am häufigsten über verstorbene Personen stellen, die ihnen nahe gestanden haben. Die eine ist eine Variante von: »Ist er oder sie immer noch sauer auf mich/enttäuscht von mir/verärgert darüber, dass ich nicht da war, um mich zu verabschieden?« Die andere lautet: »Will er oder sie mir etwas mitteilen?«

Die Antwort auf die erste Frage trifft für alle Klienten und alle geliebten Verstorbenen zu, und ich kann es nicht genug betonen: *Im Jenseits herrscht nur Freude und Glückseligkeit. Wenn die geliebte Person dort ist, hat sie längst vergessen, wie sich negative Gefühle überhaupt anfühlen.*

Die Antwort auf die zweite Frage lautet in neun von zehn Fällen, dass die geliebte Person eine wundervolle Nachricht hat: Durch die Gnade Gottes, die uns erschaffen hat, hat sie den Tod überlebt, so wie Er es uns versprochen hat. Letzten Endes sind wir alle unsterblich.

Gespenster

Im Laufe all der Jahre habe ich unzählige Fälle von Spuk untersucht und hatte mit vielen Gespenstern zu tun, aber es ist nie vorgekommen, dass ein Gespenst während eines Readings auftauchte. Einem geringen Prozentsatz meiner Klienten musste ich mitteilen, dass ihre geliebte Person noch nicht ins Jenseits übergewechselt ist, was ich ausschließlich von Francine erfahre, denn sie kann mir sagen, ob jemand im Jenseits angekommen ist oder nicht. Und wenn wir wissen, dass diese Person nicht länger auf der Erde lebt, dann trifft das zu, was Francine so ausdrückt: »Jeder muss irgendwo sein.«

Auch wenn es in Readings nicht oft vorkommt, möchte ich an dieser Stelle erklären, was Gespenster sind und wie sie sich von Geistwesen unterscheiden.

Allen Gespenstern ist auf tragische Weise etwas gemein: Sie haben nicht die geringste Ahnung davon, dass sie tot sind. Im Gegensatz zu den meisten Seelen, die beim Tod den Weg durch den Tunnel nehmen, der sie nach Hause ins Jenseits bringt, wenden sich Gespenster vom Tunnel ab und weigern sich aus den verschiedensten Gründen, seine Existenz anzuerkennen. Als Ergebnis bleiben sie mit der Erde verbunden, sie sind verwirrt und einsam, oftmals wütend, manchmal gereizt und aggressiv, gefangen in ihrem nutzlosen Bemühen, einen Sinn aus ihrer Existenz zu machen, die per Definition keinen Sinn macht.

Auch Gespenster verlassen natürlich ihren Körper, so wie wir alle, wenn unsere leibliche Hülle stirbt. Und indem sie ihren Körper verlassen, lassen sie auch die irdische Dimension hinter sich. Aber dadurch dass sie den Tunnel und Gottes liebendes, heilendes weißes Licht im Jenseits zurückweisen, gehen sie nicht in die höhere Schwingungsebene der Heimat über, wodurch ihre Seele buchstäblich »weder hier noch dort« ist. Allein diese Tatsache unterscheidet sie von Geistwesen aus dem Jenseits in vielerlei Weise:

– Da Gespenster weder in der Dimension der Erde noch in der Dimension des Jenseits leben, sind sie normalerweise leichter zu sehen und wahrzunehmen als Geistwesen. Ich habe die folgende Analogie schon oft benutzt, aber sie veranschaulicht den Sachverhalt so gut, dass ich sie hier einfach noch einmal anführen muss: Am leichtesten kann man die drei Dimensionen, über die wir sprechen – die Dimension der Erde, die Dimension der Gespenster und die Dimension des Jenseits –, mit der Funktionsweise eines Ventilators vergleichen. Bei langsamer Umdrehungsgeschwindigkeit sind die Ventilatorblätter gut voneinander zu unterscheiden. Dies steht für die Dimension der Erde, in der wir alle leben und an die wir gewöhnt sind. Bei mittlerer Geschwindigkeit des Ventilators fangen die einzelnen Blätter an, ineinander zu verschwimmen, und unsere Augen haben Schwierigkeiten, sie zu unterscheiden. Dies steht für die Dimension, in der die Gespenster gefangen sind. Wenn man an dem Ventilator nun die höchste Geschwindigkeit einstellt, verschwinden die einzelnen Blätter vollständig, wodurch die Illusion entsteht, dass es gar keine Blätter gibt. Diese Illusion ist genauso falsch wie die Vorstellung, dass das Jenseits und seine Bewohner nicht existieren, weil wir sie nicht sehen können. Die Tatsache, dass einige Menschen in der Lage sind, Gespenster und Geistwesen zu sehen und zu hören, während andere dies nicht können, beweist nicht, dass die einen verrückt sind und die anderen nicht. Es beweist lediglich, dass die physischen Sinne bei manchen Menschen feiner sind als bei anderen.
– Weil sie noch nicht die Liebe und die heilende Kraft des Jenseits erfahren haben, tragen Gespenster alle Anzeichen

von Verletzungen oder Krankheiten oder Deformation, die ihr Körper aufwies, als sie starben. Sie werden niemals ein Geistwesen aus dem Jenseits sehen, das verletzt oder krank ist oder in einem Zustand von körperlichen oder emotionalen Schmerzen.

– Wenn Geistwesen unter uns sind, dann ist ihre Motivation ihre Liebe zu uns, und ihre Bemühungen, sich uns bemerkbar zu machen, sind als Ausdruck dieser Liebe gemeint. Gespenster sind viel komplizierter. Die Gründe, warum sie sich vom Tunnel abwenden und ihren Tod nicht akzeptieren, sind vielfältiger Natur. Manche hängen an ihrem irdischen Leben aus dem irrigen Sinn der Loyalität gegenüber einer geliebten Person oder sie hängen an ihrem Besitz oder ihrer Arbeit. Manche bleiben auch zurück, weil sie Rachegedanken hegen. Manche bleiben zurück, um einen verlorenen Liebespartner zu suchen oder auf ihn zu warten. Andere gehen nicht weiter, weil sie Angst davor haben, dass Gott nicht zufrieden mit ihnen ist und sie nicht ins Jenseits lässt (was übrigens unmöglich ist – Seine Arme sind uns gegenüber immer weit geöffnet). Welchen verwirrten Grund sie auch immer haben mögen, um ihren eigenen Tod nicht anzuerkennen, sie weilen in erster Linie deshalb noch unter uns, weil ihr Realitätssinn völlig gestört ist. Die Welt, wie sie ein Gespenst sieht, besteht aus einer Zeitschleife, die es sich selbst irrtümlich erschaffen hat. Aus ihrem Blickwinkel heraus sind *wir* es, die in *ihre* Welt eindringen, und nicht umgekehrt. Wir sollten uns daher nicht wundern, dass sie in ihren Begegnungen mit uns manchmal wütend, verzweifelt, nachtragend, launisch oder verdrießlich sind. Hin und wieder, wenn sie erkennen, dass jemand sie sieht oder hört oder sonstwie wahrnimmt, können sie auch dankbar und sogar verspielt sein, besonders mit Kindern. Aber in den meisten Fällen sind sie, wie alle unglücklichen und zutiefst desorientierten Wesen, einfach unvorhersehbar, und der Kontakt mit ihnen ist sehr deprimierend.

- Da sie nicht ins Jenseits übergegangen sind, existieren Gespenster in unserer Dimension und nicht in der Dimension des Jenseits, ungefähr einen Meter über unserem Erdboden. Dies ist der Grund dafür, dass Geistwesen zu »schweben« scheinen, wenn sie sich auf dem Boden ihrer Dimension bewegen, während hingegen Gespenster sich auf der gleichen Ebene wie wir aufhalten.
- Wie bereits weiter vorne dargelegt, erscheinen Geistwesen, weil ihnen so sehr daran liegt, dass wir sie bemerken, in einer Form, die uns dabei hilft, sie zu erkennen. Gespenstern ist es völlig egal, ob wir sie wahrnehmen oder nicht. Sie sind unter uns, weil sie verwirrt sind, und nicht, um uns Trost zu bringen. Sie zeigen sich entweder in ihrer irdischen Gestalt oder in verblasster und deformierter Form oder sogar als dichte Nebelbälle. Sie haben weder die göttlichen Fähigkeiten noch die Selbstkontrolle der Geistwesen aus dem Jenseits, sodass die physische Erscheinung von Gespenstern ein weiterer Bereich ist, in dem sie auf frustrierende Weise unvorhersehbar sind.

Unvorhersehbar, mürrisch, fürchterlich verwirrt, manchmal aber auch vollkommen zufrieden und sympathisch – ich habe Gespenster der unterschiedlichsten Art erlebt, in jedem erdenklichen Zustand. Eine Sache habe ich nie beobachtet, und ich glaube auch nicht, dass es jemals geschehen wird – dass nämlich ein Gespenst jemanden körperlich verletzt. Neulich habe ich ein Zitat gehört, über das ich immer schmunzeln werde: »Ich glaube nicht an Gespenster, aber ich habe schon mein ganzes Leben lang Angst vor ihnen.« Zweifellos können Gespenster uns Angst einjagen, wenn wir ihre Anwesenheit nicht erwarten, und sie können uns noch mehr Angst machen, wenn sie unausstehlich werden und versuchen, uns zu vertreiben. Aber wenn Sie deshalb Angst vor ihnen haben, weil Sie fürchten, Sie könnten von ihnen verletzt werden, dann können Sie diese Angst getrost unter »Märchen« abheften und sich vornehmen, wenn Sie es mit einem Gespenst zu tun haben sollten, freundlich zu bleiben und ihm mitfühlend zu erklären, dass es durch den Tunnel ins Jenseits gehen soll, wo sein wahres Zuhause ist.

Wie ich mich selbst schütze

Ich gebe am Tag durchschnittlich 15 bis 20 Readings, von denen viele sehr emotional sind und eine große Einfühlung erfordern. Sie würden mich total erschöpfen, wenn ich nicht früh gelernt hätte, dieser Gefahr entgegenzuwirken. Eine Schutzmaßnahme besteht darin, meine Objektivität zu bewahren – nicht auf Distanz gehen, sondern bloß objektiv bleiben –, worum ich mich sehr bemühe, sowohl zu meinem Wohl als auch zum Wohlergehen meiner Klienten. Wie meine Familienmitglieder und enge Freunde bestätigen können, verliere ich sofort meine hellsichtigen Fähigkeiten, wenn ich diese Objektivität auch nur für einen Augenblick verliere. Ich fange sofort an, mir Gedanken zu machen und Informationen anzuzweifeln, und ich lasse es zu, dass mein Herz meinen Kopf außer Kraft setzt, so als sei ich die letzte Hellseherin. Objektivität ist also für ein klares Reading unerlässlich und bewahrt mich auch davor, am Ende des Tages ausgelaugt zu sein.

Das wirksamste Arsenal in meinem Bemühen, eine positive spirituelle, emotionale und physische Energie zu halten, sind meine »Schutzwerkzeuge«, wie ich sie nenne. Es handelt sich dabei nicht um Werkzeuge, die ausschließlich bei mir wirken. Auch für Sie könnten sie von Nutzen sein, um sich gegenüber Negativität, Krankheit und Dunkelheit abzuschirmen, womit wir allein dadurch, dass wir leben, unweigerlich zu tun haben. Die Schutzwerkzeuge helfen auch dabei, die reine Liebe Gottes, die Sie umhüllt, zu visualisieren, und erinnern Sie daran, dass Sie geliebt werden und göttlicher Natur sind, auf ewig unbesiegbar.

Die Schutzwerkzeuge sind so geschaffen, dass sie uns, wo auch immer wir uns aufhalten, wie ein göttliches Kraftfeld umgeben. Sie können alle Werkzeuge benutzen, zu denen Sie sich hingezogen fühlen – und je mehr Sie einsetzen, umso besser. Und »sie einzusetzen« bedeutet nichts anderes, als sich fest auf die Bilder in Ihrem Bewusstsein zu konzentrieren. Nehmen Sie sich eine Stunde Zeit, um über diese Bilder zu meditieren, oder visualisieren Sie sie zwei Minuten vor dem Einschlafen oder unter der Morgendusche. Es ist egal, wie Sie es tun, mit welchem Zeitaufwand und zu welcher Tageszeit auch immer. Wichtig ist nur, dass Sie sich daran gewöhnen, die Schutzwerkzeuge zu benutzen, und schließlich an den Punkt kommen, wo Sie sich ohne sie unwohl fühlen.

Wenn Sie nicht glauben, dass diese Werkzeuge etwas bewirken, dann probieren Sie sie bitte eine oder zwei Wochen lang aus, um mich zu widerlegen. Sie fügen Ihnen mit Sicherheit keinen Schaden zu. Sie befreien aber Ihr Leben auch nicht bis an Ihr Lebensende von aller Negativität. Aber wenn es um Sie herum zu Störungen kommt, die Ihr Vertrauen beeinflussen, Ihren Fokus verschwimmen lassen und Sie von Ihrem Pfad abbringen wollen, dann gebe ich Ihnen mein Wort, dass Sie mit Ihren Schutzwerkzeugen und mit Gottes Hilfe etwas gegen diese Situation tun können.

– Das weiße Licht des Heiligen Geistes
Es gibt ein Werkzeug, das ich Ihnen besonders empfehle, das Sie zu jeder Tageszeit, sooft Sie wollen, einsetzen können. Es besteht in der Visualisierung von Gottes reinem, Liebe ausstrahlendem weißem Licht, einer von Kopf bis Fuß reichenden, leuchtenden Aura, die mehrere Zentimeter dick ist. Fühlen Sie, wie diese Aura Ihren Blutstrom stimuliert, wie ihre heilende Wärme jeden Schmerz und jedes Gebrechen erreicht, unter dem Sie leiden. Sie reinigt die Luft um Sie herum, sodass jeder Atemzug, den Sie nehmen, tief und belebend ist. Lassen Sie alle Negativität, alle Angst, allen Stress, alle Sorgen, allen Selbstzweifel und alle Trauer los, damit sich alles in Gottes Licht auflösen kann, das Sie seit Ihrer Geburt wie ein heiliger Schutzschild umgibt, ein genetisches Erbe von Ihrem Schöpfer. Stellen Sie sich vor, dass die Menschen in Ihrer Umgebung es sehen können als ein Zeichen dafür, dass Sie stolz darauf sind, das Kind Ihres göttlichen Vaters und Ihrer göttlichen Mutter zu sein und zu wissen, dass Sie immer geliebt werden.

Ich schlafe abends niemals ein oder stehe morgens aus dem Bett auf, ohne mich selbst und die Menschen, die ich liebe, mit dem weißen Licht des Heiligen Geistes umgeben zu haben. Und kein Klient verlässt mein Büro oder legt nach einem Reading den Hörer auf, ohne dass ich auch ihn mit diesem Licht umgebe – unabhängig davon, ob er es wahrnimmt oder nicht. Es ist ein stilles Geschenk von mir, und bei weitem das Wertvollste, das ich zu geben habe.

– Der Spiegelkreis
Stellen Sie sich vor, sie befänden sich in einem perfekten Kreis von Spiegeln, die größer als Sie sind und von Ihnen wegzeigen. Weiße Wesen fühlen sich von Spiegeln angezogen, während dunkle, negative Wesen von ihnen zurückgeworfen werden. Dieses Werkzeug setze ich ebenfalls gerne ein, denn wenn ich mich mit einem Spiegelkreis umgebe, gehen Ihnen aggressive, unangenehme Menschen plötzlich aus dem Weg und meiden Sie.

– Goldene und silberne Netze
Stellen Sie sich ein Fischernetz vor, gesponnen aus hauchdünnen goldenen und silbernen Fäden. Es ist stark, aber leicht wie Luft, und seine Fäden leuchten im weißen Licht des Heiligen Geistes. Hängen Sie es über sich, damit es Sie von Kopf bis Fuß bedeckt und sein göttliches weißes Licht Sie beschützen kann. Werfen Sie ein goldenes und silbernes Netz über jede dunkle Wesenheit, der Sie im Laufe des Tages begegnen, um ihre Negativität einzufangen und zu neutralisieren.

– Sorgenkettchen
Mein Dank gilt den Katholiken, Griechen und Tibetern, von denen ich Anregungen übernommen habe, um meine eigene

Version des Sorgenkettchens zu schaffen. Sie brauchen dafür eine Perlenkette von zehn bis zwölf Zentimetern Durchmesser. Kaufen Sie sich eine solche Kette oder basteln Sie sich selbst eine. Es ist wichtig, dass die »Perlen« aus einem natürlichen Material bestehen, vorzugsweise Holz, auf keinen Fall künstlich hergestellt. Gehen Sie jede Nacht vor dem Einschlafen alle Perlen einzeln durch und teilen Sie jeder einzelnen Perle eine Sache zu, über die Sie sich Sorgen machen. Wenn Sie jeder Perle eine bestimmte Sorge zugeordnet haben, dann können Sie die Kette in einen kleinen Behälter mit Sand legen, der auf Ihrem Nachttisch steht, damit der Sand die Sorgen von den Perlen aufnimmt und neutralisiert.

Dies sind ein paar Beispiele meiner Schutzwerkzeuge, mit deren Hilfe ich verhindere, dass ich hinterher leer und erschöpft bin, wenn ich den ganzen Tag lang emotional fordernde Readings gegeben habe. Ich rate Ihnen dringend, sie ebenfalls zu benutzen und/oder sich Ihre eigenen zu schaffen. Sie werden für Sie die gleiche Kraftquelle sein, die sie für mich die ganzen Jahre über gewesen sind.

Vorausschau

In den nachfolgenden Kapiteln werden Sie noch mehr Einzelheiten darüber erfahren, was in einem Reading genau geschieht. Themen wie Hypnoserückführung und Zellerinnerung verdienen dabei eine besondere Erwähnung.

Auf den nächsten Seiten lesen Sie Berichte von einzelnen Readings, die aus eidesstattlichen Erklärungen, Briefen und

Tonband-Abschriften stammen und die ich alle mit Zustimmung der entsprechenden Klienten veröffentliche. Da es mir aber in Fleisch und Blut übergegangen ist, meine Klienten zu schützen, benutze ich nur ihre Initialen bzw. Pseudonyme und überlasse es ihnen selbst, ob sie auf den einen oder anderen Bericht zeigen und sagen: »Das ist meiner!«

Und bitte bedenken Sie, dass es sich bei den Berichten nicht um meine Geschichten handelt, sondern um Ihre. Jeder von Ihnen, in jedem Alter, aus jeder Kultur oder Lebenssituation oder Religion, dem ich jemals ein Reading gegeben habe, und jeder, der noch kommen wird, wird einen Teil von sich selbst auf diesen Seiten wiederfinden und wissen, dass er nicht allein ist. Was Sie auch immer durchgemacht haben oder gerade durchmachen, andere Menschen haben das Gleiche erlebt und verstehen Ihre Situation.

Was mich betrifft, so bin ich nur eine dankbare Überbringerin, die sich bei Ihnen allen bedankt und Ihnen allen ihre Liebe schenkt. Dies ist so und war so und wird immer so sein, bis ich wieder nach Hause ins Jenseits gehe.

4

Partner, Familienmitglieder, Kinder und Haustiere

Wir wurden alle von dem erschaffen, der die Liebe an sich verkörpert, und so ist es kein Wunder, dass die Kraft der Liebe sehr stark unser Leben beeinflusst, und zwar sowohl auf der Erde als auch in unserer jenseitigen Heimat. Im Jenseits lieben wir bedingungslos und vollkommen, so leicht und natürlich, wie wir atmen. Hier auf der Erde tun wir uns, offen gesagt, oft schwer damit. Aber wir haben Gottes Segen und können uns ständig bemühen, die Liebe zu vertiefen, die wir für unsere Geliebten und Ehepartner, unsere Familie und Kinder sowie für die vielen Engel auf Erden, die wir »Tiere« nennen, empfinden.

Ob wir nach Liebe suchen, uns verlieben, uns an einer Liebe festklammern, uns bemühen, Liebe zu geben oder zu empfangen, ohne den anderen zu ersticken oder zu distanziert zu sein, oder ob die Liebe versiegt und wir über eine Liebe trauern, die zu Ende gegangen ist, oder uns wünschen, wir wären für alle Zeiten immun gegen die Liebe – eins wissen wir alle tief in unserer Seele: In unseren letzten Stunden auf der Erde werden unsere letzten Gedanken und das Vermächtnis, das wir hinterlassen, davon bestimmt sein, wie wir im Leben mit der Liebe umgegangen sind.

Partner

Ich halte gerade einen Vortrag vor einem großen Fernsehpublikum oder bin in einer Fernsehshow oder Radiosendung am Telefon, und garantiert fragt mich eine Person danach, wann sie den Traumpartner oder die Traumpartnerin finden wird und/oder, ob sie ihn oder sie bereits gefunden hat. Ist Ihnen dabei aufgefallen, dass alle Anwesenden an dieser Stelle lächeln und guter Dinge sind?

Ich glaube, ein Teil der schmunzelnden Gesichter stammt von denjenigen, die diese Frage haben kommen sehen.

Ein weiterer Teil stammt von Menschen, die romantisch sind und an die große Liebe glauben.

Ein Teil der Anwesenden lächelt aber auch aus Erleichterung, weil sie sich nicht trauen, die gleiche Frage zu stellen, und denken: »Es ist besser, wenn andere fragen.«

Wenn Sie vermuten, dass die gleiche Frage auch immer wieder in privaten Readings gestellt wird, dann liegen Sie richtig. Von Angesicht zu Angesicht kann man natürlich mehr ins Detail gehen. Der Einzelfall und seine speziellen Komplikationen können im Gespräch stärker berücksichtigt werden, denn wie wir alle wissen, die wir das zwölfte Lebensjahr hinter uns gelassen haben, gibt es keine Garantie dafür, dass man seinen Traumpartner findet und es dann heißt: »Und sie lebten glücklich bis an ihr Lebensende.«

Dies ist einer der Gründe, warum ich einen solchen Vergleich heranziehe, wenn mich jemand fragt, ob er seinen »Seelenpartner« finden wird. Wenn Sie mich auf dem Bildschirm gesehen oder meine Bücher gelesen haben, dann wissen Sie, wie meine Antwort lautet. Aber wenn Sie noch nicht wissen, wie ich darüber denke, dann lassen Sie es mich kurz erklären: Ihr Seelenpartner ist im Jenseits, und es geht ihm in diesem Moment großartig. Er wartet darauf, dass Sie nach Hause zurückkehren. Machen Sie sich nicht damit verrückt, ihn hier auf Erden zu suchen, weil Sie in 99,9 Prozent der Fälle nur frustriert und enttäuscht sein werden. Sie haben eine größere Erfolgschance, wenn Sie stattdessen nach verwandten Seelen Ausschau halten.

Der Unterschied zwischen einem »Seelenpartner« und einer »verwandten Seele« wird Klarheit in die Sache bringen, denn bei beiden handelt es sich um vollkommen verschiedene Wesenheiten.

Als Gott jeden von uns erschuf, gab er unserer Seele sowohl männliche als auch weibliche Aspekte. In dem Moment, in dem wir erschaffen wurden, entstand auch eine identische Zwillingsseele, mit männlichen und weiblichen Aspekten, die ein grundlegendes Spiegelbild unserer eigenen Aspekte ist. Diese identische Zwillingsseele ist unser einziger wahrer Seelenpartner. Sie ist nicht unsere »andere Hälfte«, genauso wenig, wie jemand anderes unsere »andere Hälfte« oder unser »Komplementärstück« ist, so sehr dies uns auch romantische Texte und so genannte »Experten« weismachen wollen. Wer die Menschen dazu auffordert, ihre »andere Hälfte« oder ihr »Komplementärstück« zu suchen, der geht davon aus, dass die Hälfte aller Menschen auf diesem Planeten so lange unvollständig ist, bis jeder die Person findet, die seine fehlenden Teile ergänzt. Ist das nicht ziemlich einfältig? Ich bin bereits aus eigener Kraft eine ganze, vollständige Person, vielen Dank. Und Sie sind es auch, lassen Sie es also nicht zu, dass ein anderer Mensch Sie vom Gegenteil zu überzeugen versucht. Ich gehe daher davon aus, dass in der Liste der Eigenschaften, die Ihr Traumpartner haben sollte, nicht steht: »Abhängig von anderen, um sie ganz und vollständig zu machen.« Ich bin mir nicht sicher, was schlimmer wäre – so verzweifelt bedürftig zu sein oder sich zu einer Person hingezogen zu fühlen, die dermaßen bedürftig ist.

Im Jenseits leben wir in einer engen Verbindung mit unserem Seelenpartner, wie es die meisten Zwillinge tun. Aber wir haben beide unsere eigenen Freunde, Interessen und Fähigkeiten, unsere eigenen Berufe und Leidenschaften, unsere eigene Persönlichkeit, die uns vom anderen unterscheidet – mit anderen Worten: unsere eigene Identität. Und wie alle anderen Geistwesen im Jenseits entscheiden wir uns selbst, wann und wie oft, wenn überhaupt, wir auf der Erde inkarnieren wollen, um auf der ewigen Reise unserer Seele voranzukommen. Die Chancen dafür, ohne Absprache gleichzeitig mit seinem Seelenpartner zu inkarnieren, ist verschwindend gering, ganz zu schweigen davon, dass es gänzlich überflüssig wäre, weil wir bereits im Jenseits immer in enger Verbindung standen, stehen und stehen werden. Warum sollte man das Bedürfnis haben, Zeit und Lebenspläne aufeinander abzustimmen, sodass man sich auch auf den kurzen Ausflügen zur Erde die ganze Zeit über sieht? Ich werde allein schon bei der Vorstellung klaustrophobisch.

Verwandte Seelen sind auf der anderen Seite einfach Seelen, die wir aus mehr als einem vergangenen Leben kennen, entweder auf der Erde oder im Jenseits oder in beiden Dimensionen. Es handelt sich dabei um die Menschen, auf die wir ab und zu treffen und die uns sofort sympathisch sind. Statt zu sagen: »Schön, Sie kennen zu lernen«, würden wir am liebsten sagen:

»Schön, dich wiederzusehen!« Wieder auf eine verwandte Seele aus einem vergangenen Leben zu treffen, kann sehr tröstlich, sehr anregend und unglaublich bereichernd sein und zwar aus dem offensichtlichen Grund, dass Sie mit der anderen Seele eine gemeinsame Vergangenheit teilen, unabhängig davon, ob Ihnen dies bewusst ist oder nicht. Sie haben nur einen Seelenpartner, eine identische Zwillingsseele, aber mehr verwandte Seelen, als Sie aufzählen können, und allein schon diese Tatsache erhöht die Chance, dass Sie aus diesem Reservoir einen Partner fürs Leben finden, mit dem Sie eine wahrhaft erfüllende und sich gegenseitig bestärkende Verbindung aufbauen können.

Der Mythos, Ihren Seelenpartner zu finden, nährt nur falsche Hoffnungen. Er gibt dem Ganzen eine falsche Bedeutung und macht es oft nur viel schwerer, sich von dem Fehlschlag einer Beziehung zu erholen. Die Suche nach dem »Seelenpartner« scheint zeitweilig die Sinne dafür zu vernebeln, dass die Personen, in die Sie sich verlieben, auch nur Menschen sind. Es ist viel ernüchternder, wenn Sie entdecken, dass ausgerechnet Ihr »Seelenpartner« nasse Handtücher auf dem Bett liegen lässt, sich den ganzen Platz im Kleiderschrank aneignet, das Geld schneller ausgibt, als Sie es verdienen können, komische Geräusche beim Essen von sich gibt, Sie gelegentlich belügt oder Ihre Familie wie Dreck behandelt. Und es ist viel schwerer, sich von seinem vermeintlichen Seelenpartner zu lösen als von einem »normalen« Menschen oder einer verwandten Seele, die man einmal für eine gute Partie hielt – aber nun, man kann sich irren.

Wenn ich einem Klienten den Namen oder eine Beschreibung einer verwandten Seele gebe sowie die ungefähre Zeit, wann er ihr begegnen wird, dann bekomme ich die Information aus dem Lebensplan, den der Klient für sich geschrieben hat. Und dies kann genauso in die Irre führen wie die Vorstellung von einem Seelenpartner. Nur weil Sie sich eine bestimmte Person vorher »ins Leben geschrieben haben«, bedeutet das noch lange nicht, dass es auch deren »Schicksal« ist, ihr Leben an Ihrer Seite zu verbringen. Wir schreiben viele Personen aus den unterschiedlichsten Gründen in unsere Pläne, aber meistens nur deswegen, weil unsere Seele sich etwas davon verspricht, diese Menschen auf der Erde zu treffen. Eine solche Begegnung kann viel Freude bringen und für beide Seiten zu einer erfüllenden Beziehung führen. Oder sie führt zu einer tiefen Freundschaft. Vielleicht lernen wir von der anderen Person auch nur, wer wir sind, wo unsere Prioritäten liegen und wo unsere Grenzen sind. Möglich ist auch, dass wir schließlich die innere Stärke finden und die Beziehung lösen, wenn wir erkennen, dass sie uns nicht länger gut tut, anstatt sie aus Stolz oder Bequemlichkeit oder Angst vor dem Alleinsein weiterzuführen. Ich erinnere mich an einen Fall, in dem eine andere unschätzbare Erfahrung möglich wurde – eine meiner engsten Freundinnen hätte ich nie getroffen, wenn sie mich nicht um ein Reading gebeten hätte, um sie durch ein hässliches Ende ihrer Beziehung zu begleiten. Obwohl sie viel hatte durchmachen müssen, sagt sie bis auf den heutigen Tag: »Wenn das alles notwendig war, damit ich dort bin, wo ich heute bin, dann war er es wert.«

Wenn ich also meinen Klienten Auskünfte über ihren Traumpartner gebe, den sie sich in ihren Plan für dieses Leben geschrieben haben, dann garantiere ich ihnen niemals nur rosaroten Sonnenschein in ihrer Beziehung. Ich weiß, dass sie die entsprechende Person aus einem bestimmten Grund in ihren Plan geschrieben haben, und genauso wie Sie haben auch diese Klienten die Möglichkeit, am Ende zu erkennen, welches die Gründe dafür waren.

Ich brauche keine Hellseherin zu sein, um dies meinen Klienten und Lesern zu garantieren: Je zufriedener Sie damit sind, frei und unabhängig zu sein, und je weniger Sie eine Beziehung brauchen, desto größer sind Ihre Chancen, den Richtigen zu finden. Dies ist eine Tatsache und gleichzeitig ein Versprechen.

Irgendwo unter diesen Tausenden von Briefen und eidesstattlichen Erklärungen von Klienten mit einem Beziehungsthema findet sich immer eine Person, die einen selbst im Guten oder Schlechten spiegelt. Am besten, man lächelt, gibt sich selbst und dieser Person die eine Chance, weil man sich einmal mehr daran erinnert, dass wir alle in Bezug auf die Liebe Anfänger sind, die versuchen, ihr Bestes zu geben.

> Ich fragte Sylvia, ob sie sah, dass ich meinen Freund, mit dem ich damals zusammen war, heiraten würde. Ich war enttäuscht, als sie mir dringend riet, diesen »Stubenhocker« loszuwerden. Dann fragte sie mich, ob ich einen großen, kräftigen Kerl mit Haselnussaugen und dunkelbraunem, lockigem Haar kennen würde, denn das sei der Mann, den ich irgendwann im Frühling heiraten würde (mein Reading fand im November statt).
>
> Ich hätte Ihnen meine Bestätigung schon früher geschickt, aber ich komme gerade aus den Flitterwochen zurück, die ich mit einem großen, kräftigen Kerl mit Haselnussaugen und dunkelbraunem, lockigem Haar verbracht

habe, den ich während der Winterferien kennen lernte, kurz nachdem ich dem »Stubenhocker« den Laufpass gegeben hatte.

Vielen Dank, Sylvia, dass Sie mir dabei geholfen haben, den Mann zu erkennen, mit dem ich wirklich zusammen sein soll.
(von Lilly)

Eigentlich hatte ich Sylvia nicht aufgesucht, um mit ihr über Beziehungen zu sprechen. Ich war gekommen, um ihr zu erzählen, dass ich vorhatte, von Kalifornien nach Arizona zu ziehen, um eine neue Geschäftsgelegenheit wahrzunehmen und ein neues Leben zu beginnen. Ich wollte sie nur fragen, ob die Geschäftsmöglichkeit zuverlässig war.

Zu meiner Überraschung war Sylvia felsenfest davon überzeugt, dass meine Zukunft in Kalifornien lag und ich nicht sehr lange in Arizona bleiben würde, falls ich dorthin ziehen sollte. Sie beschrieb daraufhin in allen Einzelheiten den Mann, den ich treffen und innerhalb von sechs Monaten heiraten würde. Sie sagte, er lebe in meiner Gegend und wir würden uns auf einer Party von gemeinsamen Freunden kennen lernen. Wir würden sehr schnell eine ernsthafte Beziehung aufbauen, mein Gesundheitsproblem würde ihn nicht in geringster Weise davon abschrecken, und die Gegend um Reno würde eine sehr wichtige Rolle in seinem Leben spielen.

Ich traf ihn auf einer Party, die von gemeinsamen Freunden veranstaltet wurde. Unsere Beziehung entwickelte sich sehr schnell. Mein Gesundheitszustand störte ihn überhaupt nicht. Wir beide lebten nur 30 Kilometer vonein-

ander entfernt und er entwickelte mehrere Immobilienbeteiligungen im Gebiet von Reno/Lake Tahoe. Und wir heirateten sechs Tage, bevor sich nach sechs Monaten der Tag wiederholte, an dem wir uns das erste Mal trafen.
(von Janeen)

Liebe Sylvia,
ich frage mich, wie viele Briefe Sie noch von Leuten bekommen, die Sie schon vor zehn Jahren getroffen haben. Meiner ist jetzt einer von diesen Briefen. Sie waren die Gastsprecherin vor einer Gruppe, zu der ich damals gehörte. Meine Mutter saß neben mir und stieß mich immer wieder an: »Frag sie. Los, frag sie schon!« Aber ich forderte sie auf, mich in Ruhe zu lassen. Schließlich kamen Sie direkt auf mich zu und sagten: »Fragen Sie mich ruhig, was Sie wissen möchten.«

Meine Mutter war mehr als ich daran interessiert zu erfahren, ob ich jemals wieder heiraten würde. Sie sagten, ich würde es tun. Sie beschrieben daraufhin in allen Einzelheiten einen Mann, den ich am Anfang der Woche das erste Mal getroffen hatte, und Sie meinten, wir würden drei Kinder haben. Ich hatte bereits zwei Kinder aus einer früheren Ehe, und daher nahm ich an, Sie meinten, dass wir irgendwann noch ein Kind haben würden.

Nun, seitdem sind zehn Jahre vergangen, ich bin mit dem großartigen Mann verheiratet, den Sie mir beschrieben haben, und wir haben drei Kinder zusammen, zusätzlich zu den zweien, die ich schon hatte. Er ist ein wunderbarer Mann, und wir sind sehr glücklich miteinander.
(von Phyllis)

Mein Reading mit Sylvia war beeindruckend und sehr erfolgreich – mit einer Ausnahme. Sie erzählte mir, dass der gegenwärtige Mann in meinem Leben sich eigentlich nur »breitmachen« würde und dass unsere Beziehung nicht so tief gehend war, wie ich es mir gerne einredete.

Sechs Monate später forderte ich diesen Mann auf, aus der gemeinsamen Wohnung auszuziehen, und es ist erstaunlich, wie sehr sich mein Leben wieder geöffnet hat, seitdem er weg ist. Gleich nach dem Reading war ich wütend auf Sylvia und glaubte, sie sei zu schroff in ihrem Urteil über diesen Mann. Neulich hörte ich mir die Aufzeichnung wieder an und stellte geschockt fest, dass ich diejenige war, die sich schroff verhielt, und nicht Sylvia. Sie teilte mir etwas mit, das ich damals nicht hören wollte, aber später stellte sich heraus, dass ich genau das hören *musste*, und dafür bin ich ihr sehr dankbar.
(von Nicole)

Liebe Sylvia,
vor ein paar Monaten bat ich Sie um Informationen über den Mann, der für mich bestimmt war, damit ich nicht immer wieder auf die falschen Männer hereinfiel. Sie sagten, sein Name sei Dan; er sei Finanzberater und ein guter Mann. Neulich bekam ich eine E-Mail von einem früheren Klassenkameraden, den ich seit der ersten Klasse kenne und von dem ich jahrelang nichts gehört hatte. Sein Name ist Dan, er hat gerade seinen Abschluss als Jurist gemacht und arbeitet als Investmentbanker. Ist dies der Mann, von dem Sie sprachen?
(von Victoria)

(Anmerkung von Sylvia: In Anbetracht dessen, was Sie schon alles über den Lebensplan wissen, den wir im Jenseits für dieses Leben schreiben – soll ich die Frage allein beantworten oder sollten wir es alle zusammen ausrufen? *Ja, er ist es!*)

Liebe Sylvia,
mein Problem mit dem Mann, den ich neulich kennen gelernt habe, liegt darin, dass Sie ihn zu perfekt beschrieben haben! Von meiner Seite aus war es so ziemlich Liebe auf den ersten Blick, und die ersten drei Wochen waren für mich sehr aufregend, obgleich bislang nichts wirklich »geschehen« ist. Neulich beim Abendessen habe ich ihn angeschaut und mich darüber gewundert, wie exakt Sie ihn beschrieben haben, bis hin zu seinem Grübchen und dem Höcker auf seiner Nase. Er fragte mich, warum ich ihn so anstarrte, und ich sagte bloß, dass ich ein Tonband hätte, das er sich einmal anhören sollte.

Ich spielte ihm den Teil der Aufzeichnung vor, an dem Sie über ihn sprachen. Ich dachte, er würde sich geschmeichelt fühlen, aber stattdessen wurde er sehr ungemütlich und meinte, das alles würde nicht nach ihm klingen, und ging. Ich habe seitdem nichts mehr von ihm gehört. Er geht nicht ans Telefon und ruft nicht zurück. Ich weiß, wenn er mir die Chance gäbe, würde ich mich bei ihm entschuldigen, weil das, was ich getan habe, voreilig und anmaßend war, und wir würden wieder zueinander finden. Da er telefonisch nicht zu erreichen ist, überlege ich, ob ich ihn nicht nach der Arbeit abfange, um mit ihm zu sprechen und alles klarzustellen. Ist das eine gute Idee?
(von Jackie)

(Eine weitere Anmerkung von Sylvia: Diese Frage können wir zusammen beantworten. *Nein.* Und machen Sie sich keine Sorgen. Ich habe bereits mit ihr gesprochen, und ihr geht es schon wieder besser.)

Ich hatte ein telefonisches Reading mit Sylvia. Zugegeben, als ehemaliger Psychotherapeut war ich vorsichtig. Aber ich bin schon durch viele Veränderungen in meinem Leben gegangen, einschließlich einiger Operationen, die zur Folge hatten, dass ich meinen erlernten Beruf aufgeben musste. Ich fragte mich unter anderem, ob ich in Anbetracht meines begrenzten körperlichen Zustands die Chance hatte, eine glückliche Beziehung einzugehen.

Sylvia beschrieb mir sofort eine mittelgroße, braunhaarige Frau mit großen grünen Augen, einem herzförmigen Gesicht und hohen Wangenknochen. Sie meinte, ihr Name würde mit einem »D« anfangen, entweder Diane oder Donna, und sie sei eine herzensgute Person von innerer und äußerer Schönheit. Sie würde sich voll auf mich einlassen und sich nicht im Geringsten an meinen körperlichen Problemen stören. Sie sagte, ich würde sie im August treffen, und es gebe keine Möglichkeit, sie zu verpassen.

Einige Monate nach dem Reading belegte ich an der Volkshochschule einen Immobilienkurs. Am ersten Abend – es war der 28. August – war ich einer der ersten und setzte mich ziemlich weit nach vorn. Wenige Augenblicke später kam eine wunderschöne Frau mit braunem Haar, großen grünen Augen und hohen Wangenknochen herein. Nachdem sie die vielen leeren Tische überflogen hatte, kam sie auf mich zu und meinte, dass sie sich neben mich setzen würde. Wir stellten uns einander vor. Ihr Name war Donna.

In den ersten Monaten waren wir lediglich miteinander befreundet, weil sie verheiratet war, und zwar schon seit 14 Jahren. Aber es war keine glückliche Ehe, und so reichte sie die Scheidung ein, nicht lange nachdem ich ihr die Aufzeichnung meines Readings mit Sylvia vorgespielt hatte. Donna war davon überzeugt, dass sie die Frau war, von der Sylvia sprach.

Seit diesem Tag sind Donna und ich zusammen. Es ist eine entspannte, auf gegenseitigem Vertrauen beruhende Beziehung, die fast zu gut ist, um wahr zu sein, und ich freue mich darauf, den Rest meines Lebens mit dieser Frau zu verbringen – genauso, wie Sylvia es vorausgesagt hat. (von Kevin)

Kurz nachdem Sylvia mit dem Reading angefangen hatte, fragte sie: »Wer ist Tom?« Ich erzählte ihr, dass Tom ein Mann war, mit dem ich ein paar Mal ausgegangen war; weil ich das Gefühl hatte, schon nach den ersten Verabredungen von ihm bedrängt zu werden, hatte ich den Kontakt beendet. Sie sagte: »Gut. Ich mag Tom nicht. Er respektiert nicht die Grenzen anderer Menschen, egal was Sie ihm sagen.« Wir gingen über zu anderen Themen, und ich verschwendete keinen Gedanken mehr an Tom.

Ein paar Monate später fragten mich gute Freunde, ob ich Interesse hätte, mit einem attraktiven, erfolgreichen, intelligenten und geschiedenen, sehr gut aussehenden Immobilien-Rechtsanwalt auszugehen, der gerade eine

Grundbesitz-Angelegenheit für sie geregelt hatte. Ich gehe zwar nicht häufig aus und treffe nicht begeistert Verabredungen, aber es waren gute Freunde von mir (was sie immer noch sind), und ihre Beschreibung von »T. J.« ließ mich glauben, dass er mir gefallen würde. Also willigte ich schließlich ein.

Da ich mich Fremden nicht gleich an den Hals werfe, tat ich das, was ich immer tue. Ich bestand darauf, T. J. im Restaurant zu treffen, und lehnte es ab, dass er mich schon von Zuhause abholte. Er sah wirklich sehr gut aus und machte einen hervorragenden ersten Eindruck. Unser Essen stand noch nicht auf dem Tisch, als ich ihn T. J. nannte und er mich bat, ihn stattdessen einfach nur Tom zu nennen. Das erste Mal seit langer Zeit fiel mir wieder das Reading mit Sylvia ein. Ich hatte natürlich angenommen, dass sie damals den Tom meinte, mit dem ich aufgehört hatte, mich zu treffen, und es gab noch keinen Grund, davon auszugehen, dass dies nicht der Fall war. Aber ich bin mir sicher, dass ich mich an diesem Abend ihm gegenüber vorsichtiger verhielt, als ich es getan hätte, wenn Sylvias Worte nicht in meinen Ohren geklingelt hätten. Er wollte drei Abende später schon wieder mit mir ausgehen, und ich war erleichtert, dass ich ihm ehrlich erzählen konnte, dass ich von morgen an die Stadt für eine Woche aus geschäftlichen Gründen verlassen müsse. Ich versprach ihm, mich zu melden, wenn ich wieder da war, und hatte dies auch wirklich vor.

Nun, um die Geschichte abzukürzen: Er rief mich während der Woche, die ich weg war, mehr als 50 Mal an, obwohl ich ihm höflich zu erklären versuchte, wie beschäftigt ich war. Der Tropfen, der das Fass zum Überlaufen brachte, war, als er mich damit überraschte, dass er vor meiner Wohnungstür wartete, als ich vom Flughafen nach Hause kam. Dann war er verärgert, weil ich nicht glücklich zu sein schien, ihn zu sehen.

Drei Wochen lang versuchte ich daraufhin, mich mit ihm zu einigen, die Dinge langsam angehen zu lassen. Dabei hatte ich ständig das Gefühl, von ihm bedrängt zu werden. Er tat so, als würde er mich verstehen, änderte aber sein Verhalten nur, wenn es ihm in den Kram passte. Und so hörte ich erneut Sylvias Worte: »Er respektiert nicht die Grenzen anderer Menschen, egal was Sie ihm sagen.« Obwohl ich so etwas noch nie in meinem Leben getan hatte, sagte ich zu ihm, dass ich eine einstweilige Verfügung gegen ihn beantragen würde, wenn er mich nicht sofort in Ruhe ließe, und dass ich mir nicht vorstellen könne, dass so etwas seinem Ruf als Rechtsanwalt guttun würde. Er war außer sich, aber es funktionierte. Seit fast vier Monaten schon habe ich vor ihm Ruhe (mit Ausnahme der vielen Entschuldigungen von den Freunden, die mich mit ihm zusammengebracht hatten).

Es war mit Sicherheit Sylvias Warnung gewesen, die mir den Mut gab, diesem Spinner mit einer gerichtlichen Unterlassung zu drohen. Und ich hätte es auch wahr gemacht, wenn es nötig gewesen wäre. Bitte danken Sie ihr dafür, dass sie meine Alarmglocken aktiviert und mir die Erlaubnis gegeben hat, meine eigenen Grenzen zu schützen und keine Angst davor zu haben, die Gefühle eines anderen zu verletzen.
(von Sharon)

Liebe Sylvia,

Als ich im November bei Ihnen war, sprach ich zu Ihnen in den höchsten Tönen über meine Freundin Sherry und erzählte Ihnen, dass ich vorhatte, ihr zu Weihnachten einen Verlobungsring zu schenken. Sie rieten mir, den Ring vorerst nicht zu kaufen, weil Sherry zu instabil sei, ein Drogenproblem vor mir verheimliche und sich mit meiner Karte Geld von meinem Sparkonto »ausgeliehen« habe. Sie meinten auch, dass Sherry Weihnachten nicht mit mir verbringen würde. Ich war mir sicher, dass Sie über eine andere Person gesprochen haben mussten. Ich war mit Sherry schon zwei Jahre lang zusammen, und das Bild, das Sie von ihr malten, passte nicht zu der Frau, die ich liebte. Ich sagte Ihnen, dass Sie sich irren müssten, und Sie sagten einfach nur: »Nein, das tue ich nicht.« Ich sagte daraufhin nichts mehr, war aber davon überzeugt, dass Sie falsch lagen, obgleich andere Sachen so genau zutrafen, dass es schon beinah unheimlich war.

Ein paar Tage nach dem Reading konnte ich meine Neugier nicht länger verbergen. Ich ging zur Bank und bat um einen Kontoauszug. (Ich achte sehr auf mein Girokonto, aber nicht so sehr auf mein Sparkonto, weil ich es kaum anrühre.) Es war wie ein Schlag in die Magengrube, als ich feststellte, dass fast 1400 Dollar fehlten. Meine Freundin gab zwar nicht zu, das Geld genommen zu haben, aber ihre Reaktion zeigte deutlich, dass sie es gewesen war. Dann, zwei Wochen später, kam ich abends nach der Arbeit in eine leere Wohnung. Sie hatte alles mitgenommen und war verschwunden. Im Abfall, den sie hinterlassen hatte, fand ich ein Glasröhrchen. Ich glaube, die Sache mit dem fehlenden Geld hatte sie dazu veranlasst, das Weite zu suchen, bevor ich Gott weiß noch was aufdecken würde.

Das Ganze hat mich ganz schön mitgenommen, aber ich bin Ihnen auch verdammt dankbar dafür, dass Sie mir gesteckt hatten, dass sie nicht diejenige war, für die ich sie hielt. Auf diese Weise haben Sie mich vor einer Heirat bewahrt, die eine Katastrophe gewesen wäre. Vielen Dank, Sylvia. Vielen, vielen Dank.
(von Todd)

Liebe Sylvia,
ein paar Monate nach meiner Scheidung schrieb ich Ihnen einen Brief und stellte darin die Frage, ob es noch eine bedeutende Beziehung in meinem Leben geben würde. Sie erzählten mir, dass ich bis Oktober eine große, schlanke Frau mit kurzen dunklen Haaren, langer Taille, langen Beinen, einem ovalen Gesicht, Haselnussaugen und vollen Lippen kennen lernen würde. Sie würde auch ein kleines Kind haben. An meinem Geburtstag, dem 22. September, ging ich mit ein paar Freunden in einen kleinen Jazzclub, und genau diese Frau saß zusammen mit ein paar Freundinnen am Nachbartisch. Ich konnte natürlich nicht widerstehen, ein Gespräch mir ihr anzufangen, obwohl ich ihr nicht gleich erzählen wollte, dass Sylvia Browne sie mir beschrieben hatte. Ich fand, das hätte zu sehr wie ein Anmachversuch gewirkt.

Wir trafen uns mehrmals zum Abendessen, und ich lernte ihren dreijährigen Sohn kennen. Es war eine großartige Zeit, bis sie wieder zurück nach Toronto musste und ich mich in Augusta fragte, ob das alles gewesen sein sollte. Ich schrieb erneut an Sie, um Sie zu fragen, ob Sie immer noch der Meinung waren, dass »sie« die Richtige war, und Sie sagten ja, rieten mir aber Geduld zu haben, denn wir beide würden nicht mehr lange so weit voneinander getrennt sein.

Ich hielt mehrmals in der Woche mit ihr Kontakt, obwohl wir beide eigentlich keine Beziehung auf eine so große Entfernung wollten.

Vier Monate später starb zu unser beider Überraschung ihr Vater, und sie zog mit ihrem Sohn zu ihrer Mutter, um sich um sie zu kümmern – genau hier in Augusta. Als wir uns das erste Mal getroffen hatten, war sie gerade hier zu Besuch. Wir sind seitdem zusammen, sie und ihr Sohn sind meine ganze Freude, und irgendwann habe ich ihr erzählt, dass Sylvia Browne mir gesagt hatte, nach welcher Frau ich wann Ausschau halten sollte. Sie hat mich gebeten, Ihnen auf jeden Fall zu sagen, dass dies ein Dankeschön von uns beiden ist.
(von Philip)

Als ich ein Reading mit Sylvia hatte, war ich an einem Tiefpunkt angelangt. Meine 34-jährige Frau hatte mich wegen einem 19-jährigen Kerl verlassen, den sie im Internet in einem Chatroom kennen gelernt hatte (und von dem sie zwei Monate später schwanger wurde). Während der Scheidung verhielt sie sich gemein und rachsüchtig, und es machte mir große Angst, dass sie sich dafür entschlossen hatte, für das Sorgerecht unserer beiden Kinder zu kämpfen, um die ich mich zu diesem Zeitpunkt alleine kümmerte.

Ich fragte Sylvia, ob ich das Sorgerecht für die beiden Kinder bekommen würde. Sie sagte, dass ich es bekommen würde, weil der neue Freund meiner Ex-Frau keine Kinder wollte und sie letztlich dem Freund den Vorzug vor den Kindern geben würde. Dies trat dann tatsächlich ein. Wie aus heiterem Himmel zog sie ihren Antrag auf das Sorgerecht zurück und fragte noch nicht einmal nach Besuchszeiten.

Sylvia bewahrte mich davor, einen wirklich schweren Fehler zu machen, indem sie mich davor warnte, dass meine Ex-Frau wieder mit mir Kontakt aufnehmen würde, nachdem ihr Baby geboren worden sei, um sich mit mir zu versöhnen und die Familie wieder zusammenzubringen. Sylvia empfahl mir, nicht darauf einzugehen, denn das alles hätte nichts damit zu tun, dass sie mich liebte, sie wollte nur wieder »ein warmes Dach über dem Kopf«. Als ihr Baby fünf Monate alt war, fing sie an, mich ständig anzurufen und mir zu sagen, dass sie mich immer noch liebte und wieder mit mir und den Kindern zusammen sein wollte. Es war nicht schwer herauszufinden, dass der 19-Jährige sie sitzen gelassen hatte, nachdem er ihre Kreditkartenkonten geplündert und ihr Auto hinter ihrem Rücken verkauft hatte, und dass sie nur wieder den Lebensstandard zurückhaben wollte, den sie weggeworfen hatte.

Ich helfe ihr wegen ihrem Baby und weil sie die Mutter meiner Kinder ist, wieder finanziell auf die Füße zu kommen, aber dank Sylvias Warnung bleibe ich wachsam und habe nicht vor, mich wieder mit ihr zu versöhnen.
(von Josh)

Familienmitglieder

Das Faszinierende an den Menschen, die wir unsere Familie nennen, kann gleichzeitig auch eine große Herausforderung sein: Wir haben sie in unseren Lebensplan geschrieben, aber sie sind auch mit einem eigenen Lebensplan gekommen. Das heißt, diese Menschen, die sich normalerweise lieben, die gleichen genetischen Strukturen und auch sonst viel gemeinsam haben und die gegenseitige Gesellschaft genießen, haben sich darauf geeinigt, miteinander verwandt zu sein. Aber darüber hinaus müssen sie ihrer eigenen Reiseroute folgen und ihre eigenen Lektionen lernen. Es gibt gute Gründe dafür, warum wir uns gegenseitig in unseren Lebensplan geschrieben haben, aber wie es mit Beziehungen so ist, können diese Gründe im Einzelfall sehr unterschiedlich sein. Und während wir hier auf der Erde sind, können wir sie gar nicht verstehen. Sie sollen uns mit Ehrlichkeit, Mut und Integrität konfrontieren, wir lernen von ihnen und wachsen durch sie – ein Mikrokosmos möglicher Gründe, warum wir uns überhaupt auf der Erde aufhalten.

Die Wahrscheinlichkeit ist groß, dass Sie, wie ich, den Durchschnitt der allgemeinen Bevölkerung in Ihren Lebensplan geschrieben haben, so als ob Sie erst einmal mit einer kleinen Gruppe üben wollten, bevor Sie hinaus in die Welt gehen. Wahrscheinlich haben Sie mindestens eine verwandte Seele aus einem vergangenen Leben (in meinem Fall waren es mein Daddy und meine Oma Ada) in Ihren Lebensplan geschrieben, dazu mindestens eine dunkle Wesenheit (meine Mutter) und mindestens eine Seele, mit der Sie das erste Mal auf der Erde sind (meine Schwester). Obgleich es nahe liegt zu glauben (was ich oft tue), dass Sie entweder betrunken oder verrückt gewesen sein müssen, als Sie Ihren Lebensplan geschrieben haben, ist Ihre Familie sehr wahrscheinlich das beste Beispiel dafür, dass wir uns – und sie sich – das fürs Leben vornehmen, was dem Wachstum unserer Seele am meisten dient.

In diesem Leben war ich in puncto Liebesbeziehungen nicht gerade ein Genie, wofür meine Ex-Ehemänner den Beweis liefern. Aber der Bereich der Familie erinnert mich oft an das alte Sprichwort: »Wer es selbst tun kann, der tut es; wer es nicht selbst tun kann, der bringt es anderen bei.« Ich habe keine Probleme damit, die Dinge klar auszusprechen, wenn Klienten mit ihren Familienproblemen an mich herantreten. Aber in Bezug auf meine eigene Familiensituation kann ich so ahnungslos sein wie jeder andere. Alles, was ich über Lebenspläne und Verbindungen aus früheren Leben weiß, dass wir unser Leben planen, um wichtige Lernschritte zu machen und Wachstumschancen nutzen zu können, geht hier rein, da raus, wenn ich es auf mein Leben beziehen will. Dies war schon immer so und wird vielleicht auch immer so sein, wenn sich wieder irgendein Drama aus den Reihen dieser Menschen, mit denen ich unbedingt genetisch verbunden sein wollte, ankündigt. In meinem spirituellen Leben und meiner Tätigkeit als Hellseherin bin ich mir absolut sicher und voller Vertrauen. In meinem Leben als Tochter, Schwester, Mutter und Großmutter fühle ich mich hingegen völlig unzureichend. In diesen Bereichen kommt es immer wieder vor, dass ich nicht weiß, was ich tun soll, und mir zu viele Sorgen und Gedanken mache. Ja, selbst ich, mit meinem leidenschaftlichen, tief verwurzelten und unerschütterlichen Glauben, vergesse in Bezug auf meine

Familie nur zu oft, die Dinge loszulassen und Gott anzuvertrauen.

Ein typisches Beispiel ist die Beziehung zwischen meinen Söhnen Paul und Chris. Vor ein paar Wochen habe ich etwas in dem Buch *Die Geisterwelt ist nicht verschlossen* nachgeschlagen, das ich zusammen mit Lindsay verfasst habe. Ich stieß auf ein paar Abschnitte, in denen wir darüber geschrieben hatten, dass die beiden sich nicht sonderlich mochten, nicht fünf Minuten lang zusammen in einem Raum sein konnten, ohne sich zu streiten, und es ihnen egal gewesen wäre, wenn sie einander nie wieder gesehen hätten. Ich habe mir den Kopf darüber zerbrochen, konnte oft nicht schlafen, versuchte alles, was man sich nur vorstellen kann, um sie dazu zu überreden, die großen Kumpels füreinander zu sein, so wie ich es hoffte und mir wünschte. Ich wurde zur Pest und Nervensäge in dem Bemühen, sie dazu zu zwingen, eine enge Beziehung miteinander zu haben, die – seien wir mal ehrlich – in erster Linie *mich* glücklich gemacht hätte. Ich habe mit beiden eine enge Beziehung, und deshalb fühlte ich *mich* unwohl mit ihrer Entfremdung voneinander.

Inzwischen, sieben Jahre später, sind meine Söhne die besten Freunde. Sie mögen sich, sind füreinander da und wunderbare Onkel für die Kinder des jeweils anderen. Und raten Sie mal, wie viel ich damit zu tun habe. *Absolut nichts.* Das Leben hat sie zusammengebracht. Die allgemeinen Umstände haben sie zusammengebracht. Ihrem Lebensplan zu folgen, hat sie zusammengebracht. Dass ich aus dem Weg gegangen bin und die ganze Sache ihnen überlassen habe, hat sie zusammengebracht. Und nicht zuletzt hat Gott sie zusammengebracht.

Ich erinnere Sie, aber noch mehr mich, an dieser Stelle daran: Wenn Sie mit Familienproblemen konfrontiert sind, was wir alle früher oder später sein werden, dann geben Sie Ihr Bestes, aber vergessen Sie nie, wer die wirkliche Macht hat.

Jetzt, wo ich darüber nachdenke, ob noch etwas Wichtiges über die Familie, die ich mir in den Lebensplan geschrieben habe, zu sagen ist, fällt mir auf, dass in den vergangenen 50 Jahren kein Klient, der mit einem Familienthema an mich herangetreten ist, Angst haben musste, dass sein Anliegen für mich zu verrückt klingen würde, denn in der Familie, die ich in meinen Lebensplan geschrieben habe, habe ich viele Dinge selbst erlebt.

> Liebe Sylvia,
> ich möchte Ihnen nur kurz dafür danken, dass das, was Sie – mit Gottes Hilfe – vor zwei Monaten in meinem telefonischen Reading prophezeit haben, sich vollkommen bewahrheitet hat.
>
> Genau wie Sie es sagten, wurde in der Verhandlung über das Sorgerecht meiner Enkel deutlich, dass meine Schwiegertochter, ihre Mutter, gar nicht für die Kinder sorgen wollte. Sie wollte lediglich so viel Unterhalt bekommen, wie sie nur konnte. Wir waren auch in der Lage, zweifelsfrei festzustellen, dass sie die Kinder vernachlässigt hat – und zwar ohne dass diese gegen ihre Mutter aussagen mussten.
>
> Mein Sohn erhielt das volle Sorgerecht für die Kinder. Ihre Mutter hat nur ein Besuchsrecht und muss *ihm* Unterhalt zahlen, weswegen sie sehr wütend ist und in die Berufung gehen will. Sie haben alles so vorausgesagt, wie

es eingetreten ist, bis auf die Tatsache, dass meine Schwiegertochter wegen der Unterhaltsregelung in die Berufung gehen will. Aber mein Sohn macht sich darum keine Sorgen, denn er sagt, dabei gehe es nur ums Geld. Viel wichtiger ist für ihn, dass er nun das volle Sorgerecht hat und weiß, dass diese wunderbaren Kinder in einem sicheren, gesunden und glücklichen Zuhause aufwachsen können. (von Linnea)

Liebste Sylvia,
mein Sohn James hat immer sehr zurückgezogen gelebt. Selbst als Kind hat er seine Gefühle für sich behalten und so getan, als ob alles in Ordnung wäre – egal, wie verärgert, enttäuscht oder deprimiert er war. Er war aber auch ein wunderbarer Sohn, sehr fürsorglich und aufmerksam mir gegenüber, und seitdem er von zu Hause ausgezogen war, aufs College ging und geheiratet hatte, verging nicht eine Woche, in der er nicht wenigstens ein- oder zweimal anrief, nur um Hallo zu sagen und zu fragen, wie es mir ging.

Wie Sie wissen, machte ich mir zu dem Zeitpunkt, als ich mein Reading mit Ihnen hatte, Sorgen, weil ich das Gefühl nicht loswurde, dass er sich von mir distanzierte. Ich wusste nicht, was ich getan haben könnte, um ihn von mir wegzustoßen, und wenn ich ihn fragte, ob etwas zwischen uns nicht stimmte, antwortete er mir immer, dass er mich liebte und sich überhaupt nichts verändert hätte, er hätte halt nur viel zu tun. Ich konnte an seiner Stimme hören, dass er wie gewöhnlich seine wahren Gefühle zurückhielt, kam aber nicht weiter. Dies war der Grund, warum ich Sie fragte, ob Sie wüssten, was mit ihm los war.

Sie sagten, er würde mich deshalb meiden, weil ich sehen würde, wie unglücklich und deprimiert er war, wenn ich zu viel Zeit mit ihm verbrachte, und er wollte nicht, dass ich mir Sorgen machte. Seine Frau hackte ständig auf ihm herum, nannte ihn einen Versager, stellte ihn vor seinen Freunden und Kollegen bloß und nutzte die Tatsache aus, dass sie wusste, er würde sich nicht wehren. Sie sagten, sie hätte ihn aufgrund seiner Stabilität geheiratet, nachdem sie sich von einem langjährigen Freund, der sie ausnutzte, getrennt hatte (genau richtig!), und nun schien es so zu sein, als machte sie sich über genau diese Stabilität lustig.

Ich konnte mir nicht vorstellen, dass das stimmen sollte. Ich habe nie irgendetwas in dieser Richtung wahrgenommen. Aber dann besuchte ich ihn an einem Wochenende, an dem er allein war. Zuerst redete ich mit ihm nur über Belanglosigkeiten, und er zeigte mir wie gewohnt seine schöne Fassade, hinter der alles normal war. Er kam mir vor, als wäre er nicht mehr er selbst und dass er das alles nur mir zuliebe tat. Als wir schließlich ruhig auf seiner Veranda saßen, rückte ich direkt mit der Sprache heraus, ohne dass er die Chance hatte, sich zu verstellen: »Fühlst du dich nicht mehr wohl mit J.?« Er sah mich fassungslos an und sagte kein Wort, aber dann fing er plötzlich an zu weinen.

Es stellte sich heraus, dass wir beide genau diese Situation brauchten, in der nichts mehr beschönigt werden konnte. Sobald er mich »eingeweiht« hatte, konnte ich ihm dabei helfen, einen guten Therapeuten zu finden. Wir hatten viele großartige Gespräche, und obgleich er nicht weiß, was aus seiner Ehe werden wird oder was er sich von ihr erhofft, so weiß er doch, dass wir beide es zusammen durchstehen werden, komme was wolle.

Sylvia, ohne Sie und Ihre Ehrlichkeit und Genauigkeit würde mein Sohn bestimmt immer noch unglücklich und deprimiert sein und meine Anrufe meiden, und ich würde immer noch darüber nachgrübeln, was ich wohl falsch gemacht habe. Meine Schwiegertochter wird Ihnen wahrscheinlich kein Dankschreiben zukommen lassen, aber mein Sohn und ich, wir sind Ihnen zutiefst dankbar.
(von Judith)

Vor acht Jahren hatte ich ein privates Reading mit Sylvia. Sie traf mehrere Voraussagen in Bezug auf meine Familie und ich gebe zu, ich war sehr wütend, als ich ihr Büro verließ. Ich hielt all das für pure Vermutungen von einer Frau, die einen schlechten Tag erwischt haben musste, und konnte absolut nichts mit ihren Aussagen anfangen.

Vor zwei Wochen packte ich zusammen mit meinem Mann unsere Sachen für den bevorstehenden Umzug in eine andere Stadt, als ich auf das Tonband des Readings mit Sylvia stieß, das ganz hinten in einer Schublade lag. Ich wusste gar nicht mehr, dass ich es nicht weggeschmissen hatte. Nur um beim Packen etwas zum Hören zu haben, spielte ich es ab und bekam eine Gänsehaut. Jedes Wort der »Vermutungen«, die mich damals zu schockiert hatten, hatte sich in den acht Jahren, die seitdem vergangen waren, bestätigt.

– Sylvia meinte, meine Tochter und mein Schwiegersohn würden einen Sohn haben. Stimmt.
– Sie sagte, das Baby werde drogensüchtig geboren und habe daher viele Gesundheitsprobleme in den ersten beiden Lebensjahren, aber dann werde es sich gut entwickeln. Stimmt.
– Sie sagte, wenn mein Enkelsohn vier Jahre alt sei, werde er bei seinen Großeltern väterlicherseits leben. Stimmt. (Sie erhielten das Sorgerecht, nachdem das Jugendamt ihn meiner Tochter weggenommen hatte. Mein Schwiegersohn war zu jenem Zeitpunkt schon längst verschwunden.)
– Sie sagte, ich werde mit meinem Mann um ihn kämpfen und das Sorgerecht erhalten. Stimmt. Dies ist auch der Grund, warum wir umziehen. (Seine Großeltern väterlicherseits haben inzwischen starke Gesundheitsprobleme, die es für sie unmöglich machen, weiterhin für ihren Enkel zu sorgen.)
– Sie sagte, meine Tochter werde immer mal wieder im Leben meines Enkels auftauchen und dann wieder verschwinden, aber bis sie clean und nüchtern sei, werde sie ihrem Sohn immer wieder die falschen Männer vorziehen, weil sie nicht in der Lage sei, klar zu denken. Stimmt genau.

Ich wundere mich immer noch, warum ich – als all diese Ereignisse nach und nach geschahen – nicht zu mir selbst sagte: »Das kommt mir irgendwie bekannt vor. Wo habe ich das schon mal gehört?« Hätte ich vor acht Jahren besser zugehört, anstatt so eingeschnappt und beleidigt zu sein, dann hätte ich vielleicht mehr voraussehen und mehr »agieren« statt »reagieren« können.

Und wie die Dinge nun mal stehen, kann ich acht Jahre später nur sagen, dass ich heute eine der größten Verehrerinnen von Sylvia bin. Bitte setzen Sie mich wieder auf Ihre Warteliste für ein neues Reading. Ich verspreche Ihnen, dass ich diesmal meine Voreingenommenheit zu Hause lassen werde.
(von Madeline)

Liebe Sylvia,
ich weiß, ich habe mich schon tausendmal bei Ihnen bedankt, als ich nach dem Reading Ihr Büro verließ, aber ich muss Ihnen auch einen Monat später meinen Dank sagen, denn jetzt sehe ich, oder besser gesagt fühle ich, die positiven Veränderungen, die in meinem Leben stattfinden, und dabei höre ich immer Ihre Worte als Inspiration in mir nachklingen.

Ich bin der mit dem Bruder, ich musste lachen, als Sie ihn eine »Parodie des verlorenen Sohns« nannten. Schon sein ganzes Leben lang macht er hauptsächlich Schwierigkeiten, schaffte kaum die Highschool, weil er so viele Partys feierte, trank und kiffte, einen Job nach dem anderen hinschmiss. Er wird für Dinge gefeuert, für die jemand anderes die Schuld trägt, war ein paar Mal in Untersuchungshaft (nicht verurteilt im Gefängnis) und lebt nun wieder bei unseren Eltern. Er arbeitet nicht und behandelt sie wie Sklaven. Ich war ein honorierter Student, machte meinen Magister-Abschluss, habe eine wunderbare Frau und ein Baby und erhielt gerade meine dritte

Beförderung in der Softwarefirma, bei der ich seit fünf Jahren arbeite. Während dieser Zeit habe ich meinen Eltern das Haus gekauft, in dem sie lebten, und ihre beiden Autos. Die Quintessenz: Er war immer der Augapfel meiner Eltern, während ich ständig das Gefühl hatte, es ihnen nie recht tun zu können. Zu dem Zeitpunkt, als ich Sie aufsuchte, war ich die ganze Sache so leid, dass ich drauf und dran war, alles hinzuschmeißen und den Kontakt mit ihnen abzubrechen. Man kann schließlich nicht ewig mit dem Kopf gegen eine Wand laufen, irgendwann fängt es an wehzutun.

Sie erklärten mir, was es mit unseren Lebensplänen auf sich hat, und die Verbindungen aus vergangenen Leben, die unter uns wirksam waren (besonders die zwischen meiner Mutter und meinem Bruder, die in einem vergangenen Leben Bruder und Schwester gewesen waren – Sie glauben gar nicht, wie viele Schuppen mir dadurch von den Augen gefallen sind!). All das öffnete mir die Augen und veränderte mein Leben. Ich sah meine Familie nicht länger aus der begrenzten Perspektive dieses Lebens und teilte alles nicht länger einfach nur in »fair und unfair« ein. Ich sehe jetzt den größeren Prozess, in dem wir alle lernen und wachsen und einander das geben, was wir vom anderen brauchen, auf der Grundlage unseres Lebensplans. Wenn ich begreife, dass die Dynamik zwischen meinen Eltern und meinem Bruder nichts mit mir zu tun hat und ich mir selbst eine hervorragende Situation geschaffen habe, um meine Unabhängigkeit und meinen Erfolg zu genießen, dann fühle ich meine Zuneigung zu diesen Menschen und kann sie ohne Vorbehalte lieben, vielleicht zum ersten Mal in meinem Leben. Ganz zu schweigen von der Erleichterung, nicht länger das Gefühl haben zu müssen, dass ich von meinen Eltern nicht anerkannt werde, obwohl ich so viel für sie tue. In Wahrheit hat alles überhaupt nichts mit mir zu tun.

Ihre spirituelle Betrachtungsweise und Ihre Einsichten haben mir eine Familie beschert, in der ich jedes Mitglied so lieben kann, wie es ist. Dieses Geschenk wird mich bis an mein Lebensende begleiten. Vielen Dank, Sylvia Browne!

(von Damon)

Kinder

Kinder sind die hellsichtigsten Menschen auf diesem Planeten. Daran sollte kein Zweifel bestehen. Tun Sie das, was Kinder tun und sagen, nicht einfach als Fantasiegespinste ab. Entmutigen Sie sie nicht, sich auszudrücken, nur weil ihre hellsichtige Weisheit Sie verwirrt oder, wie ich viele Eltern klagen gehört habe, »sie es einfach nicht mehr hören können«. Kinder können Ihnen ganze Bände über die spirituelle Welt, das Jenseits, vergangene Leben und die Ewigkeit als solche erzählen, wenn Sie ihnen Ihre Aufmerksamkeit schenken und sie dazu anregen, es Ihnen mitzuteilen.

Es gibt eine völlig logische Erklärung für die hellsichtige Empfänglichkeit der Kinder: Sie sind gerade erst aus dem Jenseits angekommen, jener heiligen Dimension, aus der wir alle stammen und zu der wir alle zurückkehren werden, und ihre Erinnerungen sind noch frisch. Sie gingen in der höheren Frequenz des Jenseits geschäftig einem Leben als Seele unter Seelen nach, und noch Jahre nach ihrer Geburt »schwingen« sie gleichzeitig in dieser Frequenz und in der viel tieferen und langsameren irdischen Frequenz. Die Interaktion mit den Bewohnern des Ortes, von dem sie gerade gekommen sind, ist für sie noch natürlich. Wenn also ein Baby eine Stelle mitten in der Luft anstarrt, wo Sie nichts sehen, und anfängt zu kichern und zu brabbeln als Antwort auf Stimmen, die Sie nicht hören, dann sind Sie ein gesegneter Zeuge eines Wiedersehens zwischen dem Baby und einem Besucher aus dem Jenseits. Und wenn ein »imaginärer Spielkamerad« auf der Bildfläche erscheint, können Sie ihm Fragen stellen. Mit fast hundertprozentiger Sicherheit ist der Spielkamerad nicht eingebildet, sondern ein Geistwesen, der Geistführer des Kindes oder, wenn der Spielkamerad unglücklich, verletzt oder in irgendeiner Weise aufgebracht ist, ein Gespenst.

Je mehr Fragen Sie stellen und je genauer Sie den Antworten lauschen, desto mehr können Ihre Kinder Ihnen etwas über die spirituelle Welt, das Jenseits und ihr eigenes ewiges Sein mitteilen. Die einfache Frage »Wo warst du vorher?« oder »Von was hast du gelebt?« kann selbst bei einem sehr jungen Kind eine faszinierende Antwort hervorbringen. Sie schaden sich selbst, wenn Sie glauben, dass das Kind alles nur erfindet.

Auf der anderen Seite müssen Sie keiner schrulligen Hellseherin glauben. Der Schauspieler Blair Underwood hat ein sehr schönes Buch herausgegeben, in dem sich Kinder an vergangene Leben erinnern. Es ist voll von wörtlichen Zitaten und Anekdoten der Kinder selbst. Es heißt *Before I Got Here: The Wondrous Things We Hear When We Listen to the Souls of Our Children* (Bevor ich hierher kam. Die wunderbaren Dinge, die wir erfahren, wenn wir den Seelen unserer Kinder zuhören). Es ist ein bezauberndes Buch, das sich wirklich zu lesen lohnt, besonders wenn Sie glauben, ich würde all das nur erfinden. Um das einmal festzuhalten: Ich kenne Blair Underwood nicht, habe auch nichts mit dem Buch zu tun und bekomme keinen Cent vom Verkauf. Es liefert einfach nur weitere Informationen über mein Lieblingsgebiet, und ich empfehle Ihnen sehr, es sich zu kaufen, allerdings erst dann, wenn Sie dieses Buch zu Ende gelesen haben.

Eine verzweifelte Frau brachte einmal ihre vierjährige Tochter Casey zu mir, die quasi seit dem ersten Tag, als sie sprechen konnte, »verrückte« Dinge von sich gab. Ihre Mutter war zu dem Schluss gekommen, dass ihre Tochter »besessen« war, und sie bat mich, sie zu heilen und zu segnen.

Ich glaube nicht an ein Besessensein, egal in welcher Variante. Die Behauptung, dass eine andere Seele, mit guten oder bösartigen Absichten, den Körper eines anderen ohne dessen bewusste Einwilligung übernehmen kann, ist eine physische und spirituelle Unmöglichkeit. Was auch immer mit diesem Kind los war, »besessen« war es also auf keinen Fall.

Die Mutter fing an, mir ein paar Beispiele für Caseys »Verrücktheit« zu geben, aber ich unterbrach sie, denn ich wollte keine vorgefassten Meinungen hören, bevor ich dieses sichtlich glückliche, strahlende und extrovertierte Kind nicht selbst gefragt hatte. Mit der Erlaubnis ihrer Mutter ging ich allein mit Casey in mein Büro. Ich machte gerade die Tür zu, als die Mutter auf mich zueilte und flüsterte: »Fragen Sie sie nach der Bank in der Nähe von Omas Haus.«

Casey hatte keine Berührungsängste, sie setzte sich in einen Polstersessel und unterhielt sich mit mir wie mit einer alten Freundin. Sie war charmant und sehr gut zu verstehen und hatte ein spontanes, lustiges Kichern. Ich versuchte mir vorzustellen, wie jemand diese Tochter haben konnte, ohne von ihr verzaubert zu sein, geschweige denn denken konnte, dass sie einen Exorzismus brauchte. Aber wie gesagt, ich wollte keine voreiligen Schlüsse ziehen. Nachdem wir uns ein paar Minuten darüber unterhalten hatten, wie sehr wir beide Hunde und Milchreis mochten und wie schön wir das fanden, was die andere anhatte, lenkte ich das Gespräch auf das, wovon ihre Mutter glaubte, es würde mir einen Hinweis auf Caseys grundlegende Störung geben.

»Erzähl mir etwas von der Bank in der Nähe von Omas Haus«, sagte ich.

Sie zuckte nicht mit den Wimpern, und der Tonfall ihrer Stimme gab mir zu verstehen, dass sie froh war, dass ich ihr diese Frage stellte. »Früher war sie ein Lebensmittelladen«, sagte sie. »Draußen hatten sie Orangen und Äpfel und manchmal auch Pfirsiche.«

»Wirklich? Wann war das?«

»Als Mami noch ein Baby war, und ich habe sie immer dorthin mitgenommen.«

»In welcher Beziehung standst du zu ihr? Erinnerst du dich? Warst *du* ihre Mami?«

Sie kicherte, als ob ich gerade völligen Blödsinn geredet hätte. »Nein, ich war ihr *Onkel.* Aber ich wurde im Krieg erschossen. Genau hier, sehen Sie?« Sie zog ihr T-Shirt gerade so weit hoch, um mir ein braunes Muttermal direkt über ihrem Bauchnabel zu zeigen.

Mehrere Minuten später, nach mehreren zwanglosen Fragen und Antworten in dieser Art, übergab ich Casey den sicheren

Händen meiner Mitarbeiter und setzte mich mit ihrer Mutter zusammen.

»Wie war es?«, fragte sie, den Tränen nahe. »Haben Sie irgendeine Vorstellung, was mit ihr nicht stimmt?«

»Ja, ich glaube schon«, erzählte ich ihr. »Ich glaube, nichts von dem, was sie sagt, ist falsch. Sie hat ein sehr gutes Gedächtnis an ihr vergangenes Leben, über das sie Ihnen gerne erzählen würde, wenn Sie sich beruhigen würden und ihr mit einem offenen Geist zuhörten. Und ich glaube, Sie können selbst herausfinden, ob das, was Ihre Tochter sagt, stimmt. Gab es ein Lebensmittelgeschäft in der Nähe des Hauses Ihrer Großmutter, wo sich heute die Bank befindet?«

»Ich habe keine Ahnung«, sagte sie.

»Bringen Sie es in Erfahrung. Und was ist mit Ihrem Onkel, der im Krieg gefallen ist? Wissen Sie davon etwas?«

Sie dachte ein paar Sekunden nach. »Ich denke, ich habe vor Jahren etwas von einem Onkel gehört, den ich nicht gekannt habe, aber ich bin mir nicht sicher.«

»Noch einmal: Finden Sie es heraus! Fragen Sie Ihre Angehörigen. Der eine oder andere wird sich erinnern können.«

»In Ordnung, aber was geschieht dann?«

»Wenn es sich herausstellen sollte, dass es tatsächlich einen Lebensmittelladen gegeben hat und es auch einen Onkel gab, der im Krieg gefallen ist, dann rufen Sie mich an und ich erkläre Ihnen, was für ein besonderes Geschenk Ihre Tochter ist, die Sie für verrückt halten.«

Ein paar Wochen später rief mich Caseys Mutter an. Natürlich hatte es einen kleinen Lebensmittelladen mit einem Obst- und Gemüsestand in der Nachbarschaft gegeben, wo jetzt die Bank war. Und Carl, der Onkel von Caseys Mutter und Bruder von ihrem Vater, war im Zweiten Weltkrieg gefallen. Offiziellen militärischen Aufzeichnungen zufolge hatte er einen Bauchschuss erlitten und war auf der Stelle tot gewesen.

Es war nicht einfach, das können Sie mir glauben, dieser Frau dabei zu helfen, in ihrer Tochter nicht länger die »Verrückte«, sondern die »Wiedergeburt meines Onkels« zu sehen. Aber schließlich gelang es mir, denn sie hatte auch keine bessere Erklärung für die Informationsfülle, die sie von ihrem Kind erhielt. Es war nicht leicht, ihr klar zu machen, dass Caseys Erinnerungen an ihr vergangenes Leben und ihre damalige Beziehung zueinander nichts Ungewöhnliches war und ihr keine Angst zu machen brauchte. Im Gegenteil, sie und der Rest der Familie konnten viel daraus lernen, und es gab sogar ein Wiedersehen mit einem verstorbenen Verwandten zu feiern, wenn sie dem kleinen Mädchen einfach nur Fragen stellten und davon ausgingen, dass es genau wusste, wovon es sprach.

Und was Caseys Muttermal anbelangte, so war auch dies keine ungewöhnliche Verbindung zu einem früheren Leben. Ich studiere Muttermale schon seit Jahrzehnten und wurde dabei sehr von einem befreundeten Neurologen unterstützt (wir schickten uns oft gegenseitig Klienten). Er war davon überzeugt, dass Muttermale nicht nur eine willkürliche Pigmentation darstellten und genetisch begründet werden konnten, aber ihm war nicht klar, was für eine andere Bedeutung sie noch haben konnten, und daher bat er mich, meine Aufmerksamkeit auf dieses Phänomen zu richten und ihn anzurufen, wenn ich irgendetwas herausgefunden hätte.

Ich hatte Muttermalen zuvor nie große Aufmerksamkeit geschenkt und war auch nicht besonders neugierig gewesen, mehr über sie zu erfahren, doch ich erklärte mich bereit, ihm zu helfen, sofern ich dies konnte. Ich vergaß das Ganze prompt, bis ich Wochen später einen Klienten unter Hypnose in ein vergangenes Leben zurückführte. Dieser Klient erzählte mir von seinem letzten Leben, in dem er durch eine Messerwunde auf der Rückseite seines rechten Beins, knapp unterhalb des Knies, verblutet war. Die Genauigkeit, mit der er die Verletzung beschrieb, brachte mir die Erinnerung an die Bitte meines neurologischen Freundes ins Bewusstsein. Als mein Klient also wieder »wach« war, fragte ich ihn, ob er zufällig irgendwelche Muttermale habe. Ja, sagte er und schob sein Hosenbein hoch. Er zeigte mir ein rotbräunliches, fast rechteckiges Muttermal ein paar Zentimeter unterhalb von seinem rechten Knie.

Nachdem ich noch ein paar weitere Muttermal-»Experimente« durchgeführt hatte, war ich mir sicher genug, um den Neurologen anzurufen und ihm mitzuteilen, dass ich vielleicht etwas für ihn hätte. Meine Beobachtungen hatten ergeben, dass etwa neun von zehn Klienten eine Markierung auf der Haut hatten, die mit einer ernsthaften oder tödlichen Verwundung in einem früheren Leben übereinstimmten, an die sie sich während einer Hypnoserückführung erinnerten. Dieser Zusammenhang macht total Sinn, wenn man sich die Funktionsweise des Zellgedächtnisses anschaut, um die es in Kapitel 9 gehen wird.

Wenn Sie es also aus irgendeinem Grund unangenehm finden, Ihr Kind zu fragen: »Wo warst du, bevor du hierher gekommen bist?« oder »Haben wir beide schon einmal miteinander zu tun gehabt?«, um seine Erinnerungen an ein vergangenes Leben wachzurufen, dann sollten sie nicht zögern, auf sein Muttermal hinzuweisen, wenn es eins hat. Zeigen Sie einfach darauf und fragen Sie: »Was ist hier geschehen?«

Lehnen Sie sich dann zurück und lauschen Sie einem weiteren Beweis für die Unsterblichkeit der Seele, der mit völliger Selbstverständlichkeit aus dem Mund Ihres kleinen Jenseitsexperten zu diesem speziellen Thema fließen wird.

In den 50 Jahren, in denen ich jetzt schon Readings gebe, habe ich viel über Eltern und ihre Kinder erfahren. Eine kleine Auswahl dieser Erfahrungen finden Sie hier, in den Worten meiner Klienten, und weitere Berichte in dem Kapitel über Heilungen. Meine Klienten beschreiben ihre Erfahrungen wortgewandter, als ich es mir jemals erhoffen konnte. Genießen Sie das, was sie mitzuteilen haben. Oder noch besser, lassen Sie sich von ihnen dazu inspirieren, Kinder als die hellsichtigen, weisen und spirituellen Wesen zu betrachten, die sie in Wirklichkeit sind.

> Hier ist eine kurze Geschichte aus meinem Reading mit Sylvia, die ich nie vergessen werde. Als meine Tochter drei oder vier Jahre alt war, fragte sie mich mehrmals in der Woche, wer die Frau neben der Vitrine im Esszimmer sei. Ich sah natürlich niemanden neben der Vitrine im Esszimmer, und so nahm ich an, dass es nur ein Spiel von ihr gewesen war. Ich sagte daher immer, dass ich es nicht wisse, und machte mir keine weiteren Gedanken darüber.
>
> Zufällig erwähnte ich den Vorfall während meines Readings, und Sylvia sagte sofort: »Das war ihre Geistführerin. Ihr Name ist Elsa.«
>
> Ich hatte bislang noch nicht die Gelegenheit, es Ihnen zu sagen, aber immer, wenn mich meine Tochter nach der Frau neben der Vitrine im Esszimmer fragte, fragte sie auch gleichzeitig: »Wer ist Elsa?«
> (von Anita)

An Sylvia und ihre Mitarbeiter:
Der beiliegende Scheck ist ein kleines Dankeschön für ein kostenloses und sehr erfolgreiches »Reading« von Sylvia, ohne dass ich sie traf oder über Telefon ihre Stimme hörte.

Ich bewundere Sylvia schon seit vielen Jahren, und als ich mit meinem ersten Kind (das inzwischen acht Monate alt ist) schwanger war, las ich *Die Geisterwelt ist nicht verschlossen* und fühlte mich sehr inspiriert. Mein Mann und ich sind mit einem wunderschönen, gesunden, blondhaarigen Mädchen mit grünen Augen gesegnet, für das wir Gott jeden Tag danken.

Es gab allerdings ein Problem mit ihr, das uns richtig Angst machte. Als wir Vanessa das erste Mal baden wollten, begann sie in dem Moment zu schreien, als das Wasser ihre Haut berührte. Es war kein wütendes »Ich-mag-nicht-gebadet-werden«-Geschrei und auch kein schläfriges und gereiztes »Ich-habe-darauf-jetzt-keine-Lust«-Schreien. (Wir kennen inzwischen den Unterschied.) Es war, als würde sie gefoltert und litte Todesqualen. Natürlich überprüfte ich gleich die Wassertemperatur, aber sie war in Ordnung. Schließlich nahm ich einen Schwamm, um sie zu beruhigen, aber auch das schien nicht zu helfen. Und ihr Verhalten war das gleiche, auch nach dem zweiten, dem dritten, dem fünften und dem zehnten Badeversuch. Ihre Reaktion war sehr merkwürdig, weil sie sonst ein gutartiges, fröhliches Baby war.

Wir waren außer uns. Freunde und Familienmitglieder gaben uns viele Ratschläge, von denen keiner das gewünschte Resultat brachte. Sie versuchten sie sogar selbst zu baden, aber ebenfalls ohne Erfolg. Wir waren mehr als einmal mit ihr beim Arzt, und obwohl er es mit seinen eigenen Augen sah, konnte er nichts feststellen und war genauso ratlos wie wir.

Wie bereits erwähnt, hatte ich *Die Geisterwelt ist nicht verschlossen* gelesen, und da mir nichts mehr einfiel, was ich ausprobieren konnte (und ohne es meinem Mann zu erzählen, der mein Vorhaben bestimmt niemals unterstützt hätte), griff ich schließlich Sylvias Vorschlag aus dem Buch auf und fing an, mit Vanessa zu sprechen, während sie schlief. Es war offensichtlich, dass ich meine Tochter nicht einfach fragen konnte, aber ich dachte, vielleicht war sie in einem vergangenen Leben ertrunken oder mit Wasser gefoltert worden oder was auch immer, denn niemand konnte sich auf ihr Verhalten einen Reim machen.

Ich nahm Sylvias Aussage ernst, dass meine kleine Tochter zwar nicht verstehen würde, was ich sagte, wohl aber ihre uralte Seele. Und so stand ich an ihrem Bettchen, bis sie mittags oder abends eingeschlafen war. (Ich war dabei unerbittlich.) Und sobald ich die Gewissheit hatte, dass sie fest eingeschlafen war, las ich ihr aus Sylvias Buch vor:

Mein liebes Kind! Ich bin selig, dass du mich als Hüterin und Erzieherin deines heiligen Geistes, der ein neues Leben auf Erden beginnt, ausgesucht hast. Ich verspreche dir, mir von Herzen alle Mühe zu geben, dass du sicher, gesund, glücklich und mit Gott verbunden bleibst, der dich erschaffen hat und bei jedem Atemzug in dir lebt. Ich wünsche dir, dass du alle Freude und Weisheit aus deinem früheren Leben behältst, und dass Kummer, Angst, Krankheiten und Negatives aus deinem vergangenen Leben für immer vergehen und sich im weißen Licht des Heiligen Geistes auflösen.

Während ich dies schreibe, habe ich Tränen in den Augen. Ich weine aus Ehrfurcht, Dankbarkeit, Erleichterung und vielleicht auch ein wenig Ungläubigkeit, denn nur nach vier Tagen, in denen ich ihr die Worte immer wieder, während sie schlief, vorgelesen hatte, habe ich ein kleines Mädchen, das keinen Laut mehr von sich gibt, wenn ich sie ins Wasser halte. Und mehr noch: Seit diesem Zeitpunkt scheint sie das Baden richtig zu genießen.

Ich habe dieses »Geheimnis« zwei Freundinnen offenbart und schenkte einer von ihnen ein Exemplar von *Die Geisterwelt ist nicht verschlossen* zur Geburt ihres Kindes. Ich habe das Ganze meinem Mann noch nicht erklärt. Er hält seine Neugier zu erfahren, wie ich es geschafft habe, fast nicht mehr aus, aber ich glaube, ich gebe ihm einfach nur das Buch und lasse es ihn selbst lesen. Wenn er lacht, dann zeige ich auf unsere Tochter, die vergnügt in ihrer kleinen Badewanne spielt, und frage ihn, ob er auch darüber lachen würde.

Wenn ich Ihnen einen »gedeckten« Scheck ausstellen könnte, der zehnmal oder hundertmal so hoch wäre, dann würde ich das mit großem Vergnügen tun, und er wäre es wert. Ich weiß, Sie werden das Geld jemandem geben, der es wirklich braucht. Vielen Dank noch einmal für mein friedfertiges Baby und das »Reading ohne Warteliste!«
(von Teri)

Ich habe das Privileg einer langen und spirituell sehr anregenden Beziehung zur Make-A-Wish-Foundation. Durch sie bin ich in Kontakt mit Kindern gekommen, die für immer zu den Personen zählen werden, welche mir am meisten beigebracht und mich am meisten inspiriert haben.

Zu Ehren aller Make-A-Wish-Kinder und ihrer Familien sowie aller Organisatoren und Mitarbeiter der Make-A-Wish-Foundation möchte ich an dieser Stelle einen Brief abdrucken, der Ihnen einen guten Einblick in die auf Gott ausgerichtete Weisheit der kindlichen Seele geben wird. Ich werde Pseudonyme anstatt der richtigen Namen benutzen, um die Privatsphäre dieser wunderbaren Familie zu schützen. Ich möchte ihr an dieser Stelle meine Liebe ausdrücken und ihr sagen, dass ich sie nie vergessen werde.

Liebe Sylvia,
Sie haben in den vergangenen Tagen ein paar Mal mit meinem Bruder Gary gesprochen, und ich wollte mich auch in seinem Namen und im Namen meiner Mutter dafür bedanken.

Ich weiß nicht, ob mich Gary Ihnen gegenüber schon erwähnt hat, aber ich heiße Louise und bin 19 Jahre alt und würde absolut alles für meinen Bruder tun. Als er nach einer Reihe schrecklicher Tests aus dem Krankenhaus kam und die Ärzte ihm sagten, dass er gelähmt sein werde und nur noch eine begrenzte Lebenszeit habe, wusste ich, dass ich etwas unternehmen musste. Ich konnte nicht aufhören zu weinen und war am Boden zerstört, dass sein vierjähriger Kampf gegen den Krebs ihn in diese Situation gebracht hatte.

Er aber erzählte mir nur, dass alles gut werde und dass das Jenseits so ein wunderschöner Ort sei, wo er keine Schmerzen haben und wirklich glücklich sein werde. Ich weiß nicht, ob ich jemals so stark sein könnte, aber er ist es immer gewesen. Er ist etwas Besonderes.

Meine Aufgabe war es von nun an, Ihre Bücher zusammen mit Gary und meiner Mutter zu lesen und zu versuchen, genauso stark zu werden wie er. Als die Schmerzen schlimmer wurden und sein Vertrauen immer stärker, wusste ich, dass ich etwas tun musste. Ich rief bei der Marty Lyons Foundation an, um herauszufinden, ob es überhaupt möglich war, dass Gary mit Ihnen sprechen konnte, und nach ein paar weiteren Telefongesprächen sagten sie Ja!

Gary wusste die ganze Zeit über nichts davon, erst ein paar Stunden, bevor Sie anrufen würden, erzählte ich ihm davon. Das erste Mal erlebte ich ihn sprachlos und völlig begeistert. Sie bedeuten ihm so viel, ich wünschte, Sie wüssten, wie sehr Sie ihm (und meiner Familie) geholfen haben, mit dieser schrecklichen Krankheit fertig zu werden.

Nach dem ersten Gespräch mit Ihnen konnte er seine Beine wieder bewegen, die er schon seit einem Monat oder länger nicht mehr bewegt hatte. Wir waren alle hocherfreut und dankbar, ich finde kaum die richtigen Worte, um das zu beschreiben, was wir fühlten.

Ihre Gebete bedeuten Gary so viel. Er strahlt bei dem Gedanken, dass Sie, Sylvia Browne, mit ihm sprechen und für ihn beten.

Meine Mutter, mein Bruder und ich danken Ihnen

und Francine dafür, dass Sie uns so viel Hoffnung und Spiritualität gegeben haben. Wir haben Sie dafür in unser Herz geschlossen.

Nochmals vielen, vielen Dank.

Louise

Einen Monat, nachdem Louise diesen wunderschönen Brief geschrieben hatte, ging mein Freund Gary nach Hause. Es gibt keine zufriedenere und glücklichere Seele im Jenseits.

An seine Schwester und Mutter: Ihr beide ruht ebenfalls in meinem Herzen.

Haustiere

Meine Großmutter pflegte zu sagen: »Trau niemandem, der keine Tiere mag.« Diese Regel hat mir das ganze Leben lang gute Dienste geleistet. Und wirklich, wenn ich herausfinde, dass jemand keine Tiere mag, dann trifft mich das genauso, als würde ich herausfinden, dass jemand auf Kinderpornografie abfährt. Ich kann nicht schnell genug das Weite suchen.

Es ist nicht meine persönliche Meinung, sondern eine Tatsache: Tiere gehören zu den vollkommensten Geschöpfen Gottes. Ihre Spiritualität ist reiner und entwickelter als unsere, und deshalb müssen sie auch nicht wiedergeboren werden. Sie kommen einmal auf die Erde und sind neben den Engeln die Wesen, die am engsten mit uns leben. Wenn sie diesen Planeten verlassen, sind sie von einem Moment auf den anderen zurück im Jenseits. Wo sie ewig als die heiligen Wesen gefeiert werden, die sie sind.

Sie sollten auch nicht einen Augenblick daran zweifeln, dass jedes Tier, das Sie jemals geliebt und verloren haben, im Jenseits auf Sie wartet und dass ihre kraftvollen Seelen Sie immer noch besuchen und über Sie auf der Erde wachen. Ich sage es nicht zum ersten Mal, und glauben Sie nicht, ich würde es nur so aus Spaß sagen, aber wenn es im Jenseits keine Tiere gäbe, dann würde ich dort sein wollen, wo sie sind. Wenn einer meiner geliebten Hunde stirbt, liebe ich es, mir vorzustellen, wie wir am Ende des Tunnels in die Glückseligkeit des Jenseits eintreten und die Menschen, die dort versammelt sind, um uns zu begrüßen, warten müssen, bis sie an der Reihe sind. Es scheint, als ob jedes Haustier, das Ihnen jemals in all den Leben, die Sie auf der Erde gelebt haben, gehörte, in der ersten Reihe steht, ein Meer freudigen Springens, um uns mit der gleichen bedingungslosen Liebe zu begrüßen, mit der sie uns beehrt haben, als sie noch hier bei uns waren.

Was die Besuche aus dem Jenseits von verstorbenen Haustieren anbelangt, so habe ich meine Klienten früher ständig ermahnt, einfühlsam zu sein und darauf zu achten, ob sie Besuch von ihren Haustieren bekommen. Da ich den Kummer kenne, wenn diese von uns gehen, liegt mir viel daran, dass auch meine trauernden Klienten den Trost erfahren, den diese Besuche bringen können.

Aber ich sagte bewusst »früher«, denn schließlich musste ich, eine weltberühmte Hellsichtige, die *ständig* im Kontakt mit der geistigen Welt ist, mir eingestehen, dass auch ich selbst nicht alle Besuche mitbekam, und seitdem bin ich mit meinen Klienten nicht mehr so ungeduldig.

Vor vielen Jahren untersuchte ich zusammen mit einem Forscherteam ein Spukgeschehen in einer alten viktorianischen

Villa in New England. Nachdem wir angekommen waren, durchforschten wir wie gewohnt das ganze Haus mehrere Stunden lang. Danach teilten wir uns auf und jeder konzentrierte sich auf ein bestimmtes Zimmer. Meinen getreuen Kassettenrekorder in der Hand, kümmerte ich mich um das Schlafzimmer, von wo dem Hauseigentümer zufolge der Großteil der paranormalen Aktivitäten seinen Ursprung nahm. Ich entfernte die Plastikfolie einer neuen, unbespielten Kassette, steckte diese in den Rekorder, drückte auf »Aufnahme« und wartete stundenlang in völliger Stille, dass etwas passieren würde.

Am nächsten Vormittag trafen wir uns, verglichen unsere Aufzeichnungen und spielten die Aufnahmen ab, die wir in den verschiedenen Zimmern gemacht hatten. Niemand hatte etwas herausgefunden, das auf die Aktivität eines Geistwesens oder eines Gespenstes hindeutete, und nachdem wir eine Kassette nach der anderen abgehört hatten, wuchs in uns die Überzeugung, dass das Haus keine Geisteraustreibung, sondern eine gründliche Renovierung bräuchte, weil es überall sehr zugig war.

Um unseren Entschluss noch zu bekräftigen, legte ich schließlich auch meine Kassette in den Rekorder und drückte auf »Wiedergabe«. Auch in meinem Zimmer hatte ich die ganze Nacht hindurch, in der ich hellwach war, nur stundenlanges, sich quälend hinziehendes Schweigen vernommen.

Der Schock konnte also nicht größer sein, als wir zusammen der Kassette lauschten, auf der wir klar ein entferntes, unnachgiebiges, aggressives Bellen hörten, das von einem sehr großen Hund stammen musste.

Das war doch unmöglich. Die Kassette, die ich benutzt hatte, war nagelneu und verpackt gewesen, es war also ausgeschlossen, dass wir ein Bellen hörten, das schon vorher aufgenommen worden war. Zufälligerweise habe ich ein sehr gutes Gehör. Mir wäre ein so offensichtliches Bellen, das das Gerät aufgezeichnet hatte, mit Sicherheit nicht entgangen.

Meine Kollegen und ich waren nicht bereit, das Ganze einfach nur achselzuckend zur Kenntnis zu nehmen, denn wir gehören nicht zu den Menschen, die zum Schluss ihrer Nachforschungen lapidar feststellen: »Irgendetwas ist zwar nicht in Ordnung, aber ich habe keine Ahnung, um was es sich handelt – viel Glück also und noch einen schönen Tag.« Wir nahmen uns also auf der Stelle das Haus noch einmal vor. Einer von uns sprach mit dem Besitzer, und die anderen klapperten die Nachbarschaft ab. Selbst der örtlichen Polizeistation statteten wir einen Besuch ab, denn Polizisten fuhren regelmäßig in der Umgebung des Hauses Streife. Unsere Nachforschungen erbrachten das folgende Ergebnis: In den fünf Jahren, in denen der Besitzer nun schon in dem Haus lebte, hatte er noch nie einen Hund bellen gehört. Weder die Nachbarn noch die Polizisten hatten in der vergangenen Nacht etwas gehört und konnten sich auch nicht daran erinnern, jemals etwas gehört zu haben.

Schließlich wendete ich mich an die einzige Person, die Licht ins Dunkel bringen konnte – ich fragte Francine, woher das unmögliche Bellen auf dem Tonband stammte.

»Das war deine Bulldogge«, sagte sie. »Der Rüde war dein ständiger Begleiter, als du in England gelebt hast, und er beschützt dich in diesem Leben, wenn er weiß, dass du dich nicht sicher fühlst.«

Erinnere ich mich an eine Bulldogge aus einem früheren Leben? Nein. Zweifle ich an Francines Erklärung? Nicht eine Sekunde lang. Wenn Sie jemals einen Hund hatten, den Sie geliebt haben, dann haben Sie, ebenso wie ich, kein Problem damit, dass die Loyalität unserer Haustiere genauso ewig ist wie ihre Zuneigung zu uns.

Seit jener Erfahrung habe ich mich immer wieder gewundert, warum ein Klient die offensichtlichen Lebenszeichen eines gestorbenen Haustieres, das ihn besuchen kommt, nicht wahrnimmt. Aber wenn ich das stundenlange Bellen einer Bulldogge nicht erkenne, bin ich die Letzte, die mit Steinen werfen darf.

Wie Kinder, die noch jahrelang mehr in der geistigen Welt als in unserer leben, sind Tiere die Lebewesen auf der Erde, die über eine natürliche Hellsichtigkeit verfügen. Wenn Ihnen die intuitiven Überlebens- und Kommunikationsfähigkeiten der Tiere nicht als Beweis ausreichen, dann beobachten Sie diese in Ihren eigenen vier Wänden, wenn ein verstorbenes Familienmitglied zu Besuch kommt. Sie bellen »die Luft an« und wedeln mit dem Schwanz, sie machen einen Buckel und stellen ihr Fell auf oder sie fangen »ohne Grund« an zu schnurren, breiten ihre Flügel aus und kreischen ins »Nichts«. Wenn wir nicht merken, was vor sich geht, schimpfen wir und sagen ihnen, sie sollen ruhig sein, anstatt ihnen dafür zu danken, dass sie uns darauf aufmerksam machen, dass jemand, den wir lieben, gekommen ist, um Hallo zu sagen.

Liebe Sylvia,
Sie erzählten mir, dass meine Mutter bald aus dem Jenseits kommen werde, um mich zu besuchen. Meine Mutter werde mir ein Zeichen geben, indem sie »etwas mit einem Bild oder Foto machen werde«.

Wenn Ihr Büro um zwei Uhr nachts besetzt gewesen

wäre, dann hätte ich bestimmt angerufen, so aufgeregt war ich, Ihnen dies mitzuteilen. Ich war mitten im Schlaf, als mein kleiner Bichon Spanky mich weckte, weil er wie verrückt im Wohnzimmer bellte. Er bellt eigentlich nie, es sei denn, irgendetwas Außergewöhnliches gibt ihm den Grund dazu. Ich stand also auf, um nachzusehen, wo das Problem lag. Spanky tanzte freudig im Kreis herum, wedelte wie verrückt mit dem Schwanz (Sie erzählten mir, Sie hätten auch einen Bichon, und so können Sie sich sein Verhalten bestimmt gut vorstellen) und hörte gar nicht wieder auf zu bellen. Ich befahl ihm, damit aufzuhören, aber er ignorierte mich total (ich wiederhole, er ist ein Bichon) und führte seinen Solotanz fort. Dann stolzierte er, immer noch wedelnd, zur Haustür, wobei er zur linken Seite hochschaute, so als ob er einem großen imaginären Freund folgen würde. Nach einem kurzen Moment an der Tür beruhigte er sich wieder, die ganze Aufregung schien vorbei zu sein. Er ging zurück zu seinem Körbchen, rollte sich zusammen und schlief wieder ein.

Ich kenne diesen Hund sehr gut. Er ist sechs Jahre alt und war vier Monate, als ich ihn bekam. Da ich zu Hause arbeite, sehen wir beide uns ständig. Wenn ich sage, dass er so etwas nie zuvor getan hat, dann meine ich damit, dass er nie etwas getan hat, was auch nur andeutungsweise in diese Richtung ging. Ich hatte ein sonderbares Gefühl und ging zur Haustür, um nachzusehen, ob die Tür auch sicher verschlossen war. Da Spanky inzwischen schon wieder zufrieden eingeschlafen war, ging auch ich zurück ins Schlafzimmer.

Auf dem Weg dorthin schaute ich mich um und bemerkte, dass von den sechs eingerahmten Fotos auf dem Klavier eins umgefallen war. Ich bin mir sicher, dass Sie das nicht weiter wundern wird, aber ich hielt vor Überraschung die Luft an, als ich es wieder aufstellte und dabei sah, dass es das eingerahmte Bild meiner Mutter war. Ja, vielleicht war jemand im Vorbeigehen gegen das Klavier gestoßen und es war zufällig umgefallen. Aber von sechs identischen Rahmen sollte nur das Bild mit meiner Mutter umfallen, während die fünf Bilder von anderen Familienmitgliedern stehen blieben? Auf dem Klavier standen außerdem vier Geburtstagskarten, die jedes Mal herunterfielen, wenn jemand nur schnell am Klavier vorbeilief, und auch sie waren unberührt. Es tut mir leid, aber an dieser Stelle komme ich mit meinem logischen Verstand nicht weiter. Wenn die Gesetze der Physik und der Schwerkraft aufgehoben zu sein scheinen, bin ich erledigt.

Ich weiß, dass Sie gesagt haben, dass meine Mutter mich bald besuchen wird, und sie würde sich durch ein Bild oder Foto zu erkennen geben. Spanky hatte offensichtlich im Wohnzimmer eine gute Zeit mit jemandem, den er kannte und zur Tür begleitete. Das Einzige, was sich im Wohnzimmer und im ganzen Haus verändert hatte, nachdem die Person gegangen war, war das Foto meiner Mutter, das umgefallen war.

Niemand wird mir jemals ausreden können, dass Spanky und ich an diesem frühen Morgen mit einem speziellem Besuch gesegnet worden sind, und ich danke Ihnen, Sylvia, dass Sie mich rechtzeitig in »Alarmbereitschaft« versetzt haben.

(von Glennis)

Ich war am Boden zerstört, als der eine meiner beiden Golden-Retriever-Zwillinge plötzlich starb. Sylvia sagte, ich solle gut auf den anderen Zwilling Acht geben, weil Sheba den Geist ihres Zwillingsbruders im Hof rennen und spielen sehe, so als ob er immer noch da wäre. Ich dachte: »Sheba kann ihn sehen und ich nicht? Das ist unfair.«

Zwei Tage später war ich in der Küche und bereitete hinter dem Fenster das Abendessen vor. Plötzlich sah ich in meinem Augenwinkel im Hof ein goldenes Etwas vorbeilaufen. Ich dachte nur, dass Sheba dort draußen hinter den Eichhörnchen herlief, wie sie es oft tat (ohne jemals eines auch tatsächlich zu fangen), bis ich eine Minute später ins Esszimmer ging und sah, wie Sheba dort schlief.

Ich glaube, für jene Momente wurde der Begriff »Freudentränen« geschaffen. Ich weckte Sheba auf und sagte: »Komm, lass uns nach draußen gehen, dein Bruder ist da.«

Etwas Wunderbares hatte sich ereignet. Bislang habe ich ihn noch nicht wiedergesehen. Bislang. Aber ich weiß, dass ich ihn wiedersehen werde. Ich weiß, er ist auch wegen seiner Schwester hier, und das macht mich sogar noch glücklicher.
(von Sydney)

Liebe Sylvia,
ich weiß, wie sehr Sie Tiere lieben und dass Sie selbst viele Hunde haben. Als ich eine schnelle medizinische Entscheidung in Bezug auf meinen neuen Welpen Coach treffen musste und die Prognose meines Tierarztes so düster war, dachte ich sofort daran, Ihr Büro anzurufen.

Um Ihre Erinnerung aufzufrischen, Coach wurde von

dem Rottweiler meines Nachbarn angefallen. Fairerweise muss man sagen, dass der Rottweiler mit ihm spielen wollte, aber ein 60 Kilogramm schwerer Hund stürzte sich plötzlich auf einen 3 Kilogramm schweren Welpen, was dazu führte, dass die Hinterläufe von Coach gelähmt sind. Mein Tierarzt empfiehlt, ihn einzuschläfern, aber dieser Gedanke war für mich unerträglich, es sei denn, es gäbe keinen anderen Ausweg.

Ein Mitarbeiter von Ihnen rief mich in weniger als einer Stunde zurück und teilte mir Ihren Rat mit: Bringen Sie Coach zu einem orthopädischen Chirurgen in Los Angeles (ich lebe in der Gegend von Los Angeles), dessen Namen und Telefonnummer ich von Ihrem Büro erhielt. Mein Hund habe eine Bandscheibenverletzung, die operiert werden könne! Für den Fall, dass der Chirurg die Prognose teilte und die notwendige Operation erfolgreich war, gaben Sie mir auch gleich den Namen und die Telefonnummer eines Rehabilitationszentrums für Tiere in L. A., genannt »Two Hands, Four Paws«, wo Coach nach der Operation eine Physiotherapie erhalten konnte. Ich wusste noch nicht einmal, dass es so eine Einrichtung überhaupt gab!

Coach hatte tatsächlich eine Bandscheibenverletzung. Die Prognose sah jedoch gut aus, wenn wir ihn in den nächsten 24 Stunden operieren würden, was wir natürlich taten. Der Chirurg kannte Leslie von »Two Hands, Four Paws«. Er rief sie an und bat sie, Coach bei seiner Genesung zu helfen.

Ich wollte Ihnen nur mitteilen, dass der vier Monate alte Welpe, wegen dem ich Sie angerufen hatte, nun ein

verspielter und sich sehr gut entwickelnder elf Monate alter Welpe ist, an dem mein ganzes Herz hängt. Ich verdanke das alles Ihnen, Ihrem Mitgefühl, Ihrer unglaublichen Fähigkeit und Ihren Mitarbeitern. Ich kann nur ahnen, wie viele Notrufe täglich in Ihrem Büro eingehen, und daher stehe ich tief in Ihrer Schuld, dass Sie Coach und mir solch eine Priorität gegeben haben.
(von Cara)

Meine liebe Sylvia,
ich weiß nicht, wie ich es verdiene, von Ihnen mit solch einer Liebenswürdigkeit behandelt zu werden – vielleicht habe ich Sie im vergangenen Leben auf meinen Schultern auf der Flucht vor den Nazis über die Alpen getragen oder so ähnlich. Aber Sie gaben mir mehr Trost und Erleichterung im Hinblick auf die letzte Nacht meines geliebten Katers, als ich Ihnen jemals zurückzahlen kann. Wie ich Ihnen erzählt habe, war er zwei Monate alt, als ich ihn adoptierte, und als er starb, hatte er fast 18 Jahre auf dem Buckel. Er hatte also ein langes glückliches Leben und ich hatte all diese Jahre, in denen mich seine wunderschöne Gegenwart entzückte und mein Leben dadurch bereichert war, dass ich ihn liebte und von ihm geliebt wurde.

Seit er nicht größer als meine Hand war, war er immer sehr anhänglich gewesen. Bis zu seiner letzten Nacht hatte er sich niemals zuvor auf meinem Kopfkissen ausgestreckt, um meinen Kopf zu berühren, oder auf meiner Brust gelegen, um seine kleine kalte Nase auf mein Gesicht zu legen. In den Stunden, bevor er starb, zeigte er mir unaufhörlich und wie nie zuvor seine Zuneigung, sodass ich mir schon Sorgen machte und glaubte, er habe Schmerzen und flehe mich um Hilfe an.

Als Sie mir versicherten, dass er mir einfach nur seine Liebe zeigte und meine empfing, in Vorbereitung seiner bevorstehenden Reise ins Jenseits zu Gott, fühlte ich mich nicht nur für einen Augenblick besser, weil ich genau das hören wollte. Obwohl ich keine spirituelle Person bin, höre ich Ihre Worte und weiß, dass sie die Wahrheit bedeuten. Dank Ihnen gibt es mitten in meinem Kummer einen großen Frieden. Ich bin froh, dass ich Sie kenne, und stehe tief in Ihrer Schuld.
(von Marion)

5

Nahestehende Verstorbene

Das wichtigste Thema meiner Klienten ist ohne Zweifel die Gewissheit, dass eine geliebte Person nach ihrem Tod nicht aufhört zu existieren, sondern gesund und glücklich im Jenseits lebt und ab und zu auf Besuch kommt.

All diese Dinge gibt es natürlich, und die absolute Sicherheit dieser Tatsache kann den bodenlosen Schmerz lindern, einen geliebten Menschen verloren zu haben. Kein anderes Leid kann diesem Schmerz das Wasser reichen. Ich weiß auch, jenseits von allem Zweifel, dass wir den Teil unseres Kummers überwinden können, der in der Sorge besteht, ob es der geliebten Person gut geht. Mit ganz seltenen Ausnahmen kehren alle zu einem blühenden und glücklichen Leben im Paradies zurück, und sie besuchen uns häufiger, als wir uns dessen überhaupt bewusst sind. Wir können uns unsere Tränen, unsere Schmerzen und unsere Gebete getrost für uns selbst und für diejenigen aufheben, die einen Verlust zu verkraften haben, und auf produktive Weise Frieden mit der Erkenntnis schließen, dass wir immer noch hier sind. Und weil wir immer noch auf der Erde sind, haben wir offensichtlich noch ein paar Dinge zu erledigen, bevor es für uns an der Zeit ist, zurück ins Jenseits zu gehen.

Im Nachfolgenden möchte ich auf die seltenen Ausnahmen eingehen, jedoch nicht, damit Sie sich noch mehr Sorgen machen, sondern um das zu klären, was häufig zu Verwirrungen führt.

Orientierung, Cocooning und die Türme

Das Jenseits ist bekanntlich keine grenzenlose Wolkenlandschaft, sondern ein sehr realer Ort, ein unglaublich schönes Spiegelbild der irdischen Topografie und Architektur in Vollendung. Es befindet sich ungefähr einen Meter über der Erdoberfläche. Ich habe diese Welt ausführlich in meinem Buch *Jenseits-Leben* beschrieben und verkneife mir an dieser Stelle eine ausführlichere Darstellung, weil ich sonst Gefahr laufe, dass mein Lektor handgreiflich wird.

Wir wünschen uns alle einen friedvollen, glücklichen Übergang ins Jenseits und können alle darauf bauen, dass wir in Gottes sicheren Armen ein erfülltes Leben in glückseliger Freude führen werden, sobald wir zu Hause im Jenseits angekommen sind. Der Übergang verläuft allerdings nicht immer reibungslos, aber die geistige Welt ist darauf vorbereitet und entsprechend ausgerüstet. Verzögerungen im Prozess des Übergangs sind manchmal die Ursache dafür, dass Verstorbene erst so spät den Hinterbliebenen ein Lebenszeichen von sich geben.

Wenn der Tod sehr plötzlich eintritt, kann es *gelegentlich* vorkommen, dass eine Seele sehr verwirrt und ängstlich ist, wenn sie im Jenseits ankommt, weil sich ihr Seinszustand schlagartig verändert hat. Diese Seelen wissen zwar, dass sie tot sind und wo sie sich befinden, aber sie waren einfach nicht darauf vorbereitet und sind noch zu verstört, um Ruhe und Frieden zu finden. Sie durchlaufen einen Orientierungsprozess, in dem sie mit viel Mitgefühl und Sachkenntnis in ihre neue Situation eingewiesen werden. Oft wird ihnen empfohlen, das zu tun, was ihnen auch auf der Erde Entspannung gebracht hat, von sportlicher Aktivität, dem Besuch von Konzerten, handwerklicher Betätigung bis hin zur Gartenarbeit – denn dies alles und unendlich viel mehr existiert auch im Jenseits.

Seelen, denen es zwar möglich war, sich auf den Tod vorzubereiten, die aber dennoch aufgeregt, ruhelos oder irgendwie untröstlich sind und eine speziellere Fürsorge brauchen, als ihnen der Orientierungsprozess bieten kann – aber ich verspreche Ihnen, dies betrifft wirklich nur eine verschwindende Minderheit der Neuankömmlinge –, durchlaufen oftmals ein so genanntes »Cocooning«. Während dieser Zeit wird ihnen geholfen, mit den schmerzhaften Folgen des Übergangs von der Erde ins Jenseits fertig zu werden. Wenn sich eine Seele im »Cocooning« befindet, ruht sie einfach in einem heilenden Dämmerschlaf, bei dem sie ständig betreut und mit der friedlichen, Kraft gebenden Liebe Gottes erfüllt wird. Der Prozess dauert so lange, bis der Geist wieder gesund und ganz ist, und wenn er dann aufwacht, ist er voller Schwung und freut sich, wieder zu Hause zu sein.

Und dann gibt es noch die Neuankömmlinge, die bei ihrer Ankunft völlig durcheinander und verwirrt sind und die erst »entprogrammiert« werden müssen, um wieder emotional und geistig gesund zu sein. Diese Entprogrammierung findet in zwei gleichen, atemberaubend schönen Bauwerken aus weißem Marmor statt, die die Türme genannt werden. Über ihre Fassaden aus blauem Glas rieselt unaufhörlich Wasser, sodass sie mit ihren goldenen Türen in der nach Jasmin duftenden Luft glänzen. Seelen, die erst in den Türmen entprogrammiert werden müssen, können die Glückseligkeit des Jenseits noch nicht wirklich genießen. Sie müssen erst ihre geistige Gesundheit und Identität zurückgewinnen, die sie durch unkontrollierbare Ereignisse auf der Erde verloren haben. Opfer von Folter, Gehirnwäsche und dem Holocaust, aber auch Alzheimerkranke und Schizophrene – alle, die ohne ihr Zutun in einem Zustand sind, in dem sie nicht mehr wissen, wer sie waren und wo sie waren, als sie starben, werden sofort in die Türme gebracht, wo sie vollständig geheilt werden und die ewige, gesegnete Reise ihrer Seele wieder bewusst fortsetzen können.

Um es noch einmal zu betonen: Der Orientierungsprozess, das Cocooning und die Entprogrammierung in den Türmen können zur Folge haben, dass ein Verstorbener erst später zu Besuch kommt, aber hierbei handelt es sich nur um zeitliche Verzögerungen. Ich weiß, für uns fühlt sich das wie eine Ewigkeit an, wenn wir so verzweifelt auf eine Botschaft einer geliebten Seele warten. Die geliebten Menschen im Jenseits haben jedoch nicht unser Zeitgefühl. Mein Vater durchlief das Cocooning und brauchte acht Monate, bis er mich zum ersten Mal besuchte. Ich hatte mir schon große Sorgen gemacht und fragte, wo er so lange geblieben war, aber er antwortete nur: »Was meinst du damit? Ich bin doch gerade erst gegangen!«

Das Verhalten der Geistwesen

Leider können wir einen geliebten Menschen nicht immer dann herbeirufen, wenn wir ihn sehen möchten oder brauchen. Manchmal bitten wir ihn, sich zu zeigen oder irgendwie bemerkbar zu machen, und erhalten keine Antwort. Ein andermal bitten wir um ein Zeichen von einem geliebten Menschen, aber eine völlig andere Seele taucht auf. Ich muss gestehen, dass ich manchmal unfreiwillig lachen muss, wenn ein Klient zum Beispiel mit seinem Vater sprechen will und ich eine vollständige Beschreibung einer Person gebe, die sich dann als Tante Rosemarie herausstellt, die direkt hinter ihm erschienen ist. Anstatt in Ehrfurcht zu erstarren, weil ein Wesen aus dem Jenseits plötzlich unter uns ist, sagt der Klient dann oft: »Tante Rosemarie? Wen interessiert die schon? Wo ist mein Vater?«

Es gibt verschiedene Gründe, warum Geistwesen nicht immer dann kommen, wenn wir nach ihnen rufen (denn immerhin sind sie nicht unsere Haustiere, wenn Sie wissen, was ich meine).

Zum einen sind sie, ob Sie es glauben oder nicht, im Jenseits glücklich beschäftigt und haben viel mehr zu tun als auf der Erde. (Wie gesagt: Weitere Einzelheiten hierzu finden Sie in meinem Buch *Jenseits-Leben.*) Das soll nicht heißen, dass sie zu viel um die Ohren haben und nicht von ihren Hinterbliebenen gestört werden wollen, aber manchmal machen sie sich schon Gedanken darüber, auf welche Rufe sie reagieren. Selbst meine Geistführerin Francine, die grundsätzlich für mich verantwortlich ist, erscheint nicht immer sofort, wenn ich sie brauche. Es hängt davon ab, was ich von ihr will. Wenn es etwas Wichtiges ist, ist sie augenblicklich da. Aber wenn ich nur aus reiner Neugier ein paar Fragen an sie habe oder sie brauche, um meine Autoschlüssel zu finden (ich bin hellsichtig – ich finde jeden Autoschlüssel, nur nicht meinen eigenen), kommt sie erst dann, wenn es ihr in den Kram passt, und keinen Moment früher.

Andererseits bleiben grundlegende Charaktereigenschaften erhalten, egal wo wir sind, ob in einem menschlichen Körper oder in der geistigen Welt. Sowohl hier als auch im Jenseits gibt es Extrovertierte und Introvertierte; die Sprecher und die Zuhörer; diejenigen, die lieber in der ersten Reihe sitzen, und die, die sich nur weiter hinten im Raum wohl fühlen. Wenn Sie also einen geliebten Menschen aus einem nicht wirklich wichtigen Grund herbeirufen und dieser Mensch auf der Erde introvertiert war, dann antwortet Ihnen vielleicht ein extrovertierter Stellvertreter.

Ähnlich verhält es sich, wenn sich jemand hier auf der Erde hin und wieder zurückzieht, denn sehr wahrscheinlich wird er dies auch im Jenseits hin und wieder tun wollen. Es ist nichts Persönliches und bedeutet mit Sicherheit nicht, dass Sie von dieser Seele, jetzt wo sie gegangen ist, nicht mehr geliebt werden. Es unterscheidet sich nicht von jenen Tagen, die manche von uns haben (mich selbst eingeschlossen), an denen eine Person, die wir mehr als alles andere auf der Welt lieben, uns anruft und wir, selbst wenn man uns die Pistole auf die Brust setzt, nicht zurückrufen, ehe wir nicht einen Moment für uns selbst gehabt haben. Dies bedeutet kein »Auf Nimmerwiedersehen«, sondern nur: »Mach dir keine Sorgen. Ich liebe dich, aber ich muss mich nur etwas sammeln, bevor ich mich dir gleich wieder zuwenden kann.«

Natürlich kann es frustrierend sein, wenn die Bewohner der

geistigen Welt nicht immer unmittelbar auf unsere Bedürfnisse reagieren. Aber ich garantiere Ihnen, wir alle werden einen Seufzer ausstoßen, wenn wir wieder im Jenseits sind, wo unser wahres Zuhause ist, und geliebte Personen auf der Erde 24 Stunden am Tag an uns zerren.

Gespenster

Über Gespenster haben wir bereits im dritten Kapitel gesprochen, und daher möchte ich an dieser Stelle nicht weiter auf dem Thema herumreiten. Ich möchte jedoch betonen, dass Gespenster ein ziemlich seltenes Phänomen sind, so viele interessante und teilweise sensationelle Gespenstergeschichten wir auch hören. Ich schätze, dass noch nicht einmal einer von 1000 Klienten einen verstorbenen Angehörigen hat, der immer noch mit der Erde verbunden ist. Wenn Sie sich hierüber Sorgen machen sollten, dann können Sie sich damit trösten, dass die Wahrscheinlichkeit gegen Sie spricht.

Und sollte das unwahrscheinliche Ereignis doch stattgefunden haben und ein Familienmitglied nach dem Tod nicht ins Jenseits gegangen sein, dann können Sie sich ebenfalls sicher sein, dass er oder sie nicht für immer verloren ist. Mitfühlende Menschen sind zunehmend besser informiert und ihre Bereitschaft steigt, Gespenstern dabei zu helfen, sich dem Licht zuzuwenden und durch den Tunnel ins Jenseits zu gehen. Jeder von uns würde sich wünschen, diese Hilfe von einem anderen Menschen zu erhalten. Und wenn die erdgebundenen Seelen die Menschen in ihrer Umgebung permanent ignorieren und deren Behauptungen, dass sie tot seien, als lächerlich zurückweisen, dann gibt es immer noch die Wesen der geistigen Welt, die diese Seelen in jedem Moment im Auge haben und sie bei der ersten Gelegenheit, die nicht zu schockierend für sie ist oder ihnen Schaden zufügen könnte, erretten und persönlich ins Jenseits holen.

Die linke Tür

Sie werden auch dann nichts von einem geliebten Verstorbenen hören, wenn er nicht, wie die überwiegende Mehrheit von uns, nach dem Verlassen des Körpers ins Jenseits geht, sondern stattdessen den Weg durch die linke Tür nimmt, die der dunklen Seite vorbehalten ist.

Die dunkle Seite (auch bekannt als dunkle Wesen) besteht aus den echten Soziopathen unter uns, aus denjenigen also, die kein Gewissen haben oder keine Fähigkeit zur Reue. Dunkle Wesen missbrauchen die Liebe zur Manipulation und sehen in ihr nur eine bewährte Requisite. Und unabhängig davon, welche Worte sie benutzen, um Ihre Sympathie und Ihr Vertrauen zu gewinnen und von Ihnen bewundert zu werden, definieren sich dunkle Wesen durch die Tatsache, dass sie sich aus eigenem Entschluss von Gott abgewendet haben. Gott wendet sich nicht von ihnen ab, genauso wenig, wie er sich je von uns abwenden würde. Sie können sich sicher sein, wenn jemand ein gottloses Leben führt, dann ist das *immer* seine Entscheidung und nicht die Entscheidung Gottes.

Es gibt einen wirklichen Ort, der das Jenseits genannt wird, und das, was am nächsten einer tatsächlichen »Hölle« gleichkommt, ist dieses harte Ausbildungslager, genannt Erde, das wir von Zeit zu Zeit aus freien Stücken aufsuchen, um auf der ewigen Reise unserer Seele ein wenig voranzukommen. Wenn dies der Wahrheit entspricht – und das tut es –, dann liegt es auf der Hand, sich zu fragen, was mit den Seelen der dunklen Wesen geschieht, wenn ihre Lebenszeit abgelaufen ist. Die Antwort darauf ist nicht gerade erfreulich, aber das haben sie sich schließlich selbst zuzuschreiben.

Wenn ein Mensch von der dunklen Seite stirbt, erlebt seine Seele keinen Tunnel und kein heiliges Licht an dessen Ende. Stattdessen wird er sofort durch die linke Tür geschickt. Er hat diese Tür durch ein unbarmherziges Leben, in dem Kinder Gottes körperlich, emotional und/oder spirituell missbraucht wurden, bereits vorab gewählt. Und hinter der linken Tür liegt ein Abgrund aus gott- und freudloser, allumfassender Nichtheit.

Die einzigen ständigen Bewohner dieses Abgrunds sind gesichtslose Wesen in Kapuzenmänteln, die in Kunst und Literatur zum Archetyp des Sensen- bzw. Knochenmanns geworden sind. Diese Wesen fungieren nicht als Führer der dunklen Wesenheiten oder als Racheengel, sondern eher als ein Rat, der die Wege der Geister überwacht, die für kurze Zeit in seiner Gegenwart auftauchen.

Die Geister der dunklen Seite verbringen eine kurze, schreckliche Zeit in der Leere hinter der linken Tür. Denn anders als die Geister im Jenseits, die sich aussuchen können, ob und wann sie zu einer weiteren Inkarnation auf die Erde zurückkommen wollen, gehen dunkle Wesen von ihrem toten Körper durch die selbst gewählte gottlose Finsternis direkt in eine Gebärmutter zurück. Sie schlagen sozusagen einen Haken und sind bei ihrer Geburt genauso finster wie bei ihrem Tod im Leben davor.

Wenn es also in Ihrem Leben jemanden von der dunklen Seite gibt und Sie überzeugt sind, dass Sie ihn mit genug Liebe und Geduld zum Besseren verändern könnten, sollten Sie daran denken, dass Sie gegen einen ewigen Kreislauf ankämpfen, der den spirituellen Fortschritt dieser Seele unmöglich macht. Diese Schlacht können Sie nicht gewinnen.

Für mich war die Wahrheit über die linke Tür und die Reise der dunklen Geister immer sehr tröstlich. Einerseits weiß ich, dass der vollkommene Gott, an den ich glaube, nie so rachsüchtig sein kann, dass er irgendeines seiner Kinder für alle Ewigkeit aus seiner heiligen Gegenwart verbannt. Andererseits konnte ich mich nie so recht mit der Vorstellung anfreunden, dass Hitler, Ted Bundy [amerikanischer Serienmörder, der zwischen 1974 und 1978 mindestens 28 Frauen und Mädchen tötete – Anm. d. Übersetzers] und ich zwischen unseren Leben gleichermaßen von Gott im Jenseits aufgenommen werden, als gäbe es keinen signifikanten Unterschied zwischen unseren Seelen.

Und als Beweis dafür, dass unser Schöpfer wirklich jedes seiner Kinder ewig und bedingungslos liebt, möchte ich hinzufügen, dass selbst dunkle Wesen nicht für alle Zeit zur 180-Grad-Kehre in den Mutterschoß verdammt sind. Die Geister und Engel im Jenseits kennen diese verlorenen Seelen ganz genau, und früher oder später fangen sie sie bei ihrem rasanten Übergang von einer Dimension in die andere ab. Sie bringen sie in die Heimat, wo Gott sie wieder aufnimmt und das weiße Licht des Heiligen Geistes sie mit Liebe erfüllt, sodass sie wieder mit ihrer eigentlichen, heiligen Seele eins werden.

Die Wartezone

Die Wartezone ist eine Art Vorzimmer zur linken Tür. Sie ist die Unterwelt, die aus Verstörtheit und Verzweiflung besteht. Viele Religionen bezeichnen sie als Fegefeuer.

Ich erfuhr etwas über die Wartezone, als ich im Schlaf eine Astralreise zu ihr unternahm. Ich hatte keine Ahnung, wo ich war, ich wusste nur, dass ich von einem endlosen Meer aus verlorenen Geistern umgeben war, die der bodenlose Schmerz tiefer Verzweiflung von ihrem Glauben abgeschnitten hatte. Sie sprachen kein Wort, weder zu mir noch zueinander, sondern schlurften nur langsam und ziellos mit gesenktem Kopf und starrem Blick dahin. Kleine Kinder waren nicht da. Die Gestalten – vom Heranwachsenden bis zum Greis – bewegten sich durch eine Stille voller Hoffnungslosigkeit.

Ich hatte keine Ahnung, wer diese tragischen Gestalten waren, aber rein instinktiv fing ich an, panikartig zwischen ihnen herumzulaufen, sie zu umarmen und jedem Einzelnen zu sagen: »Sag, dass du Gott liebst. Du musst einfach nur sagen, dass du Gott liebst, dann kommst du hier heraus.« Niemand antwortete oder sah mich auch nur an. In der Ferne machte ich vage einen breiten Eingang aus. Ich konnte nicht sehen, was dahinter war, aber ich wollte es auch gar nicht. In meiner Seele wusste ich, dass es die linke Tür war. Die tragischen Geister um mich herum waren ihr zu nah, um in Sicherheit zu sein, und zu verstört, als dass sie die Gefahr verstanden hätten, in der sie sich befanden.

Am nächsten Morgen erklärte mir meine Geistführerin Francine, dass ich in der Wartezone gewesen war, die ich bis dahin noch nicht gekannt hatte. Eine quälende, oft destruktive Verzweiflung führt die Geister dorthin und hält sie dort fest. Meist sind es Selbstmörder, die zwischen der Glückseligkeit des Jenseits und dem finsteren Abgrund hinter der linken Tür hin und her gerissen sind.

Ich kann es nicht oft genug wiederholen: Es ist ein grausamer Mythos, dass jeder, der Selbstmord begeht, auf ewig verdammt ist. Niemand schreibt sich einen Selbstmord in seinen Lebensplan, denn das wäre ein Bruch des mit Gott geschlossenen Vertrages. Es gibt allerdings auch Selbstmorde, die garantiert einen Trip durch die linke Tür zur Folge haben; zum Beispiel, wenn sie aus Feigheit, Selbstmitleid oder Rache begangen wurden oder in irgendeiner Weise Kinder mit einbezogen worden sind.

Selbstmorde, deren Ursache eine psychische Krankheit, eine unbehandelte Störung der Körperchemie oder die Isoliertheit bei einer lähmenden Depression ist, lassen sich kaum mit einer Tat vergleichen, die um des Effekts wegen methodisch und absichtlich geplant wurde. Und so gibt es dementsprechend Selbstmörder, die genauso schnell wie wir Übrigen in die bedingungslose Liebe und Vergebung Gottes im Jenseits eingehen.

Anderen wird die Zeit in der Wartezone lang. Sie brauchen die Geistwesen aus dem Jenseits und unsere Gebete, um erneut den Funken in sich zu entzünden, der sie wieder mit dem Licht verbindet, das nur darauf wartet, sie wieder aufzunehmen. Sie haben es nur aus den Augen verloren.

Wenn Sie glauben, eine geliebte Person könnte sich in der Wartezone aufhalten, dann sollten Sie geduldig sein, bis Sie etwas von ihr hören, und in der Zwischenzeit für sie beten.

Wenn nicht, sollten Sie trotzdem für die verlorenen Seelen in der Wartezone beten, denn diese Wesen brauchen Ihre Hoffnung, um sicher ins Jenseits zu gelangen.

Die meisten von uns hören von ihren verstorbenen Familienmitgliedern und werden es weiterhin tun, bis wir wieder mit ihnen zusammen sind. Sie geben uns unzählige Signale, Winke und Anstöße, und nur allzu oft nehmen wir Zuflucht zu irdischen, »logischen« Erklärungen, anstatt einmal tief durchzuatmen und unseren Geist für andere, eher göttliche Möglichkeiten zu öffnen und zu unseren Besuchern zu sagen: »Ich liebe dich auch.«

In fast jedem meiner Bücher habe ich beschrieben, auf welche Weise sich anwesende Geistwesen zu erkennen geben.

An dieser Stelle freue ich mich nun, beiseite treten zu können und meine Klienten selbst zu Wort kommen zu lassen. Sie tun es wortgewandter, als ich es jemals tun könnte.

> Durch beiderseitige Freundinnen hatte ich das große Glück, zu einer Zeit des größten Verlusts in meinem Leben persönlich mit Sylvia sprechen zu können. Meine Mutter Mildred und ich hatten eine sehr enge Beziehung, auch wenn uns 5000 Kilometer voneinander trennten. Wir telefonierten mehrmals in der Woche miteinander und besuchten uns so oft wir konnten. Als bei meiner Mutter Krebs festgestellt wurde, wünschte ich, dass es mich getroffen hätte und nicht sie, denn ich konnte es nicht ertragen, dass sie Angst und Schmerzen hatte.
>
> Ich rief Sylvia an, die mir sofort sagen konnte, wo sich die Tumore im Körper meiner Mutter befanden, so als hielte sie den Krankenbericht in der Hand. Sie erzählte

mir außerdem, was ich zu erwarten hatte und wie lange meine Mutter noch leben würde, da der Krebs sich immer mehr ausbreitete. Außerdem half sie mir, mich auf das Unvermeidliche vorzubereiten, indem sie mir das genaue Datum sagte, an dem meine Mutter ins Jenseits gehen würde. Und auch diese Voraussagen trafen alle ein.

In der Nacht, in der meine Mutter starb, war ich, während sie sich im Krankenhaus ausruhte, ins Haus meiner Eltern gefahren, um die Kleidung zu wechseln und schnell etwas zu essen. Während ich mich dort aufhielt, rief ich Sylvia an, die mir mitteilte, dass meine Mutter gestorben sei. Nur wenige Augenblicke später rief das Krankenhaus an, um mir genau das Gleiche mitzuteilen.

Im Laufe des kurzen Gesprächs versicherte mir Sylvia, dass meine Mutter ohne Probleme im Jenseits angekommen sei und dass sie dort von einem großen, dunkeläugigen Mann namens Joe, mit dunklem, welligem Haar, begrüßt wurde. Ich hatte keine Ahnung, wer »Joe« war, aber in den nachfolgenden Tagen fragte ich alle meine Verwandten. Es konnte fast nicht sein, dass sich in meiner sehr großen italienischen Familie auch nicht einer an einen verstorbenen »Joe« erinnern konnte. Aber als dann der älteste noch lebende Bruder meiner Mutter ankam, hatten wir ein Treffen mit dem Leichenbestatter. Er stellte den Totenschein aus und brauchte dafür die Namen der Eltern meiner Mutter. Mein Großvater, der Vater meiner Mutter, hieß bei uns immer nur Jessie. Aber mein Onkel eröffnete dem Bestatter und allen anderen Anwesenden das erste Mal, dass sein richtiger Name, sein Geburtsname, Joe war.

Nach meinen Gesprächen mit Sylvia erwartete ich zwar nicht, meine Mutter nach ihrem Tod zu sehen, aber ich war gegenüber dieser Möglichkeit offen und hatte keine Angst, die ich vielleicht gehabt hätte, wenn Sylvia mich nicht darauf vorbereitet hätte. Und eines Tages, mehrere Monate nach ihrem Tod, war meine Mutter plötzlich da. Sie stand kurz in der Küche, und es umgab sie der tröstliche Duft ihrer selbst gemachten Spaghettisoße. Ein paar Wochen später fuhr ich zur Arbeit, als sie auf dem Beifahrersitz auftauchte, gerade lange genug, um mir zu sagen, dass ich einen anderen Weg nehmen solle. Ich tat es, und als ich am Arbeitsplatz angekommen war, redeten alle von einem großen Unfall, in den mehrere Autos und ein umgestürzter Lastwagen verstrickt waren, und zwar genau auf der Stadtautobahn, auf der ich sonst immer fahre. Dies hatte zu einem Stau von mehreren Kilometern geführt.

Ich trauere immer noch um meine Mutter, aber Sylvia teilte mir etwas mit, an das ich jeden Tag denken muss und das meinen Schmerz ein wenig lindert. Ich weiß, meine Mutter lebt und es geht ihr gut im Jenseits. Ich trauere also nicht wirklich wegen ihr, sondern wegen mir, weil ich sie so sehr vermisse. Was für ein Geschenk, dass ich diese Unterscheidung nun treffen und mich damit trösten kann, sie eines Tages wiederzusehen.
(von Nancy)

Ein paar Wochen, nachdem mein Vater gestorben war, hatte ich mit Sylvia ein Reading. Seit er von uns gegangen ist, hatten ihn meine Mutter und auch ich wiederholt gesehen, und wir fragten uns, ob er uns etwas mitteilen wolle. Das erste Mal sah ich ihn, als ich nach Hause zu seiner Beerdigung flog. Das Flugzeug war nicht sehr voll. Ich saß ruhig auf meinem Platz und starrte geistesabwesend aus dem Fenster, überwältigt von meiner Trauer, als ich das Gefühl hatte, als würde jemand neben mir Platz nehmen. Ich drehte mich um und sah meinen Vater für wenige Augenblicke in dem Sitz direkt auf der anderen Seite des Gangs. Er hatte einen Smoking an und erhob ein Martiniglas zu einem Trinkspruch. War es Wunschdenken? Vielleicht. Aber wenn es tatsächlich nur ein frommer Wunsch gewesen wäre, dann hätte ich ihn bestimmt länger gesehen als nur ein, zwei Augenblicke. Außerdem hätte er bestimmt hergeschaut oder, noch besser, mit mir gesprochen. Sylvia meinte, es sei seine Art gewesen, mir zu versichern, dass er glücklich war und ein großes Wiedersehen im Jenseits feierte. Das Martiniglas sollte sicherstellen, dass ich ihn auch erkannte, denn der Martini war sein Lieblingsdrink.

Ein paar Wochen später war ich zusammen mit meiner Mutter im Haus meiner Eltern, als wir sahen, wie die Doppeltür zum Arbeitszimmer meines Vaters plötzlich zuschlug, obgleich es keinen Durchzug im Haus gab. Wir konnten ihn zwar nicht sehen. hatten aber beide das Gefühl, dass er es war. Meine Mutter bekam ihn kurz darauf für einen kurzen Moment zu sehen. Er ging durch die Tür seines Arbeitszimmers in die Garage.

Erneut stellte ich mir die Frage, ob wir beide uns ihn einfach nur vorstellten, weil wir ihn so sehr vermissten. Aber mit Sicherheit habe ich mir nicht eingebildet, dass Sylvia

sagte, mein Vater wollte damit meine Mutter auffordern, in einem Schrank in seinem Arbeitszimmer nachzusehen, wo er die Papiere hingelegt habe, die sie brauche. Sie hatte versucht, ein fehlendes Dokument und einige Versicherungsunterlagen zu finden, und war in dem Glauben, sein Arbeitszimmer gründlich durchsucht zu haben. Aber dank Sylvia suchte sie erneut und fand die gesuchten Papiere, hinten in einem verschlossenen Schränkchen, genau dort, wohin mein Vater Sylvia gebeten hatte, meine Mutter zu lenken.
(von Corrine)

Mein verstorbener Mann David wollte in mir alle Zweifel ausräumen, dass er mit mir über Sylvia aus dem Jenseits kommunizierte. Als Erstes bat er sie, zwei Dinge weiterzugeben, die nur er und ich wussten: Sein Enkel sollte seine wertvolle Uhr und seinen wertvollen Ring haben, und er würde »Philip« wirklich vermissen, unseren früheren Schwiegersohn, den wir sehr liebten, selbst nachdem er und unsere Tochter sich hatten scheiden lassen.

Sylvia sagte daraufhin, dass rechts hinter mir ein Mann stehe mit grau melierten Haaren, die einmal sehr dunkel gewesen seien, einem Mund mit einem natürlichen Lächeln, einer hervorstehenden Nase und einer breiten Brust. Eine perfekte Beschreibung von David. Sie sagte, er sei gestorben, weil seine Lungen sich beim Einatmen immer mehr mit Wasser füllten. Auch dies stimmte genau. Und er sei im Jenseits von einer kleinen Frau namens Mary begrüßt worden. Davids Mutter Mary, die schon bald nach unserer Hochzeit gestorben war, maß knapp 150 cm.

Ich war besonders glücklich, als Sylvia sagte, dass David mir seine Anwesenheit dadurch mitteilen würde, dass die Lichter des Kronleuchters flackerten. Wir hatten in unserem Esszimmer einen riesigen Kronleuchter mit 32 Glühbirnen, und es war Davids Angewohnheit gewesen, diese Birnen mehrmals in der Woche zu überprüfen. Er war immer ziemlich aufgeregt, wenn eine von ihnen flackerte und ausgetauscht werden musste. Mit diesem Kronleuchter aus dem Jenseits zu spielen, musste ihm sicherlich Spaß machen, und wenn ich jetzt eine Glühbirne flackern sehe, lächle ich und sage: »Hallo David.«
(von Lorraine)

Liebe Sylvia,
die Kassette mit der Aufnahme meines Readings ist heute angekommen. Obwohl Sie nicht wussten, wen ich im Jenseits erreichen wollte, wie seine Todesumstände waren etc., lagen Sie mit dem, was Sie mir erzählten, hundertprozentig richtig. Als ich mir das Band anhörte, war ich total überrascht, wie Sie all das herausfinden konnten, ohne dass ich Ihnen auch nur den geringsten Hinweis gegeben hatte. Im Rückblick würde ich mir wünschen, Ihnen mehr Informationen gegeben zu haben. Ich dachte, ich sei sehr scharfsinnig gewesen, Sie beweisen zu lassen, dass Sie keine Lügnerin sind, aber Sie bewiesen es von der ersten Minute an, nachdem ich Platz genommen hatte. Sie müssen das Gefühl gehabt haben, mir eine halbe Stunde lang einen Zahn nach dem anderen ziehen zu müssen, und ich könnte mich ohrfeigen für all die Fragen, die ich nicht stellte, weil ich so unsicher war.

Nichts kann offensichtlich den Schmerz lindern, meinen Sohn verloren zu haben, besonders unter den tragischen Umständen, die Sie beschrieben haben, als wären Sie selbst bei dem Unfall zugegen gewesen. Aber nun möchte ich Ihnen (lieber später als gar nicht) mitteilen, dass Sie auch noch an einer anderen Stelle Recht hatten – ich hatte tatsächlich vor ein paar Jahren eine Nahtoderfahrung. Es war ein kraftvolles, positives Ereignis, genau wie Sie es beschrieben haben. Indem Sie mich daran erinnern und darauf hinweisen, dass mein Sohn durch das gleiche Erlebnis gegangen ist, trösten Sie mich sehr.

Ich habe mir versprochen, die wunderbare Erfahrung Ihrer Gegenwart eines Tages zu wiederholen, und das nächste Mal freue ich mich darauf, mich selbst einzubringen, anstatt dieser widerspenstige, skeptische und überempfindliche Narr zu sein, der ich beim ersten Mal gewesen bin.
(von Matt)

Ich werde diesen Vorfall niemals vergessen oder weiter an der Fähigkeit Verstorbener zweifeln, mit uns aus dem Jenseits zu kommunizieren. Meine Söhne Mark und Roger waren nicht nur Brüder, sondern auch gute Freunde. Sie arbeiteten bei derselben Baufirma. Roger kam bei einem Motorradunfall ums Leben, und die Trauer zerriss beinahe unsere Familie, besonders Mark hat es schwer getroffen. Zusammen mit meiner Frau suchte ich Sylvia auf, um sie zu fragen, ob sie einen Trost für uns hatte. Durch sie fragten wir, ob Roger Mark vielleicht ein Zeichen geben könnte, dass er noch da war und ein Auge auf ihn hatte.

Rogers Antwort war: »Sagt ihm, ich werde ein Kreuz umwerfen.« Wir hatten keine Ahnung, was er damit meinte, auch Sylvia wusste es nicht. Aber Mark hielt die Luft an und lachte das erste Mal seit dem Tod seines Bruders, als wir ihm die Botschaft überbrachten. Mark wusste, was Sylvia und wir nicht wussten, dass er nämlich am nächsten Tag anfangen würde, auf dem Grundstück einer alten Kirche zu arbeiten, wo wirklich ein Kreuz umgefallen war. Roger wusste dies auch, und seine seltsame Botschaft war somit nicht nur für Mark, sondern auch für die ganze Familie der Beweis, dass er immer noch mit uns war.
(von Frank)

Ich hätte es nicht geglaubt, wenn mein Mann nicht anwesend gewesen wäre und es ebenfalls gesehen hätte. Ich bin mir sicher, dass alle, die Sylvia nach dem Tod eines geliebten Menschen aufsuchen, ein Zeichen dafür möchten, ob dieser im Jenseits ist und es ihm gut geht. Mir ging es nicht anders, denn ich trauerte um meine Mutter, die sechs Monate zuvor gestorben war. Ich hatte die Hoffnung schon fast aufgegeben, dass sie mich jemals besuchen würde, so wie dies bei anderen Menschen anscheinend geschah. Sylvia gab uns eine sehr detaillierte Beschreibung von einem Bild, das in unserem Schlafzimmer hing, und sagte, ich solle es im Auge behalten, weil es meine Mutter benutzen würde, um mir ein Zeichen zu geben.

Nicht lange nach dem Reading standen mein Mann und ich mehrere Meter von dem Bild entfernt und betrachteten es, um zu sehen, ob sich irgendetwas verändert hatte, ohne dass wir etwas mitbekommen hätten, als es

uns plötzlich, ich schwöre es, von der Wand entgegensprang. Wir waren so überrascht, dass wir gleichzeitig zurücksprangen. Nachdem wir uns wieder beruhigt hatten, nahmen wir das Bild vom Bett und untersuchten es. Der Draht auf der Rückseite des Rahmens war völlig in Ordnung, so stark wie immer, und auch der Haken an der Wand war so fest wie zuvor. Es gibt keinen praktischen Grund, warum das Bild an jenem Tag von der Wand fiel, und es geschah nie wieder. Die Skeptiker können so viel lachen, wie sie wollen, aber niemand wird jemals mich oder meinen Mann oder unsere Familienmitglieder, die wissen, wie bodenständig wir sind, davon überzeugen, dass es nicht meine Mutter war, die mir das Zeichen gab, das sie mir durch Sylvia versprochen hatte und nach dem ich mich so sehnte. Es hat mich sehr getröstet, und ich bin dafür sehr dankbar.
(von Bari)

Ich hoffte, das Reading mit Sylvia würde mir und meiner Familie helfen, endlich inneren Frieden in Bezug auf den Tod meiner Mutter zu finden. Als sie vor zehn Monaten starb, hatten wir alle das Gefühl, dass ihr ein großes Unrecht angetan worden war. Die Beerdigung wurde vom Rabbi unserer Familie durchgeführt, der ausgerechnet während der Beisetzung meiner Mutter zeigte, dass er nicht in der Lage war, sie der Situation angemessen durchzuführen. Die Beisetzung meiner Mutter dauerte insgesamt sieben Minuten, und er sprach kein einziges persönliches Wort über sie. Er hätte genauso gut ein Haustier unter die Erde bringen können. Ich versuchte, seine Unfähigkeit auf dem Friedhof dadurch zu korrigieren, dass ich direkt zu meiner Mutter sprach, aber ich war zu unvorbereitet. Seit jenem Tag hatte ich daher das Gefühl, dass ihr der gebührende Respekt, den sie so sehr verdient hatte, während der Beisetzung versagt blieb.

Am Muttertag weihten wir den Grabstein ein, und im Herzen war ich entschlossen, Wiedergutmachung für die schreckliche Beerdigung zu leisten. Ich hatte ihr einen persönlichen Brief geschrieben, den ich meiner Familie während der Zeremonie vorlesen wollte, aber mir grauste davor und vor der Leere des Muttertags ohne meine Mutter. Außerdem war ich mir sicher, den Brief nicht vorlesen zu können, ohne weinen zu müssen. Aber dann sprach ich zum Glück mit Sylvia.

Sylvia gab mir ein Geschenk, das mir keine andere Person hätte geben können. Sie schenkte mir Trost und inneren Frieden. Mit ihrer Hilfe *weiß* ich jetzt, dass meine Mutter bei meinem Vater ist. Ich *weiß*, dass sie glücklich ist. Ich *weiß*, dass sie immer bei mir sein wird. Ich *weiß*, dass wir eines Tages wieder zusammen sein werden. Und ich *weiß*, dass nur wir hier unten auf der Erde entsetzt über die lächerliche Beerdigung gewesen sind. Mutter ist in der Glückseligkeit des Jenseits. Es interessierte sie nicht länger, was der Rabbi sagte oder nicht sagte. Solange ich noch hier auf der Erde bin, werde ich sie vermissen, an sie denken und mit ihr sprechen. Aber ich werde nie wieder traurig sein.

Das Reading mit Sylvia brachte noch eine andere unerwartete Überraschung. Als die Aufzeichnung meines Readings ankam, spielte ich es meinem Bruder und meiner

Schwester vor, die durch den Inhalt auch sehr getröstet wurden. Ich zögerte noch, auch meinem Onkel, dem 81-jährigen Bruder meiner Mutter, davon zu erzählen, dass ich mit Sylvia oder überhaupt mit einer Hellseherin gesprochen hatte, weil ich mir nicht sicher war, wie er darauf reagieren würde. Ich hatte mit ihm noch nie über den Tod oder das Leben nach dem Tod gesprochen. Ich fühlte eine völlig neue Verbundenheit mit ihm, als sich herausstellte, dass er von einem Leben nach dem Tod überzeugt ist und an Engel glaubt, sowie daran, dass meine Mutter uns weiterhin behütet. Und bevor ich ihm noch die Kassette vorgespielt hatte, gab er freiheraus zu, ein großer Bewunderer von Sylvia Browne zu sein. Seit jenem Tag hatte ich viele Gespräche mit ihm, die ich nie vergessen werde. Das alles wäre unmöglich gewesen ohne Sylvia und ihre Fähigkeit, eine so große Bandbreite von unterschiedlichen Menschen jeden Alters und aus allen Lebensbereichen anzusprechen.
(von Irene)

Liebe Sylvia,
ich möchte Ihnen an dieser Stelle dafür danken, dass Sie mir geholfen haben, eine seelische Qual aufzulösen, die mich 26 Jahre lang gefangen gehalten hatte.

Während ich bei Ihnen war, meldete sich meine Schwester Linda aus dem Jenseits, nachdem Sie ihre Todesursache vor 26 Jahren exakt identifiziert hatten. Sie ließ mir durch Sie mitteilen, dass sie glücklich mit ihrem Leben in der Heimat ist, viel musiziert, Nachforschungen anstellt und viel Zeit in der Bibliothek verbringt. Ihre beiden Lieblingsbeschäftigungen auf der Erde waren Geige spielen und lesen.

Sie erzählte mir auch, dass sie es schön fände, wenn ich eine Kerze für sie anzünden würde. Außerdem sollte ich mir zwei Fotos anschauen, an die sie sich erinnerte. Eins beschrieb sie als »wir drei«. Wir hatten unsere Arme ineinander verschränkt, und sie verzog ihr Gesicht. Auf dem anderen Foto machte sie etwas Lustiges mit der Hand, das aussah wie Hasenohren. Ehrlich gesagt, hatte ich keine Ahnung, von welchen Bildern sie sprach, und ich wusste nicht, ob ich sie überhaupt finden würde. Vor Jahren hatten meine Eltern für mich ein Familien-Fotoalbum zusammengestellt und es mir zu Weihnachten geschenkt. Ich habe nie jemandem davon erzählt und es sogar noch nie geöffnet, weil ich Angst hatte, dass es immer noch zu schmerzhaft sein würde.

Während meines Readings vergaß ich Ihnen zu erzählen, wie sehr Lindas Anwesenheit für mich dadurch bestärkt wurde, dass sie mich aufforderte, eine Kerze für sie anzuzünden. Unsere Mutter sagte dies immer *wortwörtlich* zu uns, wenn es Zeit war, jemanden loszulassen. Ich konnte die Stimme meiner Mutter hören, als ich an jenem Abend eine Kerze für Linda anzündete.

Und dann rief ich meinen Bruder an, um ihm vom Reading zu erzählen. Durch das Reading habe ich wahrscheinlich auch den Mut bekommen, mir endlich doch das Fotoalbum meiner Eltern anzuschauen. Nach ein paar Seiten hielt ich die Luft an, denn ich betrachtete ein Bild, das ich nie zuvor gesehen hatte. Es war ein Schnappschuss meiner Pflegeschwester, die mich, Linda und meine Schwester Nancy auf ihrem Schoß hatte (»wir drei«). Ihre Arme waren um uns geschlungen, und wir hatten unsere Arme ineinander verschränkt, um nicht von ihrem Schoß zu fallen. Die Sonne schien auf der Terrasse direkt in Lindas Augen, und während wir anderen lächelten und ganz normal aussahen, blinzelte sie (»verzog ihr Gesicht«). Auf der nächsten Seite war ein Foto, auf dem Linda so in die Kamera winkte, dass es wirkte, als wollte sie mit den Fingern Hasenohren formen (»das aussah wie Hasenohren«).

Ich weiß nicht mehr, was ich mir vom Reading selbst versprochen hatte, aber ich kann sagen, was es mir gebracht hat. Ich erhielt Botschaften von meiner Schwester, die sehr lebendig ist und sich mit Heilen und Loslassen beschäftigt. Beim Anzünden der Kerze ging es darum, loszulassen. Die beiden besonderen Fotos sollten mir sagen, dass die Sonne noch genauso für sie scheint wie vor 26 Jahren, und ihre herzige Handbewegung teilte mir mit, dass es an der Zeit war, mich neuen Dingen zuzuwenden. Seit unserer Begegnung hat sich mein Leben verändert, Sylvia. Ich bin im Frieden mit meiner Schwester, sodass auch sie im Frieden sein kann. Mit Lindas Hilfe haben Sie eine große Last von meinem Herzen genommen. Ich danke Ihnen aus ganzem Herzen für dieses wunderbare Geschenk.
(von Pamela)

Das wichtigste Thema meines telefonischen Readings mit Sylvia war der gewaltsame Tod meines Neffen. Ich hatte keine Zweifel, dass es ihm im Jenseits gut gehen würde.

Aber seine Todesumstände hatten viele Fragen aufgeworfen, und ich wusste, dass ich erst dann innerlich zur Ruhe kommen konnte, wenn ich die Wahrheit kannte. Sylvia hat mir nicht nur die Zusammenhänge erklärt, sondern konnte auch sagen, wer bei ihm war, als er erschossen wurde, und wie der Name der Person lautete, die es getan hatte.

Alles, was sie mir mitteilte, einschließlich des Namens seines Begleiters und des Todesschützen, wurde hinterher durch die Polizeiberichte bestätigt. Ich bin mir sicher, dass mein Neffe froh ist, dass ich mich an Sylvia gewandt habe, sodass er mir durch sie mitteilen konnte, was wirklich geschehen ist, damit ich endlich Ruhe und Frieden fand.
(von Jennifer)

Mein Bruder David starb vor mehreren Jahren. Ich hatte immer gehofft, dass er uns aus dem Jenseits besuchen würde, aber ich wurde immer mehr entmutigt, weil ich niemals seine Anwesenheit spürte oder etwas sah oder hörte, was auf ihn hindeutete. Schließlich hatte ich die Gelegenheit, Sylvia in einem Brief zu fragen, was für ein Zeichen uns David geben würde, wenn er Kontakt zu uns aufnähme – falls er dies überhaupt tat.

Wir mussten sehr über uns lachen, als wir Sylvias Antwort bekamen. Wie oft übersieht man doch das, was am nächsten liegt! Sylvia meinte, dass David uns wissen lässt, dass er da ist, indem er das Fernsehgerät ausschaltet. Unser Fernsehgerät stellt sich mehrmals in der Woche »von selbst« aus, und wir hatten uns schon oft vorgenommen, einen Reparateur kommen zu lassen, wenn es

noch schlimmer werden sollte. Die ganze Sache ist »echt David«. Er ist die einzige Person, die ich kenne, die Fernsehen hasst. Schon als Kind saß er nie vor dem Fernseher, und als Erwachsener hatte er lange kein eigenes Gerät, bis er schließlich nachgab und eins für seine Tochter kaufte, als diese alt genug war. Natürlich ist es David, der unser Fernsehgerät immer ausschaltet. Sagen Sie bitte vielen Dank an Sylvia für ihren »Weckruf«.
(von Lola)

Ich schrieb Sylvia einen Brief, um sie zu fragen, wer diese Präsenz war, die ich so stark um mich herum fühlen konnte, besonders wenn ich in meinem Auto saß. Eine Mitarbeiterin von Sylvia rief mich an und teilte mir mit, dass Sylvia meinte, es handele sich um eine Frau namens Mary. Mich traf der Schlag! Meine Mutter Mary war vor zwei Jahren gestorben, und in ihren letzten Lebensjahren war es zur Gewohnheit geworden, dass ich sie jeden Sonntagnachmittag im Pflegeheim, wo sie lebte, abholte und mit ihr lange Fahrten unternahm, um entweder Verwandte zu besuchen oder einkaufen zu gehen oder einfach nur irgendwohin zu fahren, um Zeit miteinander zu verbringen. Es erfüllt mich mit großer Zufriedenheit, dass meine Mutter immer noch bei mir ist und unsere gemeinsame Tradition aufrechterhält.
(von Elizabeth)

Ich hatte ein telefonisches Reading mit Sylvia. Ich interessierte mich für die Geschichte meiner Familie, wo mein Urgroßvater dritten Grades gelebt hatte. Außer seinem

Namen wusste auf beiden Seiten der Familie niemand etwas über ihn, und ich war jahrelang falschen Spuren gefolgt. Ich gab Sylvia seinen Namen, und sie sagte, ich solle in der Gegend von Monticello nachschauen, dem Wohnsitz von Thomas Jefferson in Virginia. Ich befolgte ihre Anweisung und fand sein Geburtshaus und eine Fülle von Informationen über ihn in Charlottesville, das weniger als 30 Kilometer von Monticello entfernt liegt.
(von Brad)

Liebe Sylvia,
Sie erzählten mir während meines Readings, dass ich im Laufe der nächsten beiden Jahre meine beiden Eltern verlieren würde. Ich muss zugeben, ich hatte Sie ausdrücklich danach gefragt, und ich weiß, dass Sie »die Dinge beim Namen nennen«. Aber dann meinten Sie, meine Mutter werde zuerst sterben, und offen gesagt hörte ich Ihnen von diesem Zeitpunkt an nicht mehr zu. Mein Vater war sehr krank, aber meine Mutter war in einer ziemlich guten gesundheitlichen Verfassung – es war also offensichtlich, dass Sie sich irren mussten, und daher hatte ich kein Interesse mehr an weiteren Voraussagen.

Meine Mutter starb ganz plötzlich sechs Monate nach dem Reading. Mein Vater überlebte sie um fast ein Jahr.

Ich war froh, dass ich die Aufzeichnung meines Readings nicht weggeworfen hatte, denn schließlich hörte ich sie mir an. Alle anderen Aussagen, die Sie machten, stimmten genauso wie Ihre Aussagen über meine Eltern, und ich werde mit Sicherheit nie wieder an Ihnen zweifeln.
(von Vanessa)

Liebe Sylvia,
mit meinem Freund George verbindet mich eine sechsjährige Beziehung. Die letzten zwei Jahre waren ziemlich stürmisch, weil er eine kurze Affäre hatte und ich schließlich im September ausgezogen bin. Er hat seinen Seitensprung sehr bereut und wollte sich wieder mit mir versöhnen. Ich habe nie aufgehört, ihn zu lieben, hatte aber, aus offensichtlichen Gründen, Angst, ihm wieder zu vertrauen. Als Zeichen seiner Liebe zu mir und unserer Beziehung kaufte er mir einen wunderschönen Ring. Ich nahm ihn nicht an und sagte zu ihm, ich würde ihn nur dann annehmen, wenn die Zeit dafür richtig wäre, wenn ich im Herzen fühlen könnte, dass er mich wirklich liebte. Daraufhin verließ er mein Haus mit dem Ring und steckte ihn in den Kleidersack, den er immer in seinem Lastwagen hatte.

Eine Woche, nachdem er mir den Ring hatte schenken wollen, kam George bei einem schweren Verkehrsunfall in demselben Lastwagen ums Leben. Er schaffte es zwar noch, sich aus dem Führerhaus zu befreien, bevor der Lkw in Flammen aufging, erlag aber seinen schweren Verletzungen.

Ein paar Tage nach der Beerdigung erhielt ich eine dringende Mitteilung. Ich kann nicht genau beschreiben, wie ich sie erhielt, weil es eigentlich keine hörbare Stimme war. Ich wusste plötzlich einfach, dass der Ring noch im Lastwagen war und dass George wollte, dass ich ihn finde und an mich nehme. Die Polizei sagte mir, dass alles Rettenswerte bereits aus dem ausgebrannten Lkw geborgen worden sei und man keinen Ring gefunden habe.

Tage später rief mich Georges Schwester an und erzählte, dass sie zusammen mit ihrem Mann auf dem Weg zur Polizei seien, um wegen der Versicherung Bilder von dem Lkw zu machen. Ich fragte, ob ich sie begleiten könne, denn ich wollte den Ring unbedingt finden, und sei es nur, weil es George wichtig war, dass ich ihn hatte. Wir drei durchsuchten das verschmorte Fahrerhaus über eine Stunde lang. Ich suchte sogar mit einem Gummiknüppel unter dem Rücksitz, aber er war zu lang, um mir wirklich von Nutzen zu sein. Ich war total enttäuscht, als ich schließlich aufgeben musste und wir nichts weiter als die Bilder hatten, die Georges Schwester brauchte.

Am nächsten Morgen verspürte ich den starken Drang, den Lastwagen noch einmal zu untersuchen, weil der Ring mit Sicherheit noch da war, wir ihn bloß noch nicht gefunden hatten. Ich wusste nicht, ob er in Form von geschmolzenem Metall existierte und ich ihn deshalb nicht erkannt hatte, oder was es sonst bedeutete, aber ich wusste, dass ich es mir selbst nicht verzeihen würde, wenn ich nicht noch einmal nachgeschaut hätte.

Der Polizeibeamte erkannte mich sofort wieder und führte mich erneut zum ausgebrannten Wrack des Lkws. Ich durchsuchte jeden Quadratzentimeter nach dem Ring und hielt sogar Ausschau nach geschmolzenen Metallstückchen. Dieses Mal hatte ich eine Zange dabei und stocherte in allem herum, ob es nach geschmolzenem Metall aussah oder nicht. Aber ich hatte kein Glück. Nach mehreren Stunden fand ich mich schließlich traurig mit der Tatsache ab, dass ich mich irrte und mir diese angeblichen Mitteilungen in meinem Kummer nur eingebildet hatte. Ich nahm meine Jacke und näherte mich schon dem Tor des umzäunten Grundstückes, als diese Art von Nicht-Stimme erneut in meinem Kopf rief: »Schau noch mal unter dem Rücksitz nach!«

Ich ging zurück zum Lkw und nahm die Zange aus der Jackentasche. Sie ließ sich leichter handhaben als der sperrige Gummiknüppel vom Vortag. Ich reichte mit der Zange so weit unter den Rücksitz, wie ich konnte, und mein Herz schien stillzustehen, als ich das Gefühl hatte, auf etwas zu stoßen. Langsam und vorsichtig zog ich das Objekt unter dem Sitz hervor. Es war eine Ringschachtel. Sie war leicht angesengt und mit Asche bedeckt, aber sonst völlig unversehrt. Innen war das Samtkästchen in einem so perfekten Zustand, als hätte es nie ein Feuer gegeben. Und in dem Samtkästchen glänzte wie neu der wunderschöne Ring.

Ich hatte zu George gesagt, dass ich den Ring annehmen würde, wenn ich mir sicher war, dass er mich wirklich liebte. An diesem Tag habe ich ihn an meinen Finger gesteckt und nie wieder abgenommen. Er wird mich immer nicht nur an den wundervollen Mann erinnern, sondern auch an die unhörbare Stimme, die von ihm aus dem Jenseits stammte und die mich aufforderte weiterzusuchen. Ich betrachte den Ring und sehe ein Wunder.
(von Will)

Liebe Frau Browne,
ich muss Ihnen einfach schreiben und mich bei Ihnen dafür bedanken, dass Sie mir buchstäblich das Leben gerettet haben. Ich habe letztes Jahr meinen Sohn verloren und

war in meinem Leben an einem Tiefpunkt angelangt. Offen gesagt, hatte ich Gott abgeschrieben – die Religion zeichnete einen so grausamen Gott, dass sie einfach keinen Sinn mehr für mich machte. Und je verzweifelter ich wurde, weil ich meinen Sohn und einen Gott, an den ich glauben konnte, verloren hatte, desto mehr dachte ich darüber nach, mir das Leben zu nehmen.

In einer Phase, in der ich mich innerlich völlig leer fühlte, stieß ich zufällig auf eines Ihrer Bücher. Kaum hatte ich es aufgeschlagen, kamen vergrabene Erinnerungen, Hoffnung und Vertrauen wieder in mir hoch. Inzwischen habe ich alle Ihre Bücher gelesen, und ich muss sagen, Sie haben wirklich mein Leben und meine Seele gerettet.

Indem Sie mir die Augen öffneten, weiß ich nun, dass mein Sohn mich in meinen Träumen besucht. Diese Besuche sind real, und es ist nicht nur meine Trauer, die meinem Geist etwas vorgaukelt. Es gibt auch Fotos von seiner Beerdigung, wo er deutlich in der Menge zu sehen ist, wie er seiner eigenen Beisetzung beiwohnt.

In Ihren Büchern schreiben Sie, dass jeder Mensch über hellsichtige Fähigkeiten verfügt und mit der geistigen Welt kommunizieren kann, wir würden es nur im Alltag vergessen. Aus purer Neugier fing ich zum ersten Mal in meinem Leben an zu meditieren. Ich wollte sehen, ob ich mein Gehirn beeinflussen und mich bewusst einschwingen konnte. Letztes Wochenende bestätigte sich zum ersten Mal etwas, und ich war völlig aus dem Häuschen.

Mein ältester Sohn glaubt nicht an Gott oder Hellsichtigkeit. Als ich ihm erzählte, dass ich auf Ihrer Warteliste stand, um ein Reading mit Ihnen zu machen, versuchte er es mir auszureden, weil in seinen Augen alles nur eine lächerliche Verschwendung von Zeit und Geld sei. Als ich mich nicht von ihm beirren ließ, kam er auf die Idee, von der er annahm, sie würde mir beweisen, dass all dieses Hellsichtigkeitszeugs und das Jenseitsgerede nur pure Einbildung seien. Er meinte, ich solle Sie fragen, wodurch die Stoßstange an seinem Laster verbeult worden sei. Nur er wusste es, und wenn ich die richtige Antwort hätte, war klar, dass ich sie nicht von ihm hatte und Sie auch nicht meine Gedanken gelesen haben konnten.

Wie gesagt, ich habe alle Ihre Bücher verschlungen und war gespannt, das zu testen, was ich gelesen hatte, um zu sehen, ob ich selbst herausfinden konnte, was mit der Stoßstange geschehen war. Zusätzlich zur Meditation und den spirituellen »Übungen« in Ihren Büchern hatte ich Kontakt zu meinem verstorbenen Sohn und bat ihn, mir die Information im Traum zukommen zu lassen.

Zu meiner großen Freude tat er das tatsächlich. Wir trafen uns in einem Raum, der voller Leute war, die ich nicht kannte. Ich erinnere mich nur daran, dass einige saßen und einige standen. Er sagte, es sei sehr schön dort, wo er jetzt sei, und er lerne viel. Dann kam er auf die Stoßstange meines ältesten Sohns zu sprechen. Er sagte, sein Bruder habe hinten an seinem Laster eine Kette befestigt, um einen Schilderpfahl umzureißen, der dann beim Umfallen die Stoßstange verbeult habe.

Mein ältester Sohn bestätigte am nächsten Tag, dass es genau so gewesen ist. Aber er war so von seiner Meinung überzeugt, dass er alle möglichen Erklärungen erfand, wie ich auf die richtige Antwort gekommen sein könnte –

ich hätte die Antwort »geraten« oder er hätte vergessen, dass er es mir erzählt hatte, oder ich hätte die Information von einer anderen Person (obgleich er gesagt hatte, niemand außer ihm wisse davon). Ich aber wusste, woher die Information gekommen war, und ich hatte die hundertprozentige Bestätigung dafür, dass mein Sohn lebte und im Jenseits glücklich war. Wir bekommen die Antworten, wenn wir einfach fragen und zuhören.

Ohne die Ermutigung durch das Lesen Ihrer Bücher hätte ich nie versucht, Kontakt mit meinem verstorbenen Sohn aufzunehmen. Sie haben mir meinen Glauben an Gott zurückgegeben und mir gleichzeitig die Angst vor dem Tod genommen. Dafür bin ich Ihnen sehr dankbar, mehr als alle Worte es ausdrücken können.
(von Kate)

Ich muss ehrlich sagen, nachdem mein Mann gestorben war, hatte ich keine Lust mehr weiterzuleben. Ich wollte bei ihm sein, denn ohne ihn erschien das Leben unerträglich. Sylvia erzählte mir während des Readings immer wieder, dass ich nicht von ihm getrennt bin, wenn ich einfach mit ihm kommuniziere und darauf achte, auf welche Weise er mit mir Kontakt aufnimmt. Ich gebe es nur ungern zu, aber ich war ihr gegenüber sehr schroff und fragte nur missmutig: »Wie soll er denn schon Kontakt mit mir aufnehmen können?«

Sie erzählte mir, dass er zum Beispiel Gegenstände im Haus bewegt. Obwohl ich immer genau weiß, wo ich etwas hingelegt habe, muss ich oft lange danach suchen und bin frustriert, weil ich anscheinend immer zerstreuter werde. Sylvia sagte nein, das sei nicht ich, sondern mein verstorbener Mann, der versucht, mich auf ihn aufmerksam zu machen. Und ich könne es selbst überprüfen. Wenn das nächste Mal etwas nicht an dem Platz sei, wo ich es bewusst hingelegt hätte, dann solle ich meinem Mann sagen, wie sehr ich mich freute, dass er sich zu erkennen gebe, und ihn dann bitten, den Gegenstand wieder an seinen ursprünglichen Platz zu legen, sodass ich nicht länger nach ihm suchen müsse. Dann solle ich für ein paar Minuten etwas anderes tun und schließlich nachschauen. Die Chancen stünden nicht schlecht, dass der Gegenstand sich wieder dort befinde, wo er vorher gewesen sei.

Ich glaubte nicht, dass so etwas funktionieren würde, aber dann sah ich es mit meinen eigenen Augen. Ungefähr drei Wochen nach unserem Reading waren meine Autoschlüssel plötzlich nicht mehr an dem Ort, an den ich sie immer legte, einem kleinen Körbchen auf der Küchenanrichte. Ich erinnerte mich genau, sie dorthin gelegt zu haben. Außer mir war niemand sonst im Haus. Anstatt alles abzusuchen und mich dabei verrückt zu machen, wie ich es früher getan hatte, beruhigte ich mich, begrüßte meinen Mann und bat ihn, die Schlüssel wieder dahin zurückzulegen, wo sie hingehörten. Ich zog mich währenddessen kurz um, denn ich hatte es ziemlich eilig.

Nachdem ich meine Kleidung gewechselt hatte, kam ich ein paar Minuten später wieder in die Küche – und da lagen meine Schlüssel, genau in dem Körbchen auf der Anrichte, wo sie sich definitiv nicht befunden hatten, als ich die Küche verließ.

Seitdem sind noch öfter ähnliche Dinge geschehen.

(Und ich kann unterscheiden, ob ich etwas verlegt habe oder ob es gezielt entfernt worden ist.) Für jemand anderen mag dies keine große Sache sein, aber für mich hat es eine große Bedeutung. Es beweist, dass mein Mann in meiner Nähe ist, dass er mich hört, wenn ich mit ihm spreche, und das ist für mich mehr als ein Wunder.
(von Charlene)

Liebe Sylvia,
ich habe alle Ihre Bücher gelesen. Sie gefallen mir sehr gut und bringen mir Gott näher. Mein Vertrauen in Gott hat sich durch Sie sehr vertieft, und ich brauchte es mehr als je zuvor, als meine Mutter vor vier Monaten plötzlich an Herzversagen starb. Es war tröstlich zu wissen, dass nur ihr Körper gestorben war, *sie* jedoch lebte und es ihr besser ging als jemals zuvor. Ich erwartete keinen Besuch von ihr, weil ich nicht glaubte, dass ich so etwas erleben könnte, aber ich wusste, dass sie die Erste sein würde, die mich im Jenseits in den Arm nimmt.

Nachdem ich ihr Grab gepflegt hatte, blieb ich noch eine Weile, um mit ihr zu sprechen. Ich wusste, dass sie nicht wirklich da war, es war einfach nur tröstend. Ich war ganz allein, als eine Taube nahe an meinem Kopf vorbeiflog und auf dem untersten Zweig einer Eiche landete, wenige Meter von mir entfernt. Ich schaute zu ihr hinüber. Sie saß einfach da und schaute zu mir zurück. Wir blickten uns eine oder zwei Minuten lang an, dann entschloss ich mich zurück zum Auto zu gehen, wo eine Freundin wartete, um mich nach Hause zu fahren.

Im Gehen erinnerte ich mich plötzlich an meine Kindheit. Mein Vater war gestorben, und meine Mutter hatte mir erzählt, dass er an einen wunderschönen Ort gegangen sei, an dem Gott lebte. Überall, wo man hinging, herrsche ein großer Frieden, und es gebe weiße Tauben, die einen behüteten.

Ich weiß, dass meine Mutter mir die Taube schickte, als ich an ihrem Grab stand. Ich habe es bislang niemandem erzählt. Mir ist egal, ob mir andere diese Geschichte glauben oder mich für verrückt halten. Ich weiß, dass einige jetzt sagen, dass es überall Tauben gibt und es nichts Besonderes sei, wenn eine von ihnen auf einem Ast sitzt, wo ich sie beobachten kann. Ich verstehe nicht, warum sie sich nur das vorstellen können, was direkt vor ihren Augen ist, aber das ist ihr Problem und nicht meins. Ich erfreue mich daran, dass die Taube ein Geschenk meiner Mutter war, und ich danke ihr und ich danke Gott.
(von Molly)

Ich hatte mit Sylvia ein telefonisches Reading, und sie bestätigte mir auf zweierlei Weise, dass mein Sohn lebt und ihr Informationen aus dem Jenseits gab, denn diese konnten definitiv nicht von mir stammen – im Gegenteil, ich war während des Readings so zugeknöpft, dass ich mich immer noch über mich ärgere, wenn ich mir die Aufzeichnung des Readings anhöre. Ich erzählte Sylvia über einen Vorfall auf der Beerdigung meines Sohns, als sie mich plötzlich fragte, warum er seinen Kopf hielt. Ich hatte ihr noch nicht einmal ansatzweise erzählt, wodurch er gestorben war, geschweige denn erwähnt, dass er bei einem Überfall einen Kopfschuss erlitten hatte. Dann

sollte ich mich daran erinnern, dass er mir mehrmals gesagt habe, dass er sehr jung sterben werde. Natürlich erinnerte ich mich daran, aber ich hatte mit niemandem darüber gesprochen, auch nicht mit Sylvia. Es war für mich der größte Trost, genau zu dem Zeitpunkt, wo ich ihn brauchte. Und da ich nun weiß, dass mein Sohn lebt und mich hören kann, genieße ich es, ihm im Laufe des Tages immer wieder verbale Botschaften zukommen zu lassen. Es fühlt sich an, als würde ich ihn auf diese Weise immer wieder umarmen.
(von Stephanie)

Es aufzuschreiben ist nicht leicht und mit einem großen seelischen Schmerz verbunden, aber es ist die Wahrheit. Mein Mann beging Selbstmord. Aus welchem Grund er es auch immer getan haben mag – als er sich tötete, tötete er auch mich. Ich hatte keinen Antrieb, ohne ihn zu leben. Ich bekam Platzangst und wurde depressiv, war aber nicht daran interessiert, einen Psychiater aufzusuchen. Ich konnte die Lehrbuchklischees und aufmunternden Ratschläge einfach nicht hören. Ehrlich gesagt, ich kam zu dem Schluss, dass die einzige Lösung für mich darin bestand, ebenfalls Selbstmord zu begehen. Ich hielt sogar schon nach der besten und am wenigsten schmerzhaften Weise Ausschau, um mich selbst umzubringen.

Zur gleichen Zeit stieß ich auf ein paar von Sylvias Büchern. Ich bin nie eine spirituelle Person gewesen, aber als ich die Bücher las, hatte ich das Gefühl, dass ich klare Antworten bekam, und zwar von jemandem, der davon überzeugt war, dass Gott in mir und außerhalb von mir ist und mich niemals verlässt. Was Sylvia zu sagen hatte, gab mir einen gewissen Frieden, und daher entschloss ich mich, sie anzurufen und ein Reading mit ihr zu vereinbaren. Ich musste acht Monate darauf warten und ich erinnere mich, dass ich mir vorgenommen hatte, mit der Selbsttötung bis nach dem Reading zu warten.

Es ist einfach eine Tatsache, dass Sylvia mir das Leben gerettet hat.

Zuerst hat sie mich dringend gebeten, mir wegen der Depressionen professionelle Hilfe zu holen. Mein Hausarzt sollte mich von Kopf bis Fuß untersuchen und mir – basierend auf den körperlichen Untersuchungsergebnissen – das richtige Antidepressivum verschreiben.

Dann kam sie auf den Selbstmord meines Mannes zu sprechen und auf meine eigenen Gedanken an den Tod. Sie war dabei sehr freundlich und mitfühlend, und was das Wichtigste war, ihre Aussagen machten Sinn! Sie erklärte mir, dass mein Mann manisch depressiv war, womit sie Recht hatte. Es war eine Krankheit, der er sich niemals hatte stellen können. Es war ihm nicht möglich gewesen, etwas dagegen zu unternehmen und seine Krankheit behandeln zu lassen. Gott würde uns niemals wegen unserer Krankheiten zur Rechenschaft ziehen. Trotz seines Selbstmords wurde mein Mann daher sofort nach seinem Tod im Jenseits begrüßt.

Sylvia sagte, wenn ich Selbstmord begehen würde, um wieder bei ihm zu sein, dann täte ich es aus Selbstmitleid und es wäre purer Eigennutz, was eine völlig andere Geschichte sei. Anstatt dadurch bei meinem Mann im Jenseits zu sein, würde ich sofort wieder auf der Erde inkarnieren, bevor ich ihn wiedergesehen hätte, und auf diese Weise würde ich genau das hinauszögern, was ich eigentlich erreichen wollte.

Die Krankheit meines Mannes hatte seine Urteilsfähigkeit beeinträchtigt, und so kam er zu dem Schluss, dass der einzige Ausweg aus seiner emotionalen Not darin bestand, sein Leben zu beenden. Dank Sylvias ehrlichen und direkten Worten weiß ich jetzt, dass ich in einer anderen Situation bin. Mir kann es auf der Erde besser ergehen, denn mir stehen hier bestimmte Möglichkeiten zur Verfügung. Ich habe Hoffnung, auch wenn es nicht immer leicht ist, sie auch wirklich zu fühlen. Ich darf mein Leben nicht vorzeitig beenden. Als Lohn winkt mir das Wiedersehen mit meinem Mann im Jenseits, wenn ich zusammen mit Gott entscheide, wann ich bereit dafür bin. Im Jenseits werde ich ihm sagen können, dass ich nicht aufgegeben habe, auch wenn ich manchmal kurz davor gewesen bin.

Ich sage es an dieser Stelle erneut: Sylvia hat mir das Leben gerettet. Sie tat es, indem sie mir nicht das erzählte, was ich hören wollte, sondern das, was ich in dem Moment als Wahrheit erkannte, als ich es hörte. Meine Freunde sind erstaunt, wie sehr ich mich seit dem Reading verändert habe. Sie sehen mich wieder lachen und wieder aus dem Haus gehen. Sie sagen, es sei, als ob ein Licht in mir angegangen wäre, das für eine lange Zeit ausgeschaltet war.
(von Judy)

Ich hatte in den späten 1960er-Jahren ein Erlebnis, an das ich mich mein ganzes Leben lang erinnern werde. Niemand hatte mir geglaubt, bis ich über 30 Jahre später mit Sylvia darüber sprechen konnte. Ich bin völlig in Ordnung, eine rational denkende, praktisch veranlagte Frau, und daher verstand ich immer, warum man mir nicht glaubte. Aber ich habe mich immer geärgert, wenn die Leute vermuteten, ich würde Sachen erfinden, dabei hätte ich mir so etwas überhaupt nicht ausdenken können.

Es war mitten in der Nacht. Ich wachte aus einem tiefen Schlaf auf und sah meinen verstorbenen Schwiegervater am Fußende unseres Bettes stehen. Ich hatte ihn persönlich niemals getroffen, erkannte ihn aber sofort aus dem Fotoalbum meines Mannes. Er trug Jeans, ein weißes Hemd und einen Cowboyhut. Er sagte kein einziges Wort, sondern lächelte mich nur an. Dann nickte er mit dem Kopf und verließ das Schlafzimmer.

Ich weiß nicht mehr, ob ich zu erschrocken war, um meinen Mann aufzuwecken, oder ob ich dachte, ich würde träumen und sollte ihn lieber nicht mit meinem Traum behelligen. Ich spürte den starken Drang, meinem Schwiegervater zu folgen, und so schlüpfte ich aus dem Bett und eilte ihm nach. Ich erwartete, dass er wieder verschwunden war, aber ich war rechtzeitig genug im Flur, um zu sehen, wie er ins Kinderzimmer ging. Auf einmal hatte ich Panik. Ich raste zur Tür des Kinderzimmers, aber da war er, sanft und liebevoll zog er die Bettdecken meiner Kinder hoch, ohne sie zu stören.

Als Nächstes folgte ich ihm in die Küche. Wir benutzen niemals die Hintertür, sie war fest verschlossen, und vor ihr stand ein Wäschetrockner. Ich bemerkte, wie er die Tür anschaute, und erinnere mich noch an den Gedanken »Wohin wirst du jetzt gehen?« Damit hört meine Erinnerung an diesen Vorgang auf. Als Nächstes erinnere ich mich daran, dass ich im Bett aufwachte, dass die Sonne durchs Fenster schien und alles sich friedlich und normal anfühlte. Ich tat also, was jede andere rational denkende und praktisch veranlagte Person tun würde: Ich nahm an, dass es sich um einen dieser unglaublich realistischen Träume gehandelt haben muss, die wir alle von Zeit zu Zeit haben. Ich stand also auf und ging in die Küche, um Kaffee zu kochen.

Ich war vor Schreck wie erstarrt und habe vielleicht sogar einen kleinen Schrei ausgestoßen, als ich in die Küche kam und sah, dass der Trockner beiseitegeschoben war und die verschlossene Hintertür sperrangelweit offen stand.

Mein Mann wollte natürlich wissen, was mit dem Trockner und der Tür geschehen war, und so erzählte ich ihm, was sich in der Nacht abgespielt hatte, als er schlief. Er glaubte mir kein Wort, sondern meinte, ich habe entweder geträumt oder sei verrückt geworden. Keine dieser beiden Möglichkeiten konnte jedoch erklären, warum der Trockner beiseitegestellt war und die Hintertür offen stand, und so lautete seine logische Schlussfolgerung, dass entweder jemand eingebrochen war (obwohl sonst nichts im Haus angerührt war und die Tür von außen versteckt hinter Büschen lag) oder ich selbst es getan hatte. Er gab mir nie eine Antwort auf die Frage: »Und *warum* sollte ich den Trockner weggestellt und die Tür weit offen gelassen haben?«

Weder mich noch meinen Mann überraschte es, dass – nach all den Jahren – Sylvia mir glaubte und bestätigte, dass ich das, was in jener Nacht geschehen war, nicht geträumt hatte und dass ich auch nicht verrückt war. Sie meinte, mein Schwiegervater sei aus dem Jenseits gekommen, um uns zu besuchen und zu sehen, ob alles in Ordnung war. Er hinterließ den beiseitegeschobenen Trockner und die offene Hintertür als ein physisches Zeichen dafür, dass er dagewesen war. Erneut waren wir nicht überrascht, dass sie das sagen würde. Ich habe alle Bücher von Sylvia gelesen, und ich weiß, wie sie diese Dinge sieht, und schätze ihre Ansichten.

Die Tatsache, dass Sylvia ihn *perfekt* beschreiben konnte, überzeugte schließlich meinen Mann davon, dass sein Vater wirklich zu Besuch gekommen war und sich bemerkbar gemacht hatte. Außerdem verriet sie mir als Bestätigung dafür, dass sie wusste, worüber sie sprach, den mittleren Namen meines Schwiegervaters. Diesen hätte sie unmöglich vorher in Erfahrung gebracht haben oder gleich beim ersten Mal richtig raten können.

Mehr als 30 Jahre lang war die Erinnerung an dieses Ereignis ziemlich unangenehm, und ich konnte nichts anderes tun, als darüber zu staunen. Heute jedoch, dank Sylvia und ihrer einzigartigen Genauigkeit, ist es ein Ereignis, auf das ich zusammen mit meinem Mann in Ehrfurcht zurückblicke.

(von Monica)

6

Beruf, Geld und Wohnen

Beruf, Geld und Wohnen. Das A und O unserer Lebenspläne und damit unseres Aufenthalts auf der Erde. Beim Übergang aus dem Jenseits machen uns diese zentralen Aspekte wahrscheinlich am meisten zu schaffen, weil sie in der Heimat überhaupt kein Thema sind. Wir haben im Jenseits alle unseren Beruf, den wir begeistert ausüben, weil wir ihn lieben. Uns würde es niemals einfallen, ihm *nicht* nachzugehen. Geld gibt es im Jenseits nicht, und wenn es dort doch existieren würde, dann würden die Wesen der spirituellen Welt es anstarren und fragen: »Was sollen wir denn damit anfangen?« Und was das Wohnen betrifft, so stellen wir uns unser Haus oder unsere Wohnung einfach vor, und schon ist sie da. Es verwundert daher nicht, dass wir uns auf der Erde in Bezug auf diese drei Dinge fühlen, als wären wir in einem endlosen Tratzballspiel ständig »in der Mitte«.

Wenn es bei einem Reading um eines dieser Themen geht, dann müssen normalerweise auch die beiden anderen Themen mit einbezogen werden, weil alle drei aus offensichtlichen Gründen so miteinander verwoben sind, dass es schwer ist, sie auseinanderzuhalten. Ich kann meinen Klienten genau sagen, was in ihrem Lebensplan steht und was sie vorhatten, als sie auf die Erde kamen und an welchem Punkt sie sich gegenwärtig befinden, aber ein altes Sprichwort ist wahr: »Viele Menschen sind zu sehr damit beschäftigt, Geld zu verdienen, anstatt einem Beruf nachzugehen.« Und wir wissen alle, dass keine Hypothekenbank oder Inkassofirma der Welt die folgende Entschuldigung annehmen würde: »Tut mir leid, ich kann diesen Monat nicht zahlen, denn in meinem Lebensplan steht, dass ich meinen Job als Kellner aufgebe und meine eigene Flugzeuglinie gründe.«

Es wird Sie nicht überraschen, dass mich die Menschen im Publikum immer wieder entgeistert anstarren, wenn sie von bevorstehenden Veränderungen in ihrem Leben hören. Genau das Gleiche geschieht, wenn mir ein Klient in einem Reading gegenübersitzt. »Sie werden eine beratende Tätigkeit ausüben«, sage ich dann zum Beispiel oder: »Sie werden mit Kindern arbeiten«, oder: »Sie erhalten Geld aus einem außergerichtlichen Vergleich«, oder: »Sie werden nach New Mexico ziehen.« Und all diese Menschen sind dann nicht nur ein wenig verwirrt, sie scheinen die Worte »beratende Tätigkeit«, »Kinder«, »Vergleich« oder »New Mexico« noch nie im Leben gehört zu haben. (Was nicht heißen soll, dass es von Zeit zu Zeit doch der Fall ist. Ich erzählte neulich einem Mann, dass er etwas tun werde, was mit Gartenbau zu tun hat, worauf er freudig erwiderte, dass es sein Herzenswunsch sei, Gärtner zu werden.) Wenn Sie sich jemals gefragt haben, warum ich im Angesicht der entgeisterten Blicke auf meinem Standpunkt beharre, dann liegt das daran – und ich wiederhole es an dieser Stelle –, dass ich die Informationen aus den Lebensplänen bekomme, die meine Klienten für sich geschrieben haben. Früher oder später wenden sich diejenigen, die ihrem Lebensplan folgen, an mein Büro und teilen mir mit: »Sie werden es nicht glauben, aber Sie hatten vollkommen Recht.«

Ich habe mit all dem nichts zu tun. Sie sind einfach wieder in Übereinstimmung mit Ihrem Lebensplan, das ist alles.

Einmal habe ich eine Rückführung in ein vergangenes Leben mit einer Frau namens Helena gemacht. Sie hatte gerade ihr letztes Leben als Schmied in Alabama im frühen 20. Jahrhundert und ihren Tod durch Herzversagen erlebt und war von Ehrfurcht überwältigt, als sie sich an ihre Reise durch den Tunnel zum strahlend weißen Licht Gottes erinnerte, die sie nach ihrem Tod angetreten hatte. Die meisten Klienten erleben während der Rückführung ihre Rückkehr ins Jenseits. Aber nicht viele halten sich dort so lange auf wie Helena. Sie fing an, die atemberaubend schöne Landschaft der Heimat zu beschreiben, die liebestrunkene Atmosphäre, die großartigen Bauwerke, eine große weiße Marmortreppe, eine glitzernde Kuppel und zahllose Gänge mit zahllosen Regalen, gefüllt mit zahllosen Schriftrollen. Ich wusste, dass sie sich in der Archivhalle aufhielt, aber ich sagte kein Wort. Ich brauchte es auch gar nicht. Sie wusste genau, wo sie war, und begann, die Gänge abzusuchen. Sie beschleunigte ihren Schritt, als sie erkannte, dass sie ihrem Ziel immer näher kam, und beschrieb alles mit einer gedämpften, ehrwürdigen Stimme.

Plötzlich stieß sie einen Laut aus.

»Was ist los?«, fragte ich sie.

»Mein Lebensplan«, flüsterte sie. »Mein Lebensplan von dem Leben, das ich gerade führe. Meine Hände zittern. Kann ich die Rolle öffnen?«

»Ja, machen Sie nur.«

Plötzlich wurde es still. Dann begann sie zu weinen.

Ich fragte, was geschehen war.

»Er ist leer. Es steht hier nichts geschrieben. Kein einziges Wort.«

»Ich weiß«, sagte ich.

Ich wartete, bis sie wieder wach war, um es ihr zu erklären.

Ich habe viele Astralreisen zur Archivhalle gemacht und habe bei einer Gelegenheit auch einmal meinen Lebensplan gefunden. Ich fühle immer noch, wie heftig mein Herz geschlagen hat, als ich das elfenbeinfarbene Pergament vorsichtig aufrollte, um all das zu lesen, was ich selbst für diesen besonders merkwürdigen, aufregenden und herzzerreißenden Ausflug zur Erde geplant hatte.

Die Rolle war leer. Genau wie Helenas.

Ich war verwirrt und auf seltsame Weise am Boden zerstört, genau wie Helena. Und wie immer in solchen Situationen, wandte ich mich an Francine.

Die Erklärung lag auf der Hand und war sehr frustrierend: Niemand darf seinen Lebensplan lesen, während er noch nach ihm lebt. Es wäre ein Schummeln mit kosmischen Dimensionen in einem sehr wichtigen Test. Es wäre so, als ob man bis zum Ende eines langen, geheimnisvollen Films vorspulen und das Wesentliche nicht mitbekommen würde, weil man alle Menschen, Ereignisse, Handlungen und Nebenhandlungen, Verstrickungen und Kehrtwendungen überspringt.

So war es und so wird es sein. Wir können unseren eigenen Lebensplan nicht einsehen, selbst wenn wir in der Archivhalle stehen und ihn in unseren Händen halten und direkt anschauen. Dies erklärt auch, warum ich als Hellseherin keine Aussagen über mein eigenes Leben treffen kann: Ich kann Ihren Lebensplan lesen, aber mein eigener bleibt mir verschlossen.

Dieses »Triumvirat« von Beruf, Geld und Wohnen ist eine gute Gelegenheit, eine weit verbreitete falsche Ansicht über unseren Lebensplan zu korrigieren. Auf keinen Fall widerspricht die Tatsache, dass wir auf der Erde mit einem Lebensplan ankommen, der Vorstellung von einem freien Willen. Offensichtlich sind die Umstände, Ereignisse, Menschen etc. in unserem Leben wichtig. Aber wie wir auf sie reagieren, wie wir mit ihnen umgehen, ob wir das Vorgegebene überwinden oder darin versacken, ist allein unsere Entscheidung. Es ist der Maßstab für unser Wachstum in diesem Leben. Der freie Wille ist nicht nur Teil unseres Lebensplans, er ist der größte Test, mit dem wir alle täglich konfrontiert sind.

Ein offensichtliches Beispiel: Wir haben alle schon von Menschen gehört, die einen großen Lotteriegewinn in ihren Lebensplan geschrieben haben. Der freie Wille entscheidet nun zwischen denen, die mit ihrem plötzlichen Reichtum verantwortungsvoll umgehen, sodass er sich positiv auf ihr Leben auswirkt, und denen, die arbeitslos werden und bankrott gehen, ihr Haus über dem Kopf verlieren, sich mit ihrer Familie und ihren Freunden zerstreiten, im Gefängnis landen (für Straftaten, die von Alkohol- und Drogenmissbrauch am Steuer über Tätlichkeiten bis hin zum Mord reichen) oder am Ende sogar tot sind, weil sie sich selbst die Pistole an die Brust gesetzt haben.

Es gibt unzählige Geschichten von Menschen, die sich jede nur vorstellbare Benachteiligung oder unglaubliche Tragödien in den Lebensplan schreiben. Der freie Wille unterscheidet zwischen denen, die ihren Umstand als Entschuldigung nehmen, um hart und verbittert zu werden und im Selbstmitleid zu versinken, und denen, die ihn als Ansporn betrachten, um einzigartige Leistungen zu vollbringen, andere zu inspirieren und an der Verbesserung dieser Welt mitzuwirken.

Es gibt aber auch die Menschen, die sich jeden nur erdenklichen Vorteil in den Lebensplan geschrieben haben und deren freier Wille dazu führt, dass sie habgierig werden, andere Menschen ausbeuten und ihr Mitgefühl verlieren, während andere zu freundlichen und großzügigen Menschenfreunden werden.

Zusammengefasst lässt sich alles in einem Satz ausdrücken: Nicht Ihr Lebensplan bestimmt Ihren Erfolg auf der Erde, sondern was Sie aus ihm machen.

Liebe Sylvia,
bei meinem Reading im Mai meinten Sie, ich würde irgendwann in den nächsten vier Jahren ein ganzheitliches Gesundheitszentrum gründen. Ich hatte keine Ahnung, wovon Sie sprachen, denn ich arbeite als Hypnosetherapeutin, und ein solches Zentrum war nun nicht gerade mein vorgesehener »nächster Karriereschritt«.

Aber nun sind sieben Monate vergangen und es ist Dezember. Dank der Neugier, die Sie in mir entfachten, und/oder weil Sie ein bislang verborgenes Potenzial in mir sahen, habe ich angefangen, mich mit ganzheitlicher Heilung zu beschäftigen und einige Seminare für »Anfänger« zu besuchen. In diesen Seminaren habe ich sehr inspirierende, humanitären Zielen verpflichtete Menschen kennen gelernt, die mein Interesse vertieften und den Wunsch in mir stärkten, einen sinnvollen Beitrag zur Gesellschaft zu leisten. Jeder Tag wurde zu einem aufregenden Abenteuer. Ich besuchte nicht nur Anfängerseminare, sondern auch Kurse und Konferenzen für Fortgeschrittene. Wenn ab und zu meine Selbstzweifel hochkamen, dann dachte ich an das Reading mit Ihnen und erinnerte mich an die Worte eines Kursleiters, der meinte, ich sei »für diese Art von Arbeit geboren«, und sofort war ich wieder frisch und voller Energie.

Gegenwärtig bin ich sowohl Hypnosetherapeutin als auch Seelsorgerin. Zusammen mit fünf gleichgesinnten Kollegen und Kolleginnen treffe ich mich inzwischen regelmäßig, um die aufregende Möglichkeit der Gründung eines alternativen, also ganzheitlichen Therapiezentrums zu diskutieren. Und ich habe allen, mit denen ich zu tun habe, erzählt, dass Sie mir diese vielversprechende neue Tür geöffnet haben, die ich ohne Sie niemals wahrgenommen hätte.
(von Linda)

Liebe Sylvia,
vor etwas mehr als einem Jahr hatte ich zusammen mit meinem Neffen einen Vortrag von Ihnen besucht. Mein Neffe war schon seit längerer Zeit depressiv. Er hatte einen Job, in dem er sich nicht entwickeln konnte, gleichzeitig aber auch Angst, sich zu verändern, weil er keine positive Richtung für sich sah. Das einzige Betätigungsfeld, für das er sich begeistern konnte, waren Immobilien. Seine Depressionen hatten jedoch sein Selbstvertrauen so sehr untergraben, dass er davon überzeugt war, auch auf diesem Gebiet letztlich nur zu scheitern. Ich dachte, wenn er Sie leibhaftig sähe, würde ihn das vielleicht aufheitern und inspirieren, da er Sie sehr bewundert und

sich alle Fernsehsendungen anschaut, in denen Sie auftreten.

Um ehrlich zu sein, hoffte ich, Ihnen am Saalmikrofon eine Frage stellen zu dürfen, denn außer den Problemen meines Neffen gingen mir noch ein paar andere Dinge durch den Kopf. Aber bei mehr als 3000 Anwesenden sollte es nicht sein – stattdessen wurde mein Neffe ans Mikrofon gebeten!

Vielleicht erinnern Sie sich an ihn. Er trat heraus auf den Gang, sprang hoch und schlug seine Hacken zusammen, bevor er nach vorne rannte und sich in die Warteschlange vor dem Mikrofon einreihte.

Als er an der Reihe war, fragte er Sie, ob er seinen Beruf wechseln würde. Sie antworteten »Immobilien«, bevor er seine Frage überhaupt hatte zu Ende formulieren können. Es war kaum zu glauben.

Es ist eine Freude zu beobachten, wie sehr er sich seit jenem Abend verändert hat. Sie hatten ihm nicht nur bestätigt, wofür er ausersehen war, Sie prophezeiten ihm auch noch, dass er erfolgreich darin sein werde. Das war genau der Schub an Selbstvertrauen, den er brauchte. Er hat inzwischen seine Lizenz als Immobilienmakler und hat seine andere Arbeit gekündigt. Neulich erzählte er mir, wie sehr er sich auf jeden neuen Morgen freue. Niemand von denen, die ihn kennen und lieben, hätte jemals gedacht, diese Worte aus seinem Mund zu hören. Sie sind wie Musik in unseren Ohren.

Ich wollte Ihnen nur mitteilen, welche große Wirkung Sie auf Menschen haben, selbst in den kürzesten Begegnungen. Was für ein großer Segen es für uns alle ist, dass

Sie Ihre außergewöhnlichen Fähigkeiten so großzügig mit uns allen teilen.
(von Rae Carol)

Ich saß bei einem Fernsehauftritt von Sylvia im Publikum und hatte das Glück, sie im Hinblick auf meine Arbeitssuche etwas fragen zu können, die sehr entmutigend für mich war. Sie antwortete mir, dass ich am kommenden Freitag eine positive Mitteilung bekommen werde, die zu einem neuen beruflichen Weg im Marketing führe.

Am kommenden Freitag hatte ich ein Interview bei einer Firma, die jemanden für den Bereich Kundenbetreuung/Marketing suchte. Nach zwei Interviews wurde ich eingestellt, und am Montag fange ich an, im Bereich Marketing zu arbeiten. Es ist für mich eine ganz neue Ausrichtung, und ich brauche wohl nicht zu erwähnen, wie sehr mich das alles beflügelt.

Da mehrere hundert Leute im Fernsehstudio und Millionen von Menschen an den Bildschirmen waren, möchte ich Sylvias wertvolle Zeit nicht länger in Anspruch nehmen, sondern ihr lediglich auf diesem Wege mitteilen, dass ihre Voraussage noch erstaunlicher war, als sie vielleicht weiß. Auf dem College hatte ich Marketing studiert, diese Tätigkeit lag mir und ich tat sie gern, aber meine Eltern meinten, dass ich im Finanzbereich eine stabilere Zukunft haben würde. Also konzentrierte ich mich stattdessen auf diesen Bereich, in dem ich zwar ebenfalls gut war, aber innerlich mehr und mehr ausbrannte. Ich versuchte lange Zeit, die Tatsache zu ignorieren, dass ich mit dem Herzen nicht so bei der Sache gewesen bin, wie ich es im Bereich Marketing schon immer war und sein werde.

Dies ist eine Bestätigung für Sylvia, als Dankeschön dafür, dass sie mich bestätigt hat.

(von Bernie)

Ich hatte nach drei Jahren Depression und Verwirrung ein telefonisches Reading mit Sylvia und hoffte, dass sie mir eine klare Richtung aufzeigen würde, wie ich aus meinem Tief herauskommen konnte.

Vor dem Reading hatte ich ihr die folgenden Informationen nicht gegeben:

- Ich habe einen Bachelor in Psychologie.
- In dem Jahr, in dem ich meinen Abschluss machte, wurde bei meinem Mann Leukämie diagnostiziert, an der er noch im selben Jahr starb.
- Ich konnte mich gerade noch genug zusammenreißen, um auf einem Gebiet, das »Suchtstudien« genannt wird, einen Abschluss zu machen.
- Eigentlich war es mein größter Wunsch, mich an der Hochschule für Aufbaustudien zu bewerben. Unglücklicherweise hatte ich die Aufnahmeprüfung zu schnell nach dem Tode meines Mannes abgelegt, als ich noch ziemlich aufgewühlt und durcheinander war, weshalb ich auch nicht gut abschnitt. Ich fürchtete, mit so einer schlechten Prüfung nicht angenommen zu werden.

Zu Beginn des Readings fragte ich Sylvia nur: »Soll ich mich für die Hochschule für Aufbaustudien bewerben?« Ihre Antwort war: »Ja, absolut. Und achten Sie auf einen

Mann namens Bill, der noch eine wichtige Rolle spielen wird, nicht als romantische Beziehung, sondern als Mentor oder Ratgeber.«

Zwei Monate später war ich mitten in meinem Suchtstudien-Kurs, als ein Mann den Raum betrat, den ich noch nie zuvor gesehen hatte. Er schaute sich um und fragte mich schließlich, ob er sich zu mir setzen dürfe. Sein Name war Bill, und er war ein pensionierter Schulleiter. Als wir miteinander plauderten, kamen wir auch auf das Thema Hochschule für Aufbaustudien, und ich erzählte ihm, dass ich in der Aufnahmeprüfung so schlecht abgeschnitten hatte, dass ich mir nicht vorstellen konnte, genommen zu werden.

Er sagte daraufhin, dass die Note der Aufnahmeprüfung für die meisten Hochschulen nicht das entscheidende Kriterium sei. Ich solle daher nicht so viele Gedanken an sie verschwenden, sondern mich einfach an einer Hochschule bewerben und damit rechnen, angenehm überrascht zu werden.

Bill war nur an diesem einen Tag im Kurs. Ich sah ihn nie wieder und weiß auch nicht, wie er mit Nachnamen heißt. Aber ich nahm Bills Ratschlag ernst und bewarb mich an einer Hochschule für Aufbaustudien. Ich wurde aufgenommen, bekomme nur die besten Noten und werde in diesem Sommer mein Diplom in psychologischer Beratung machen.

Alles ist ganz genau so eingetroffen, wie Sylvia es vorausgesagt hat.
(von Gayle)

Liebe Frau Browne,
ich muss Ihnen einfach schreiben und mich bei Ihnen dafür bedanken, dass Sie gegenüber einem Fremden, der die Chance Ihrer unmittelbaren Anwesenheit nutzte, so großzügig und korrekt gewesen sind.

Ich war auf dem Flughafen von San José Ihr Gepäckträger am Terminal der American Airlines und ich fragte Sie, ob ich meinen Beruf wechseln würde. Sie sagten mir, dass ich mein Talent vergeudete und es an der Zeit sei, all meine Energie in meine Musikkarriere zu stecken.

Ich habe Ihren Rat befolgt, Frau Browne. Ich bin inzwischen ein erfolgreicher Musikproduzent, mit Namen wie Maria Carey und T. L.C. auf meiner Referenzliste.

Eines Tages werde ich mich bei Ihnen revanchieren. Bis dahin bleibt mir nichts anderes, als mich aus ganzem Herzen bei Ihnen zu bedanken.
(von Keith)

Ich wandte mich in einer Zeit in meinem Leben an Sylvia, in der ich vollkommen orientierungslos war. Zu Beginn des College war ich von dem Beruf begeistert, den ich mir ausgewählt hatte, aber schon im ersten Jahr wurde mir schmerzlich klar, dass ich nicht genug an diesem Studiengebiet interessiert war, um damit bis zum Abschluss weiterzumachen, geschweige denn für den Rest meines Lebens. Es war ein regelrechter Schock für mich, dass ich auf einmal keine Richtung mehr hatte, nachdem ich mit so viel Vertrauen und Sicherheit aufgewachsen war. Plötzlich zweifelte ich alle Gedanken, Bemühungen und Entscheidungen an, die ich zu treffen versuchte, und mein

Selbstvertrauen ging so in den Keller, dass ich anfing, mich für eine Schwindlerin zu halten, die bislang in ihrem Leben komplett versagt hatte. Ich bat Sylvia verzweifelt um jede Richtung, die sie mir geben konnte. Ich wusste aus dem Fernsehen, dass sie »kein Blatt vor den Mund« nehmen würde – egal, ob ich es hören wollte oder nicht.

Mehrere Wochen vergingen, bis eine Mitarbeiterin mich anrief und mir Sylvias Antwort auf meinen Brief mitteilte. Sylvia sagte, es sei richtig gewesen, meine ursprünglichen Karrierepläne aufzugeben, weil ich eigentlich Sozialarbeiterin werden sollte. Ich musste lachen, als ich das hörte. Ich lachte nicht, weil sie falsch lag, sondern weil sie total Recht hatte. Sie konnte nicht wissen, dass ich schon zu der gleichen Schlussfolgerung »wie aus dem Nichts« gekommen war. Eine Woche nach dem Anruf aus Sylvias Büro begann ich mit der entsprechenden Ausbildung. Ich schätze, Sylvia und ich, wir haben uns gegenseitig bestätigt. Durch ihre positive Unterstützung meiner Entscheidung wurde aus der schrecklichsten Zeit in meinem Leben die aufregendste.
(von Sonia)

Liebe Sylvia,
Als ich für ein Reading zu Ihnen kam, machte ich mir große Sorgen wegen eines möglichen Gerichtsverfahrens. Sie sagten, der Fall werde niemals zu einem Gerichtsverfahren führen, sondern schon »im Vorfeld« geklärt werden können. Nach zwei Vorverhandlungen ohne Erfolg sollte dann aber doch ein Geschworenengericht zusammengestellt werden.

Ich war außer mir und rief in Ihrem Büro an, um zu fragen, ob Sie Ihre Voraussage vielleicht revidieren wollten. Ihre Antwort war »nein« – Sie wüssten, dass sie richtig war. Wir sollten noch einmal in die Verhandlung gehen und ein etwas maßvolleres Vergleichsangebot unterbreiten. Sie betonten dabei das Wort »etwas«. Ich nahm Sie beim Wort, und wir gaben ein Angebot ab, das nur ein minimales Zugeständnis enthielt. Und stellen Sie sich vor, die Gegenseite akzeptierte unser Angebot, und wir kamen in letzter Sekunde um ein ordentliches Gerichtsverfahren herum.

Vielleicht sollte ich die Anwaltskosten zukünftig an Sie überweisen und nicht an meinen Rechtsanwalt.
(von Rick)

Liebste Sylvia,

ich wollte Ihnen nur mitteilen, dass die Informationen, die Sie mir in meinem Reading gegeben haben, ihr Geld wert waren, wenn Sie mir das Wortspiel erlauben. Wie Sie vorausgesagt haben, brachte der Umzug nach Hawaii meinem Mann und mir den Erfolg, für den wir gebetet hatten, und es besteht kein Zweifel, dass Ihre sehr spezifischen Aussagen uns davor bewahrt haben, erst fünf bis zehn Jahre lang nach der Richtung zu suchen, die Sie uns so klar aufgezeigt haben.
Viele aus meinem Freundeskreis konnten nicht verstehen, warum ich so viel Geld für hellsichtige Informationen ausgab, auch wenn es sich dabei um Sylvia Browne handelte. Aber ich habe zwei Antworten für sie. Zum einen empfehlen Sie Ihren Klienten, Sie nur einmal aufzusuchen, denn

Sie lesen den gesamten Lebensplan und müssen dies nicht ein zweites Mal tun. Preiswertere Hellseher wollen gern, dass man immer wieder kommt, wodurch man für sie letztlich viel mehr bezahlt als bei Ihnen. Zum anderen, wie ich schon sagte – wer weiß, wie viel Geld Sie uns erspart haben, indem Sie uns sagten, »wo es langgeht«. Damit haben Sie uns jahrelange Suche und Ungewissheit erspart.

Mit anderen Worten: Sylvia, Sie sind ein gutes Geschäft!
(von Lee)

Bitte sagen Sie Sylvia, dass ich nicht nur – wie von ihr vorausgesagt – den Prozess gewonnen habe, über den wir vor einem Monat in meinem Reading sprachen. Ich erhielt auch genau die Summe, die sie prophezeit hatte. Vielen Dank und alle Achtung!
(von Devon)

Liebste Sylvia,
Sie erinnern sich bestimmt nicht an mich, aber ich hatte mit Ihnen vor sechs Jahren ein Reading, und was mich betrifft, so haben Sie mein Leben und das Leben meines Sohns gerettet.

Ich hatte mich an Sie mit dem größten Problem gewandt, das ich damals hatte. Mein Mann hatte mal wieder seine Arbeit verloren, und ich war mir sicher, wenn ich gute Neuigkeiten aus Ihrem Mund an ihn weiterleiten könnte, wann er wieder Arbeit haben würde, dann würde er wieder Mut fassen und nicht länger so verärgert und deprimiert sein.

Es war wie ein Eimer kaltes Wasser in mein Gesicht, als Sie sagten: »Ich mache mir keine Sorgen um seinen nächsten Job. Ich mache mir Sorgen um Sie. Wann hören Sie endlich auf, seine Krücke zu sein, und bauen sich Ihr eigenes Leben auf? Und übrigens, haben Sie schon einmal gemerkt, wie deprimiert *Sie* sind?«

Ich hatte nie einem Menschen anvertraut, was wirklich in meinem Leben vor sich ging: die schlechte Behandlung durch meinen Mann, der darauf bestand, dass ich zu Hause blieb und für »seinen Sohn« sorgte und mich um »sein Haus« kümmerte; meine Angst davor, dass es nicht mehr lange dauern würde, bis er anfing, unser Kind zu schlagen, denn er dachte sich nichts dabei, mich vor seinen Augen zu schlagen; wie sehr ich mich überhaupt in der Falle fühlte. Ich schämte mich für meine Schwäche. Ich schämte mich dafür, dass dieser unschuldige, kleine Junge in einem Zuhause aufwuchs, das voller Angst und Wut war. Ich schämte mich, weil ich nicht wusste, wie ich aus dem ganzen Schlamassel herauskommen sollte. Meine eigene Familie war 5000 Kilometer weit weg. Dort, wo wir lebten, hatte ich keine Freundinnen, und ich hatte einem potenziellen Arbeitgeber nur mein Abiturzeugnis anzubieten.

Ich kann es kaum in Worte fassen, wie mitfühlend Sie waren, sowohl als Hellseherin als auch als Frau, die mir offen viele Dinge anvertraute, die in ihrem Leben ähnlich verlaufen waren, als sie in meinem Alter war. Und da waren Sie vor mir, diese energiegeladene, erfolgreiche Frau. Ich vergesse nie, dass ich sagte: »Ich habe fast das Gefühl, als ob auch ich es schaffen könnte«, worauf Sie erwiderten:

»Sie *werden* es schaffen. Ich weiß es, denn ich kann hellsehen.« Es fühlte sich an, als öffnete sich eine große Tür in mir, und das erste Mal seit Jahren kamen wieder Licht und frische Luft herein.

Ich tat alles, was Sie mir empfohlen hatten, und ging als Erstes zum Arzt, der sich Ihrer Empfehlung anschloss und mir ein Antidepressivum verschrieb. Allein schon das Medikament machte mich geistig viel klarer. Ich belegte die Online-Kurse in dem Bereich, den Sie vorgeschlagen hatten, fand eine ausgezeichnete Tagesbetreuung für meinen Sohn, sodass er den Großteil seiner Zeit an einem glücklichen Ort war (Sie hatten Recht, mein Mann stimmte dem zu, als ich sagte, wir beide hätten auf diese Weise mehr Zeit und Raum für uns, und ich fühlte mich überhaupt nicht schuldig, ihn zum Wohle meines Kindes anzulügen), und ich fing an, auf unscheinbare Weise ein wenig Geld für mich auf die Seite zu schaffen. Ich befolgte die ganze Liste, mit der ich Ihr Büro verlassen hatte.

Wie gesagt, dies alles war vor sechs Jahren. Inzwischen bin ich geschieden, habe das alleinige Sorgerecht für meinen Sohn, wir leben in unserer eigenen Wohnung, und ich arbeite als Kosmetikerin und habe schon 32 Stammkunden mit ansteigender Tendenz. Was meinen Ex-Mann betrifft, so hatte seine Freundin, die bei ihm wohnte, nachdem wir uns getrennt hatten, den Mut, das zu tun, was ich nicht getan habe, und zeigte ihn wegen Körperverletzung an. Er wurde verurteilt und verbüßt eine dreijährige Haftstrafe.

Es ist nicht nur eine Redewendung, Sylvia, ich bin wirklich davon überzeugt, dass Sie uns das Leben gerettet ha-

ben. Halten Sie also meine Telefonnummer griffbereit. Wenn ich im Gegenzug irgendetwas für Sie tun kann, dann lassen Sie es mich wissen. Sie haben in mir eine lebenslange Freundin, die Sie sehr schätzt.
(von Camille)

Ich hatte ein telefonisches Reading mit Sylvia, um sie zu fragen, ob ich die Beförderung erhalten würde, auf die ich wartete. Stellen Sie sich vor, wie überrascht ich war, als sie mir erzählte, dass die Firma, deren Namen ich ihr noch überhaupt nicht genannt hatte, in den nächsten zwei Jahren in großen Schwierigkeiten stecken würde. Sie riet mir, nicht auf eine Beförderung zu warten, sondern mich stattdessen nach einer anderen Arbeit umzuschauen.

Ich ging daraufhin wirklich in mich. Einerseits gab es nicht den geringsten Hinweis dafür, dass die Firma, für die ich arbeitete, in irgendwelchen Schwierigkeiten steckte. Wenn ich andererseits Sylvia Browne genug vertraute, um ein Reading mit ihr zu machen, dann wäre es dumm gewesen, nicht auch auf sie zu hören.

Meine Frau vertraute glücklicherweise sowohl mir als auch Sylvia. Sie meinte, ich könne nichts falsch machen, unabhängig von der Entscheidung, die ich traf – warum sollte ich mich also nicht umschauen, was es da draußen alles gäbe?

Zusammen mit drei Freunden gründete ich schließlich meine eigene Firma. Wir installieren Video-, Audio- und Telefonsysteme und schneiden sie auf die besonderen Bedürfnisse unserer Kunden zu. Wir verdienen Geld, haben eine gute Zeit, und es ist die beste Arbeit, die ich mir vorstellen kann.

Was mit meiner früheren Firma geschah? Ich fürchte, Sylvia hatte sich dieses Mal geirrt. Sie steckte zwei Jahre später nicht in großen Schwierigkeiten. Nach anderthalb Jahren und einem großen Streit in der Familie der Eigentümer schloss sie ihre Pforten für immer. Wenn ich dort geblieben wäre, ob mit oder ohne Beförderung, hätte ich Sylvia aus der Arbeitslosenschlange geschrieben.
(von Bryan)

Kaum hatte ich in Sylvias Büro Platz genommen, fragte sie: »Wie wäre es mit einem Umzug?« Ich fiel fast in Ohnmacht. Ich war vor sechs Monaten von Südkalifornien nach Oregon gezogen, und aus den unterschiedlichsten Gründen, die nichts mit Oregon zu tun haben, konnte ich meine Pläne nicht verwirklichen. Ich dachte schon seit Wochen wieder ans Umziehen und fragte mich, wohin ich gehen sollte. Bevor ich aber irgendetwas sagen konnte, fügte sie hinzu: »In die Gegend von Prescott. Schneidern Sie wieder, denn das hat Ihnen immer viel Spaß gemacht. Sie werden es mit speziellen Gewändern zu tun haben.«

Kaum hatte ich das Gebäude mit Sylvias Büro verlassen, rief ich meine Tochter übers Handy an. Meine Tochter ist in Prescott, Arizona, Theaterproduzentin, und sie versucht schon seit fünf Jahren, mich dazu zu bewegen, dorthin zu ziehen. Ich hatte ihr immer gesagt, dass ich nichts dagegen hätte, ich konnte mir nur nicht vorstellen, was ich dort machen sollte.

Ich habe mir 38 Jahre lang meinen Lebensunterhalt

als Maßschneiderin in Kalifornien verdient, bevor mein schlecht geplanter Ruhestand begann und ich nach Oregon zog.
(von Lucy)

Als Sylvia mir erzählte, dass ich bald mit meiner Familie umziehen würde, platzte es aus mir heraus: »Nein, das werden wir nicht!« Meine Reaktion störte sie kein bisschen, sie sagte nur: »Doch, das werden Sie.« Ich war am Telefon mit ihr, und so kritzelte ich ihre Beschreibung des Hauses, in das wir ziehen würden, eher beiläufig auf einen Zettel, weil ich wusste, dass sie sich irrte. Ich fühlte mich besser, als sie mir erzählte, dass zwei Frauen an meinem Arbeitsplatz mir das Leben schwer machten und ich daher das Jobangebot annehmen sollte, das mir in den letzten paar Wochen in den Schoß gefallen war. Das stimmte alles hundertprozentig! Und mir gefällt meine neue Arbeit, sollte ich vielleicht hinzufügen.

Mein telefonisches Reading war im Oktober. Im späten November, an meinem Geburtstag, bat mich mein Mann ins Auto und meinte, wir würden jetzt ein Stück fahren, denn er habe eine Überraschung für mich. Er fuhr mich zu einem großen leeren Grundstück ein paar Kilometer außerhalb der Stadt. Es lag auf einem Hügel, von dem aus man einen herrlichen Blick aufs Meer hatte. Er half mir aus dem Wagen, zeigte mit dem ausgestreckten Arm über das Grundstück und fragte: »Nun, was hältst du davon?« Ich sagte: »Was halte ich wovon?« Woraufhin er meinte: »Das Land. Es ist ein Geburtstagsgeschenk für dich.«

Ich kann es immer noch kaum glauben, aber im nächsten Sommer sind wir in unser Traumhaus gezogen, das wir selbst entworfen haben. Als es fast fertig war, konnte ich nicht widerstehen und holte den Zettel mit Sylvias Hausbeschreibung zum Vorschein, den ich damals eher beiläufig vollgekritzelt hatte. Dort stand:

- atemberaubender Blick über das Meer (definitiv)
- kreisförmige Auffahrt (mein Mann liebt sie)
- mehrere Kamine (wir haben vier), einer von ihnen aus Stein (im Elternschlafzimmer)
- ideale Nachbarschaft (großzügige Häuser mit genügend Abstand, in einem eingezäunten Bereich mit eigenem Wachdienst)
- kurzer Weg zur Arbeit (zehn Minuten Fahrt zu meinem neuen Job)

Ich weiß nicht, ob ich mich jemals so darüber gefreut habe, mich geirrt zu haben. Aber eins ist gewiss: Ich werde nie wieder an Sylvia Browne zweifeln, so viel ist sicher. (Sie werden noch von meinem Mann hören – auch er möchte ein Reading!)
(von Beth)

Liebe Sylvia,
ich muss Ihnen einfach die folgende Geschichte erzählen.

Mein Mann hatte mit Ihnen ein telefonisches Reading. Er bat mich, mit im Raum zu sein, während er mit Ihnen sprach. Schon seit Wochen war er ein reines Nervenbündel, denn er wartete auf die Mitteilung, dass er die Anwaltsprüfung bestanden hatte. Ich hoffte, dass es Ihnen besser als mir gelingen würde, ihn zu beruhigen.

Sie sprachen eine Weile über viele verschiedene Themen, während er interessiert zuhörte und dabei im Raum umherlief, tiefe Kniebeugen machte und vor Aufregung fast die Wände hochlief.

Schließlich atmete er tief durch und sagte: »Glauben Sie, dass ich meine Anwaltsprüfung bestehe?« Auf einmal fing er an, hoch- und runterzuspringen, seine Faust in die Luft zu strecken, zu jubeln und zu schreien. Er kam sogar zu mir hinübergelaufen und wir klatschten uns gegenseitig in die Hand. Ich starrte ihn an. Selbst beim Footballspielen in der Highschool hatte ich ihn nicht so begeistert gesehen.

Als er den Hörer aufgelegt hatte, sagte er: »Ich habe bestanden!«

Ich meinte, dass ich das wohl mitbekommen hätte und auch keine Spielverderberin sein wolle, aber ob es nicht besser sei, sich erst dann so zu freuen, wenn es auch offiziell wäre?

Er sagte: »Es ist offiziell. Sylvia Browne hat es gesagt!«

Ich dachte mir, es interessiert Sie vielleicht, welchen Stellenwert Sie in dieser Familie haben. Und natürlich hatten Sie Recht. Mein Mann bestand die Anwaltsprüfung und arbeitet inzwischen als Assistent des Bezirksstaatsanwalts.

(von Stella)

Liebe Sylvia,
ich bin die Frau, die sich mit Ihnen darüber gestritten hat, wie falsch Sie mit Ihren Aussagen über die Zukunft meiner beiden erwachsenen Söhne liegen.

Sie sagten, meine Söhne würden in unserer kleinen Stadt, in der sie geboren und aufgewachsen sind, zusammen ein erfolgreiches Business im Bereich des Persönlichkeitstrainings gründen. Sobald das Geschäft laufe und sie die richtigen Personen gefunden hätten, um die Geschäftsführung abzugeben, würden beide in unterschiedliche Städte im gleichen Bundesstaat ziehen und Lizenzbetriebe gründen, die genauso erfolgreich, wenn nicht sogar noch erfolgreicher sein würden.

Ich sagte, dass meine Söhne bereits nach geeigneten Räumen suchten, um ein Studio für Fitness oder Persönlichkeitstraining ins Leben zu rufen, aber sie würden nie und nimmer woanders hinziehen, schon gar nicht jeder in eine andere Stadt. Schließlich waren sie immer unzertrennlich und haben sogar zwei eng miteinander befreundete Frauen geheiratet.

Mein Reading fand vor fünf Jahren statt. Das Business meiner Söhne hier vor Ort blüht. Einer von ihnen lebt nun 150 Kilometer nördlich, und sein »Zweig« des Franchise-Unternehmens ist sehr erfolgreich. Der andere lebt zwei Stunden von hier in östlicher Richtung, und seine Firma läuft sogar noch besser.

Was soll ich dazu sagen? Ich werde in Zukunft immer auf Ihre Worte hören, denn Sie haben sich mein uneingeschränktes Vertrauen erworben.
(von Susan)

Liebe Sylvia,
Mögen es Ihre anderen Klienten genauso wenig wie ich, sich selbst auf Tonband zu hören? Sie sagten nur: »Wissen Sie, wenn Sie mit Ihrem Arzt darüber sprechen, was er gegen Ihre Depressionen tun kann, werden Sie sich schließlich gut genug fühlen, um den Umzug nach Kalifornien zu machen.« Das waren praktisch Ihre ersten Worte, nachdem Sie mich mit »Hallo, ich bin Sylvia« begrüßt hatten.

Auf dem Rest des Bands erzählen Sie mir viele erstaunliche Dinge, und ich sitze nur da und stammle vor mich hin.

Inzwischen bin ich wieder ich selbst und kann Ihnen sagen, dass die einzige Person, mit der ich über meine Depression gesprochen habe, mein Pfarrer war. Er hielt nichts von Medikamenten, deshalb empfahl er mir nie, einen Arzt aufzusuchen. Da Sie es mir geraten haben, ging ich zum Arzt und nehme inzwischen ein sehr leichtes Antidepressivum, gerade so viel, um gut über die Runden zu kommen.

Es war schon immer mein Traum gewesen, nach Kalifornien zu ziehen, in die Nähe von Freunden, die in Carmel leben. Seit der depressive »Nebel« sich gelichtet hat, habe ich angefangen, tatsächlich meine Fühler auszustrecken, anstatt nur zu träumen. Am 1. Oktober werde ich offiziell in das Haus einziehen, das ich in Carmel gemietet habe. Ich habe dann gerade genug Zeit, um mich ein wenig einzuleben, bevor ich am 20. Oktober meinen neuen Job als Rechtsanwaltsgehilfin anfangen werde.

Ich hoffe, all diese großartigen Neuigkeiten drücken

meinen Dank aus und entschädigen Sie für das Gestammel, das ich Ihnen zugemutet habe.
(von Carla)

Ich war ziemlich gehemmt, als ich Sylvia aufsuchte, um von ihr einen Einblick in meine berufliche Zukunft zu erhalten, denn ich würde gerne selbst Readings geben. Aus Gründen, die auf der Hand lagen, fürchtete ich, sie würde mich gleich wieder mit schallendem Gelächter aus dem Zimmer jagen. Aber ich denke, wenn man Hilfe braucht, sollte man sich immer direkt an die beste Person wenden, denn das spart viel Zeit und Geld.

Ich versuchte, so selbstbewusst wie möglich zu klingen, als ich Sylvia erzählte, dass ich ein Hellseher sei. Ich war so überrascht, als sie sofort hinzufügte »und ein Heiler«, dass ich sie bitten musste, es zu wiederholen, weil ich diese Art der Bestätigung nicht von ihr erwartet hatte.

Sie fuhr fort, mir zu meinen Talenten zu gratulieren, und gab mir ihre Handynummer für den Fall, dass ich einmal ihren Rat beim Aufbau und bei der Leitung meiner Praxis bräuchte.
Sie ist die großzügigste Person, die ich kenne.
(von Billy)

7

Die Vielfalt des Lebens auf der Erde

Eine Freundin von mir nennt es, meistens verdrießlich, »des Lebens hohler Schein« – jene kleinen und großen Vorfälle, die unser alltägliches Leben bestimmen. Und oft sind es genau diese Vorfälle, in all ihrer individuellen Bandbreite, über die meine Klienten mit mir sprechen wollen. Sie haben eine ganze Liste von Punkten, die wir gemeinsam durchgehen und mit dem vollkommenen Blick der liebenden Augen Gottes betrachten. Anstatt nur einem Anliegen, haben sie drei oder fünf oder zehn, alle sind einzigartig und doch allgemein verbreitet. So sehr sich die Einzelheiten auch unterscheiden und so schwer sie sich auch in eine bestimmte Kategorie einordnen lassen, wir alle fühlen uns mit diesen Themen vertraut, weil jeder von uns versucht, sich in die nächste Klasse dieser harten irdischen Schule vorzukämpfen, um hinterher weiser in die jenseitige Heimat zurückkehren zu können.

Ein Kritiker, der nicht an Hellsichtigkeit glaubt und auch nicht viel über uns Hellseher weiß, verspottete neulich mich und zwei meiner Kollegen in einer bundesweit ausgestrahlten Fernsehsendung, warum wir uns nicht mehr mit den großen Naturkatastrophen (Tsunamis, Wirbelstürme, Erdbeben usw.) befassen und /oder die Soldaten im Irak warnen würden, wenn sie in akuter Lebensgefahr sind. Als ob diese sich dessen nicht schon schmerzlich genug bewusst sind. Aber vielleicht lautet der Vorwurf, dass wir Hellseher unsere Arbeit dann nicht richtig tun, wenn wir nicht im Irak an den Gefechtsfronten hin und her laufen und zur rechten Zeit »ducken!« schreien oder die Küste am Golf von Mexiko auf- und abrasen und »Alle Mann landeinwärts rennen!« rufen, sobald ein Wirbelsturm im Anmarsch ist.

Viele Kritiker weigern sich einfach, die Tatsache anzuerkennen, dass sich jede Person auf der Erde realen, wichtigen, schwierigen und komplizierten Problemen gegenübersieht, die Aufmerksamkeit erfordern – egal, ob auch Naturkatastrophen und Kriegshandlungen dazugehören oder nicht. Jede Person zählt, jedes Problem zählt, und glücklicherweise kann ich oft helfen, weil mir Gott diese Fähigkeit geschenkt hat. Es ist das, was Gott von mir erwartet, und ich tue es leidenschaftlich mit dem ganzen Herzen. Ich brauche mich nicht dafür zu entschuldigen, dass der Großteil meiner Arbeit darin besteht, eins zu eins mit den Menschen zu kommunizieren – jeweils ein Thema, ein Problem, eine Angst, eine Sorge, ein Verlust, eine Trauer.

Wie Sie am Anfang des Buches gelesen haben, habe ich als Kind, als ich meine speziellen Fähigkeiten begriff und lernen musste, mit ihnen umzugehen, Gott darum gebeten, mir nur die Informationen zu geben, mit denen ich etwas anfangen konnte. Genau das hat er getan, und dafür bin ich ihm sehr dankbar. Wenn das Kritikern und professionellen Skeptikern zu trivial ist, dann ist mir das, offen gestanden, egal. Ich kann nur ehrlich sagen, dass es nicht einmal in dem vergangenen halben Jahrhundert vorgekommen ist, dass ich ein Problem meiner Klienten für belanglos erachtet habe. Gibt es Probleme, die schwerer wiegen und dringender gelöst werden müssen? Ja, absolut. Meine Klienten würden dem sofort zustimmen. Oft weisen sie sogar zuerst darauf hin. Aber trivial? Niemals.

Auf den folgenden Seiten lesen Sie Auszüge aus eidesstattlichen Erklärungen meiner Klienten, die während unserer Gespräche eine Vielzahl unterschiedlicher Themen vorgebracht haben. Wenn Sie dabei auf Passagen stoßen, in denen ich genau das Haus einer bestimmten Person beschreibe oder ihre Kinder oder ihr zukünftiges Büro oder eine andere Einzelheit, die Sie achselzuckend »na und?« fragen lässt, dann sollten Sie daran denken, dass ich mich weigere, irgendetwas zwischen mir und meinen Klienten als belanglos zu betrachten:

Keine dieser Beschreibungen oder Einzelheiten stammen von mir. Wie könnten sie auch? Dies bedeutet aber definitionsgemäß, dass sie von jemand anderem stammen und von woanders herkommen. Und wenn sie nicht von meinen Klienten kommen oder von Google, von wem/von wo stammen sie dann?

Sie stammen aus der geistigen Welt des Jenseits, deren Bewohner jede Gelegenheit nutzen, um uns mitzuteilen, dass sie da sind und sich um uns kümmern. Sie kennen unser Zuhause und unsere Kinder und Enkel und unsere Möbeleinrichtung und unsere neuen Autos und unsere bevorstehenden Umzüge und Ferien und die Gesamtheit unserer Lebenspläne. Mit jeder Einzelheit, die sie durch mich weitergeben, sagen sie: »Ich lebe. Ich bin nicht tot. Und auch du wirst leben. Die Ewigkeit ist nicht nur ein tröstliches Hirngespinst. Gott hat sein Versprechen gehalten.«

Wenn Ihnen bewusst wird, dass jede einzelne Information,

die ich nicht kennen kann, ein weiterer Beweis für das gottgegebene ewige Leben unserer Seele ist, dann werden die Worte »trivial« und »belanglos« zu einem Widerspruch in sich, meinen Sie nicht auch?

Meine Klienten haben volles Vertrauen, dass sie mir *alles* erzählen können, weil sie wissen, dass ich jedes Reading ernst nehme. Sie erzählen mir alles, und darauf bin ich wirklich stolz. Für mich ist es eine Ehre, dass mein guter Ruf so viele Menschen dazu inspiriert, offen und ehrlich zu sein. Für mich heißt das einfach nur, von einem Reading zum nächsten auf alles gefasst zu sein.

Eines der besten Beispiele dafür ist auch gleichzeitig eine meiner Lieblingsgeschichten. Ich habe sie schon einmal erzählt. Wenn Sie sie schon kennen sollten, bitte ich Sie um Nachsicht zum Wohle derer, die sie noch nicht kennen.

Ein befreundeter Psychiater rief mich an und fragte, ob ich mir eine seiner Patientinnen sofort anschauen könne. Sie war schon längere Zeit bei ihm in Behandlung und machte noch nicht den erhofften Fortschritt. In der Sitzung am heutigen Morgen schien sie besonders neben sich zu sein. Sie wollte ihm einfach nicht zuhören. Ob ich bereit sei, es auszuprobieren, ob sie mir zuhören würde?

»Natürlich«, sagte ich ihm. »Wenn sie sofort kommt, kann ich eine Stunde für sie einschieben. Wissen Sie, warum sie so verstört ist?«

»Durchaus«, sagte er. »Sie ist davon überzeugt, dass sich eine Schlange um ihren Bauch gewickelt hat. Sie hat große Angst.«

Und da glaubt man, schon alles gesehen und gehört zu haben!

Die nächste halbe Stunde bis zur Ankunft der Frau versuchte ich mir vorzustellen, wie um alles in der Welt ich mit dieser Situation fertig werden sollte. Ich hatte keinen blassen Schimmer.

Von daher war ich genauso schockiert wie die Frau, als diese in mein Büro kam und ich aus einem instinktiven Impuls heraus schrie: »O mein Gott, Sie haben ja eine Schlange um Ihren Bauch!« Ich stürzte auf sie zu, griff die imaginäre Schlange und rang überall im Büro mit ihr, während die Frau wie gebannt zuschaute. Ich knallte mit ihr gegen die Wände, kämpfte mit ihr auf dem Fußboden, ließ es zu, dass sie mich für einen kurzen Moment gegen den Schreibtisch drückte, ächzte und fluchte und brach sogar in sehr realen Schweiß aus. Aber schließlich gelang es mir, sie richtig am Schwanz zu packen. Ich schleuderte sie herum und tötete sie mit einem Schlag gegen die Fensterbank.

Dann ließ ich mich in meinen Stuhl fallen, wobei ich nicht so tun musste, als wäre ich erschöpft. Ich schaute die Frau an und sagte: »Sie brauchen keine Angst mehr zu haben, die Schlange ist weg. Hallo, ich bin Sylvia Browne.«

Danach verbrachte ich eine Stunde mit einer vollkommen ruhigen, vollkommen zufriedenen und vollkommen entspannten Frau, die erleichtert war, dass jemand etwas gegen ihre Angst getan hatte, anstatt sie davon überzeugen zu wollen, dass sie verrückt sei. Selbstverständlich habe ich es nicht dabei belassen. Ich empfahl ihr, sich in einer ausgezeichneten psychiatrischen Klinik gründlich untersuchen zu lassen, wo ich die Ärzte kannte und ihnen vertraute. Weil ich vom ersten Moment an glaubwürdig für sie war, stimmte sie meinem Vorschlag zu. Ihr Gesundheitszustand wurde genau diagnostiziert und behandelt, und sie und ihre Familie halten die Verbindung und teilen mir von Zeit zu Zeit mit, wie es ihr geht. Mit Hilfe einer Langzeittherapie und der richtigen Medikation geht es ihr inzwischen sehr gut.

Dann gab es da eine Woche, die ich zusammen mit meinen Mitarbeitern immer noch als die »Entkleidungstage« bezeichne. Eine Frau kam in mein Büro und fing sofort an, ihre Bluse aufzuknöpfen. (Zu meiner Erleichterung wollte sie mir nur ihr Kruzifix zeigen, da sie wusste, dass auch ich immer eins trage.) Zwei Tage später kam eine andere Frau hereingestürzt und sagte: »Dr. Browne, dies hier müssen Sie sich unbedingt anschauen!« Sie zog ihr Kleid aus und schob ihren Schlüpfer bis hinunter an die Knie. Bis heute weiß ich nicht, was sie mir eigentlich zeigen wollte, und ich habe auch nicht hingeschaut. Mit einem zurückweisenden Unterton teilte ich ihr mit, dass ich keine Ärztin sei und auch nie eine war oder sein werde. Ich könne ihr einen Arzt empfehlen, wenn sie einen bräuchte, aber in der Zwischenzeit solle sie sich bitteschön wieder anziehen!

Da war die Frau, die mir unbedingt erzählen musste, dass ihr Papagei von ihrem verstorbenen Ehemann besessen sei. Sindbad, so der Name des Vogels, hatte angefangen, auf dem Kopfkissen ihres Mannes zu schlafen und auf dem Rahmen des Bildes zu sitzen, das ihr Mann am meisten von sich gemocht hatte. Er schaute sich sogar die gleichen Fernsehsendungen an, die ihr Mann immer gesehen hatte, und zappte mit seinem Schnabel auf der Fernbedienung durch die Programme, »wie Jim es immer getan hat«. Sie war wütend auf mich, als ich ihr mitteilte, dass Geister mit Sicherheit auf das Verhalten von Tieren einwirken könnten, um sich auf diese Weise für uns bemerkbar zu machen, und dass die unglaublich hellsichtige tierische Welt keinen Moment lang zögere, uns in dieser Weise zu helfen. Aber sie würden von keinem anderen lebenden Wesen oder unbelebten Objekt Besitz ergreifen, und sie könnten es auch gar nicht. Die Frau wollte dies alles nicht hören. Ich weiß auch nicht, warum sie nicht hören wollte, dass ihr Mann sie regelmäßig besuche, sich jedoch nicht in einen Papagei verwandelt habe. Da ich aber niemals die Unwahrheit sage, kann ich sie leider nicht in meine Liste zufriedener Klienten aufnehmen.

Falls Sie sich fragen sollten, warum ich an dieser Stelle auf die Vorstellung eingehe, dass Geister von unbelebten Gegenständen Besitz ergreifen könnten – ein Klient bat mich einmal, den Teufel aus seinem Staubsauger auszutreiben, und dann gab es da diese Frau, die glaubte, es sei faszinierend für mich zu hören, dass sie und ihr Mann zu Hause einen spukenden Schwamm hätten. Sie meinte, dieser Schwamm »sitzt auf dem Fensterbrett und hört Musik«. Sie hatte Recht. Ich *bin* fasziniert. Wie unterscheidet sich ein Haushaltsschwamm, der sich etwas anhört, von einem Schwamm, der … einfach nur ein Schwamm ist?

Im völligen Gegensatz dazu gab es die Frau, die verhaftet wurde, weil sie versucht hatte, ärztliche Rezepte zu fälschen, nicht für sich, sondern für ihren drogensüchtigen Freund. Sie hatte vielleicht noch mehr Angst als die Frau mit der Schlange um ihren Bauch. Ich wusste aus ihrem Lebensplan, dass sie nicht im Gefängnis landen würde, aber sie hatte lange Gerichtsverfahren vor sich und daher nutzten wir das Reading dafür, über das zu sprechen, was am dringlichsten war. Wir unterhielten uns über die richtige Wahl des Rechtsanwalts und darüber, wie wichtig es war, aus der Erfahrung zu lernen und verantwortlicher zu sein, sodass sie diesen Fehler kein zweites Mal machen musste. Wir sprachen aber auch darüber, warum sie sich diese Erfahrung in den Lebensplan geschrieben hatte. Ich versprach ihr, dass sie eines Tages mit großer Dankbarkeit auf dieses Erlebnis zurückschauen würde, wenn sie sich dieser Herausforderung stellte und sie mit Anstand lösen würde. Sie blieb mit mir in Verbindung, und inzwischen – einige Jahre später – hat sie, als Reaktion auf jenen Tiefpunkt in ihrem Leben, viele positive Veränderungen gemacht und sagt heute: »Wenn das alles nötig war, damit ich dort sein konnte, wo ich heute bin, dann hatten Sie damals Recht – ich bin dankbar dafür.«

Ich weiß nicht, womit ich anfangen soll, denn wir, Sylvia und ich, befassten uns während meines Readings mit vielen unterschiedlichen Themen.

Mit am meisten geholfen hat mir, dass Sylvia auf meine Schwester zu sprechen kam und mir mitteilte, dass meine Schwester eine »dunkle Wesenheit« sei. Sie sei mit dieser Eigenschaft geboren und ich solle mein lebenslanges Gefühl loslassen, dass ich sie davor bewahren könnte, solch eine schreckliche Person zu sein, wenn ich mich nur genügend anstrengen würde. Es ist sehr befreiend zu wissen, warum sie so ist, wie sie ist, und die Bestätigung zu haben, dass das ihr Problem ist und nicht meins.

Die medizinische Information war ein Geschenk des Himmels. Mein Energieniveau hat sich vervierfacht, seitdem ich keine Weizenprodukte mehr esse. Ich hatte keine Ahnung, dass ich auf Weizen allergisch bin, aber mein allgemeiner Gesundheitszustand hat sich so verbessert, seitdem ich bewusst keinen Weizen mehr zu mir nehme, dass Sylvias Aussage vollkommen richtig war.

Sylvia konnte nicht wissen, dass mein Mann und ich, als wir uns das erste Mal sahen, uns nicht nur zueinander hingezogen fühlten, sondern beide den Eindruck hatten, ein Wiedersehen zu feiern. Sylvia hat es treffend beschrieben, so als ob sie an jenem Tag dabei gewesen wäre, und dann erklärte sie, dass wir schon in früheren Leben zusammen gewesen seien.

Sie sagte auch, dass meine Mutter, die vor zwei Jahren gestorben ist, mich besucht, wenn ich in der Küche bin, und dass sie mich oft anrufe. Ich habe das Parfüm meiner Mutter schon unzählige Male in der Küche wahrgenommen, hatte aber immer geglaubt, mir das nur einzubilden. Was die Telefonanrufe betrifft, so kann ich gar nicht mehr zählen, wie oft ich an den Apparat gegangen bin, ohne dass jemand am anderen Ende war, obgleich die Verbindung »stand«, so als ob mich tatsächlich jemand anrufen würde, ohne etwas zu sagen. Ich hatte mich deswegen schon bei der Telefongesellschaft beschwert, aber sie fanden keinerlei Fehler in der Leitung oder in den Geräten.

Alles andere, was während des Readings noch angesprochen wurde, traf den Nagel so auf den Kopf, dass mein Mann und ich bereits angefangen haben, den Umzug zu planen, den wir laut Sylvia in einem Jahr machen werden. Wir sprechen schon Jahre davon, in den Südwesten zu ziehen, und nun, da Sylvia unser Vorhaben bestätigt, nehmen wir »den Ball auf« und freuen uns schon riesig.

Es besteht kein Zweifel, mein Reading mit Sylvia hat mein Leben verändert.
(von Courtney)

Am 3. April hatte ich ein telefonisches Reading mit Sylvia. Ich hatte zu der Zeit, als ich mit ihr sprach, große Geldsorgen, und sie prophezeite, dass ich bis Ende Mai finanzielle Hilfe bekommen würde. Ich hatte das Gefühl, sie erzählte mir, was ich hören wollte, denn ich konnte mir nicht vorstellen, woher diese Hilfe in einer so kurzen Zeit kommen sollte. Aber am 28. Mai erhielt ich einen unerwarteten Geldbetrag von einem entfernten Verwandten, der so hoch war, dass er mir nicht nur aus meiner gegenwärtigen Krise half.

Noch faszinierender war für mich, dass Sylvia mich nach einer Nahtoderfahrung fragte, die ich als junges Mädchen gehabt hatte, als ich meinen Körper während einer Operation verließ. Ich fiel beinahe aus meinem Stuhl, denn ich hatte niemandem davon erzählt, noch nicht einmal meinen Eltern. Aber ich erinnere mich noch sehr genau daran, über dem Operationstisch geschwebt zu haben, als mir im Alter von fünf Jahren die Mandeln entfernt wurden. Ich weiß noch, wie interessant ich es fand, dass meine Beine in der gleichen Höhe waren wie die Köpfe der Krankenschwestern. Sylvia hatte mir von diesem Erlebnis erzählt, bevor ich ihr überhaupt bestätigen konnte, dass es tatsächlich geschehen war.

Eine Freundin von mir, die noch nie an Hellsichtigkeit geglaubt hat, hatte die Idee, dass Sylvias Mitarbeiter vielleicht im Vorfeld Erkundungen über die Personen einzogen, die später zu ihr zum Reading kamen. Aber sie musste zugeben, dass sie nicht etwas herausgefunden haben konnten, was kein anderer Mensch über mich wusste. Und sie hätten den unerwarteten Scheck auch nicht vorher in Erfahrung bringen können.

Nachdem sie die Aufzeichnung meines Readings gehört hat, hat diese Freundin, die noch nie an paranormale Dinge glaubte, nun ein eigenes Reading bei Sylvia gebucht.
(von Bonita)

Ich hatte das Vergnügen, an einem von Sylvias Salons teilzunehmen, und zwar zu einem Zeitpunkt, an dem sich in Bezug auf meine private Situation und meine Arbeit vieles veränderte. Sylvia meinte, wir würden das Haus bekommen, das wir haben wollten, obwohl sich ein anderer Interessent schon das Vorkaufsrecht gesichert hatte. Ich würde das Lkw-Fahren wegen meiner Rückenprobleme aufgeben und erfolgreich darin sein, Häuser zu kaufen, sie zu reparieren und dann wieder zu verkaufen. Ich hatte davon noch nie gehört und kannte auch niemanden, der so etwas machte. Über Immobilien wusste ich nur so viel Bescheid wie jeder, der einmal ein Haus gekauft hat. Nach meinem Wissensstand hatte der andere Interessent immer noch vor, sein Vorkaufsrecht in Anspruch zu nehmen.

Nun, schließlich nahm der potenzielle Käufer sein Vorkaufsrecht doch nicht wahr, und so bekamen wir das Haus, das wir uns wünschten. Unser neuer Nachbar hat mehrere Mietobjekte und alle möglichen Kontakte zu Arbeitern, die Häuser für den Weiterverkauf in Stand setzen.

Ich habe also angefangen, Immobilienkurse zu belegen, und freue mich über meine neue berufliche Ausrichtung. Auf diese Weise komme ich vom Lkw herunter und erspare mir wahrscheinlich die Rückenoperation, die sonst eines Tages notwendig geworden wäre.

Zusammengefasst lässt sich sagen, dass alles, was Sylvia prophezeite, zu dem Zeitpunkt ihrer Voraussage unmöglich schien, aber sechs Monate später ist alles Wirklichkeit geworden, und das ist ganz erstaunlich.
(von Aaron)

Der eigentliche Grund, weshalb ich ein Reading mit Sylvia buchte, bestand darin, dass ich herausgefunden hatte, dass meine Verlobte mich betrog. Ich war gelinde gesagt entsetzt, und natürlich machte ich mit ihr Schluss, aber es fiel mir sehr schwer, über unsere Trennung hinwegzukommen. Sylvia beschrieb meine Verlobte perfekt und stellte dann fest, was für ein Segen es für mich sei, dass ich diese schwache, selbstsüchtige Frau niemals heiraten würde. Unsere Ehe wäre für mich eine einzige Katastrophe geworden. Sylvia meinte, meine Verlobte wisse, was für einen furchtbaren Fehler sie gemacht habe. Sie habe angefangen, Drogen zu nehmen, und werde wieder mit mir Kontakt aufnehmen und mich bitten, ihr eine zweite Chance zu geben, aber ich solle stark sein und nein sagen, oder ich würde es für den Rest meines Lebens bereuen. Ich weiß, dass sie Recht hat. Wenn ich diese Warnung von Sylvia höre, dann freue ich mich, die falsche Person losgeworden zu sein, anstatt einem vermeintlichen Verlust nachzutrauern.

Dann fragte sie mich, was mit meiner rechten Schulter,

meinem Nacken und meinem unteren Rücken nicht stimme. Ich war total verblüfft, denn es handelte sich um ein telefonisches Reading, und sie hatte keine Möglichkeit, Anzeichen bei mir zu beobachten, die darauf hingedeutet hätten, dass ich ein körperliches Problem hatte. Vor drei Jahren hatte ich mir die rechte Schulter ausgekugelt und ich hatte immer noch Schmerzen, ebenso im Nacken und unteren Rücken. Ich hatte Angst, einen Arzt aufzusuchen, weil ich mir sicher war, er würde mir eine Operation empfehlen. Sylvia meinte, der Schmerz in meiner Schulter sei auf Kalziumablagerungen zurückzuführen, gegen die keine Operation, aber Lezithin helfe, und in Bezug auf meinen Nacken und unteren Rücken bräuchte ich nur eine Ausrichtung durch einen Chiropraktiker oder Physiotherapeuten. Ihr habe ich es zu verdanken, dass ich den Mut fand, einen Arzt aufzusuchen. Alles, was sie gesagt hatte, stimmte – die Kalziumablagerungen, das Lezithin, einfach alles.

Richtig unheimlich wurde mir, als sie sagte, dass der Erfolg meiner Band im Juni desselben Jahres einen neuen Höhepunkt erreichen werde und man uns Plattenverträge anbieten werde. Die Band ist in unserer Region sehr erfolgreich, und daher übertraf diese Voraussage alles, was ich mir erträumt hatte. Aber nur zwei Wochen nach meinem Reading im Mai spielten wir auf einer Veranstaltung vor den Vertretern mehrerer großer Plattenfirmen, und während die anderen Bands abgelehnt wurden, sind wir gegenwärtig in Verhandlungen für die Produktion unserer ersten CD.
(von Terrance)

Es gab drei Themen in meinem Reading, mit denen mich Sylvia total überrascht hat, denn ich hatte sie nicht erwartet. Sylvia brachte sie ein und nicht ich. Und bei allen drei Themen hat sie den Nagel auf den Kopf getroffen.

Thema eins: Sie fragte mich nicht, sie erzählte mir, dass ich seit mehreren Monaten nur wenig Energie hätte. Das stimmte, aber entweder habe ich versucht, diese Tatsache zu ignorieren, oder ich habe es mir selbst vorgeworfen. Sie empfahl mir ein paar frei erhältliche Vitamine und Nahrungsergänzungsmittel, die mir sehr geholfen haben.

Thema zwei: Sie meinte, ich würde bald umziehen. Ich dachte, sie habe den Verstand verloren, denn ich lebte schon seit Jahren in derselben Wohnung und hatte nicht vor, woanders hinzuziehen. Drei Wochen nach meinem Reading erhielt ich die Mitteilung, dass der neue Eigentümer aus den Wohnungen Eigentumswohnungen machen wolle und wir unsere Wohnungen kaufen müssten, wenn wir in ihnen wohnen bleiben wollten. Einen Monat später war ich ausgezogen; jetzt lebe ich in einer Wohnung, die noch günstiger in Bezug auf meinen Arbeitsplatz liegt und mir sogar noch besser gefällt.

Thema drei: Sie sagte, ich würde an der Medizinschule angenommen werden. Ich war sehr skeptisch, weil das Ergebnis der Aufnahmeprüfung nicht besonders gut ausgefallen war. Dennoch wurde meine Bewerbung akzeptiert. Es ist erstaunlich, dass Sylvia mir nicht einfach gesagt hat, was ich hören wollte, sondern mir stattdessen die Wahrheit mitgeteilt hat.

Und ich muss unbedingt noch hinzufügen, dass mich Sylvia Browne in meinem Reading und mit ihren Büchern

durch ihre Geradlinigkeit und ihre Fähigkeit, nicht lange um den heißen Brei herumzureden, wieder mit meinem Glauben an Gott und meiner persönlichen Beziehung zu ihm verbunden hat. Ich kann mir kein größeres Geschenk vorstellen, das eine Person einer anderen geben kann, und ich danke ihr daher von Herzen.
(von Matias)

Ich habe mehr als 20 Jahre gebraucht, um Ihnen das zu berichten, was nach dem Reading, das mein Partner 1984 mit Sylvia Browne hatte, geschehen ist. Aber ich erinnere mich noch so daran, als wäre es gestern erst passiert.

Mein Partner John ist Arzt und hatte das Reading in Sylvias Privatbüro, während ich im Wartezimmer saß und am liebsten mein Ohr gegen die Tür gepresst hätte, um alles mitzubekommen. Wie es sich herausstellte, musste ich dies gar nicht tun, da Sylvia das Gespräch auf Tonband aufnahm und wir es uns auf der Rückfahrt nach Hause anhören konnten. Wir lachten, bis wir Seitenstiche bekamen. Sylvia sagte, wir würden »weiter in den Westen« ziehen und ich würde mit armen Menschen arbeiten. Das war wahnsinnig komisch. Wir wohnten in Napa, Kalifornien, und wir sollten noch weiter in den Westen ziehen? Da gab es kaum eine andere Möglichkeit, als auf dem pazifischen Ozean zu wohnen. Und ohne hier groß meine damalige Tätigkeit beschreiben zu wollen – sie brachte mich mit Sicherheit nicht in Kontakt mit armen Leuten. Auf der gesamten Rückfahrt brüllten wir vor Lachen.

Drei Monate später erhielt John ein Angebot, wie man es nur einmal im Leben erhält, und zwar auf der Insel

Kauai, Hawaii. Sie liegt definitiv weiter westlich als Kalifornien. Ich rief sofort einen Freund an, der in Hawaii in Diensten der Regierung arbeitete, um selbst meine Fühler nach einem neuen Job auszustrecken. Wie sich herausstellte, gab es in meinem Bereich und mit meiner Qualifikation eine offene Stelle – sie suchten den Leiter für ein neues Aids-Projekt. Für die Armen und Unterprivilegierten. Das brüllende Lachen war uns vergangen.

Sylvia erzählte John an jenem Tag noch zwei weitere Dinge. Zum einen sollte er auf seinen Magen Acht geben, und ich sollte auf die Medikamente achten, die ich nahm. Das war einfach lächerlich. Ich nahm nur ein Medikament, einen verschreibungspflichtigen Diät-»Cocktail« namens Fen-Phen. Jeder wusste, wie sicher dieses Medikament war, bis es ein paar Jahre später vom Markt genommen wurde, weil es gesundheitsschädlich war. Auch für mich.

Vor sechs Jahren stellte man bei John, den Sylvia gewarnt hatte, auf seinen Magen zu achten, Magenkrebs fest. Drei Monate später ging er in die Heimat zu Gott. Er starb in einem Hospiz, mit unseren drei Hunden und mir an seinem Bett. Wir schauten gerade die Sendung mit Larry King. Wir wussten erst, wer sein Gast an jenem Abend war, als er vorgestellt wurde: Sylvia Browne.

Ich habe inzwischen eine unheilbare Hüfterkrankung und laufe auf Krücken, was aber nicht neu für mich ist, aufgrund all der Herz- und Lungenprobleme, die typisch für diejenigen sind, die früher Fen-Phen genommen haben. Ich kann noch nicht einmal an der Gemeinschaftsklage gegen den Hersteller von Fen-Phen teilnehmen.

Da John Arzt war, kaufte er mir das Medikament direkt beim Arzneimittelhersteller. Ich hatte niemals ein offizielles Rezept dafür, und so kann ich nicht nachweisen, dass ich es jemals genommen habe.

Ich liebe Sylvia Browne und schreibe diese Zeilen nur deshalb, weil ich oft daran denken muss, wie richtig vor 20 Jahren ihre Voraussagen gewesen sind. Ich wünschte mir, John und ich hätten mehr auf sie gehört.
(von Isaac)

Sylvia fing mit meinen ständigen Magenproblemen an. Sie erzählte mir sofort, dass ich unter Krämpfen im Dickdarm leide. Nach dem Reading machte ich eine Darmspiegelung. Die Diagnose lautete spastischer Colon. Die Medikamente, die mir der Arzt verschrieb, führten dazu, dass ich mich hundertprozentig besser fühlte.

Sylvia teilte mir mit, dass ich in jenem Jahr geschieden werden würde und dass es für mich eine große Erleichterung bedeute, wenn ich mir gegenüber ehrlich sei. Auch dies hören zu müssen, war für mich nicht leicht. Mein Mann war meine erste Liebe. Seit ich 15 Jahre alt war, ist er das Zentrum meines Lebens gewesen. Er hatte oft schlechte Laune und verschwand für zwei, drei Tage, wenn er depressiv war. Er erzählte mir nie, wo er in dieser Zeit gewesen ist, und er hatte Schwierigkeiten, seinen Arbeitsplatz zu halten, weil er niemals gut mit seinen Kollegen auskam. Aber ich war davon überzeugt oder er hatte mich davon überzeugt, dass nur ich ihn wirklich verstand und dass niemand mich jemals so sehr lieben würde wie er. Dann schlug er mich eines Tages, das erste und einzige Mal, und brach mir das Nasenbein. Ich verließ ihn an diesem Tag, reichte eine Klage gegen ihn und gleichzeitig die Scheidung ein. Alles geschah elf Monate nach meinem Reading mit Sylvia, und so hart und schmerzlich es auch ist, ich muss sagen, ich bin unheimlich erleichtert, dass ich kein Leben mehr führe, in dem ich auf Eierschalen laufen muss. Zum ersten Mal seit Jahren wache ich morgens auf und freue mich darauf, was der Tag wohl bringt, und bin wieder im Frieden mit mir selbst.

Sylvia sagte auch, ich würde die Hochschule für Aufbaustudien besuchen, um meine Ausbildung zur psychologischen Beraterin fortzusetzen. Ich bin zurzeit Vollzeitstudentin und bereite mich auf ein Diplom in psychologischer Beratung vor.

Es ist einfach unglaublich.

(von Annette)

Nachdem sie mein Haus so detailliert beschrieben hatte, dass man denken konnte, sie wohne dort, fragte mich Sylvia, wie es dem Rücken meines Mannes ging. Ich hatte nicht erwähnt, dass er sich ihn in der vorangegangenen Woche verletzt hatte.

Dann fragte sie mich, ob ich wisse, dass unsere 14-jährige Tochter Laktose nicht vertragen konnte. Das war für mich neu. Ich strich sofort alle Milchprodukte vom Speiseplan meiner Tochter, wodurch die Schuppenflechte, unter der sie schon immer litt, was ich ebenfalls Sylvia gegenüber nicht erwähnt hatte, um 85 Prozent zurückging.

Bevor Sylvia mich zu unserem telefonischen Reading anrief, hatte ich ein Gespräch mit meinem Geistführer

über ein paar sehr persönliche Dinge, bei denen mir Sylvia hoffentlich helfen konnte. Sylvia ging auf jeden einzelnen Punkt ein, als ob sie im gleichen Raum gesessen und alles belauscht hätte, was ich zu meinem Geistführer gesagt hatte.
(von Robin)

Sylvia hat mir sehr geholfen, indem sie mir Niazin und Eisensulfate gegen meine Kopfschmerzen und meinen Energiemangel empfohlen hat. Ich fühle mich wie neugeboren.

Sie sagte, ich zögerte noch, eine bevorstehende Reise zu unternehmen, was stimmte. Sie legte mir nahe, meinem Instinkt zu folgen, der mir sagte, dass ich wirklich fahren solle. Ich tat es, und es stellte sich heraus, dass ich diese Reise für den Rest meines Lebens nicht vergessen werde. Es war meine letzte Chance gewesen, meine Tante zu besuchen, der ich immer sehr nahe gestanden hatte. Sie starb zwei Tage später, nachdem ich nach Hause zurückgekehrt war.

Dann fragte sie mich plötzlich aus heiterem Himmel, ob mein Sohn seine Hüftoperationen überstanden habe. Ich hatte noch nicht einmal erwähnt, dass ich einen Sohn hatte, sie konnte daher absolut nichts über seine Operationen wissen. Er hatte gerade die zweite hinter sich. Sylvia sagte, er werde bis November wieder laufen können. Am 29. Oktober ging er ohne Krücken und ohne zu hinken – das erste Mal seit drei Jahren.
(von Edie)

Liebe Sylvia,
ursprünglich buchte ich ein Reading mit Ihnen, weil ich unter starken Kopfschmerzen litt. Meine Ärzte konnten keinen körperlichen Grund dafür finden, aber ich hatte Angst, dass die Schmerzen ein Warnsignal für eine ernsthafte Erkrankung sein könnten, und war mit meiner Weisheit am Ende. Als Sie mir sagten, dass Stress und Angstgefühle die Ursache meiner Kopfschmerzen seien, war ich erleichtert, dass es nichts Physisches war, aber ich war mir nicht sicher, ob ich Ihrer Aussage vertrauen konnte. Ich fand schon, dass ich sehr beschäftigt war und einen vollen Tagesablauf hatte, aber ich hätte nie gesagt, dass ich unter Stress leide. Je mehr wir beide miteinander sprachen, desto mehr erkannte ich, dass ich vor vielen Dingen Angst hatte, aber ich schaffte es immer, so viel zu tun zu haben, dass ich mich nicht mit ihnen auseinandersetzen musste. Sie haben mir geholfen, mich meinen Ängsten zu stellen, und auch die einfachen Empfehlungen zur Umstellung meiner Ernährung, die ich befolgt habe, waren ein Geschenk des Himmels. Ich schreibe diesen Brief ein Jahr nach meinem Reading und ich erinnere mich nicht mehr daran, wann ich das letzte Mal Kopfschmerzen gehabt habe, so lange ist dies schon her.

Wenn ich Ihnen sofort nach dem Reading geschrieben hätte, hätte ich Ihnen bestimmt mitgeteilt, dass Sie völlig falsch lagen, als Sie mir und meinem Mann einen Umzug in anderthalb Jahren voraussagten. Wir fühlten uns dort sehr wohl, wo wir waren, und hatten keine Umzugspläne. Offen gesagt, vergaß ich Ihre Prophezeiung und dachte viele Monate gar nicht mehr an sie. Selbst die Tatsache, dass ich mich auf einmal für Immobilien interessierte, löste keine Erinnerung an Ihre Worte aus, bis sie mir eines Tages schlagartig in den Kopf kamen. Ich erzählte schließlich meinem Mann davon, obwohl ich wusste, dass es lächerlich war – er liebte unser Haus, in das all sein »Zeugs« so perfekt zu passen schien.

Aber dann war ich regelrecht geschockt, als er sagte, er könne sich gut vorstellen umzuziehen.

An einem regnerischen Sonntag machte ich mit ihm eine kleine Rundfahrt. Dabei stießen wir auf ein neu gebautes Haus in einem eben erst erschlossenen Wohnviertel auf der anderen Seite der Stadt. Wir schauten es uns an und wussten sofort, dass es »unser« Haus war.

In nicht mehr als anderthalb Jahren hatte ich eine interessante Entwicklung durchgemacht. Am Anfang war ich mir sicher, dass Sie mit einem Umzug völlig schieflagen, aber zum Schluss fand ich mich in einem neuen Haus am anderen Ende der Stadt wieder und packte Kartons aus.

Selbst wenn Sie nicht mehr getan haben, als mir den Anstoß für etwas zu geben, was ich schließlich tat, so war es vollkommen richtig, diesen Samen in mir zu pflanzen. Durch Ihre Hilfe waren keine Kopfschmerzen mehr im Weg, um mich daran zu hindern, die Sache in Angriff zu nehmen.
(von Janie)

Sylvia machte die unerwartete Voraussage, dass mein jüngster Sohn zur Feuerwehr in Los Angeles gehen werde. Das wäre großartig, aber erst die Zeit wird zeigen, ob es stimmt.

Ich wäre nicht überrascht, wenn es eintreten würde, denn Sylvias Genauigkeit in ihren Aussagen spricht für sich. Ich machte mit ihr ein telefonisches Reading und ich habe eine normale Aussprache, sodass ich nicht weiß, woher sie wusste, dass ich afrikanischer Abstammung bin. Sie wusste auch, dass ich glücklich verheiratet bin, und hat sofort erkannt, dass sich bei mir alles um die Familie dreht. Vielleicht hatte sie einfach nur das Richtige geraten.

Aber sie erzählte mir auch, dass einer meiner Söhne Grafiker ist und dass meine Schwiegermutter eifersüchtig auf meine Nichte ist. Diese beiden Tatsachen sind viel zu speziell, um sie einfach nur erraten zu können.

Ich werde Ihnen mitteilen, wann – nicht *ob* – mein jüngster Sohn bei der Feuerwehr in Los Angeles anfängt. (von Maxine)

Ich hatte nur ein paar gezielte Fragen an Sylvia, und so bat ich sie um ein schriftliches Reading. Mir wurde gesagt, dass sie in schriftlichen Readings genauso akkurat ist, als säße sie mir gegenüber, und ich kann dies aus eigener Erfahrung bestätigen.

Ich kümmere mich schon über 30 Jahre um meine chronisch kranke Tante. Sie war diejenige, die mich großgezogen hat, und daher hatte ich immer das Gefühl, es ihr schuldig zu sein. Aber das Zusammenleben mit einer kranken, negativen, selbstbezogenen und fordernden Frau hat seine Spuren bei mir hinterlassen und mich daran gehindert, mein eigenes Leben zu führen. Es stand außer Frage, dass meine Tante rund um die Uhr betreut werden musste, und daher träumte ich davon, ein erstklassiges Pflegeheim zu finden, wo sie 24 Stunden am Tag qualifizierte medizinische Betreuung erhielt, Menschen ihres Alters traf und sich (in meiner Vorstellung) mit der einen oder anderen Person sogar anfreunden konnte. Wenn ich sie erst einmal irgendwo untergebracht hatte und sie damit zufrieden war, würde ich in ein neues Haus ziehen – ein Haus, in dem ich mich nicht eingesperrt fühlte.

Ich fragte Sylvia in meinem Brief, ob ich einen Platz für meine Tante finden würde, wo sie zufrieden leben könnte und gut für sie gesorgt würde, und ob ich jemals in ein anderes Haus ziehen würde.

Ihre Antwort überraschte mich total. Sie sagte, meine Tante werde in den kommenden acht Monaten sterben und ich würde dann nach Rhode Island ziehen. Ich lebte damals in Reno, Nevada, sodass für Sylvia keine offensichtliche Logik in ihrer Antwort lag. Ich hatte ihr gegenüber mit keinem Wort die vielen Gespräche erwähnt, die ich mit meiner Zwillingsschwester geführt hatte und in denen wir uns darüber unterhalten hatten, ob ich nicht in ihre Nähe ziehen wollte, wenn dies möglich wäre, sodass wir uns jeden Tag sehen könnten und ich meine Nichten und Neffen näher kennen lernen würde. Meine Zwillingsschwester lebt in einer wunderbaren, an einem See gelegenen Gemeinde in der Nähe von Newport, Rhode Island.

Fünf Monate später starb meine Tante an Herzversagen. Ich hatte nie ein geeignetes Pflegeheim für sie gefunden (und mich auch nicht getraut, ihr zu erzählen, dass ich nach einem Ausschau hielt), sodass sie bis auf die letzten beiden Tage vor ihrem Tod, die sie in dem Krankenhaus verbrachte, in dem sie auch starb, in meinem Haus wohnte.

Zwei Monate später zog ich in ein hübsches kleines Haus in Rhode Island, das nur 15 Kilometer vom Haus meiner Schwester entfernt ist.

Zum Schluss fragte ich Sylvia in meinem Brief noch, ob es in Bezug auf meine Gesundheit irgendetwas gebe, auf das ich achten müsse. Sie sagte, ich solle sofort meinen Hormonspiegel untersuchen lassen. Ich war total überrascht, als mein Gynäkologe mir mitteilte, dass bei mir im Alter von 42 Jahren die Wechseljahre angefangen hatten. Dies erklärte eine Reihe körperlicher Symptome, die ich bei mir erlebte und bislang meiner Deprimiertheit und Erschöpfung zugeschrieben hatte.

So viel zu Sylvias Genauigkeit in schriftlichen Readings.
(von Jean)

Liebe Sylvia,
ich möchte Ihnen nur kurz mitteilen, was nach dem telefonischen Reading im letzten Monat alles passiert ist. Erstens ging ich, sofort nachdem ich den Hörer aufgelegt hatte, zu der Stelle, wo ich suchen sollte, und fand dort meinen verlorenen Führerschein. Er war genau dort, wo Sie es beschrieben haben, obgleich ich nie verstehen werde, wie er dort hingekommen ist! (Keine Angst, ich werde Ihre kostbare Zeit nicht stehlen und Sie danach fragen.)

Zweitens sahen Sie, wie ich Tieren, die ich – wie Sie wissen – über alles liebe, Hände auflege. Gestern erhielt ich das Jobangebot, für Delfine zu sorgen und sie zu trainieren. Dadurch geht ein Traum für mich in Erfüllung. Sie haben es kommen gesehen. Zu wissen, dass die Erfüllung dieses Traums »da draußen« auf mich wartete, hat zweifellos dabei geholfen, dass das Angebot zu mir kommen konnte.

Als Tierliebhaberin bedanke ich mich bei der Tierliebhaberin in Ihnen. In meinem und in Ihrem Interesse genieße ich jede Minute mit diesen wunderbaren Delfinen. (von Leslie)

Liebe Sylvia,
die Informationen, die Sie mir über die Täter des Betrugs gaben, dem mein Mann und ich auf unserer Reise zum Opfer fielen, waren sehr genau und entsprachen den Aussagen der Ermittlungsbeamten, mit denen wir gesprochen hatten. Obwohl niemand verhaftet wurde, kann ich glücklicherweise sagen, dass Sie auch richtig lagen, als Sie sagten, wir würden unser Geld bis auf einen kleinen Prozentsatz wiederbekommen. (Um genau zu sein, bis auf zehn Prozent haben wir alles zurückbekommen, und der Rest ist Lehrgeld, nie wieder so leichtgläubig zu sein.) (von Aurora)

Ich besuchte einen Vortrag von Sylvia und durfte ihr, zu meiner freudigen Überraschung, eine Frage stellen. Hinterher sind mir noch tausend wichtigere Fragen eingefallen, die ich stattdessen hätte stellen sollen. Ich fragte sie, ob sie mir helfen könne, einen Sparbrief zu finden, der schon seit vier Jahren verschwunden war. Sie sagte, er sei in einem roten Buch. Sobald ich wieder zu Hause war, durchsuchte ich alle roten Bücher, die ich hatte, aber ohne Erfolg. Schließlich gab ich auf, danach zu suchen.

Letzte Woche hatten sich Gäste zum Abendessen angesagt, und ich war in Eile mit der Essensvorbereitung. Ich holte ein Kochbuch für die Mikrowelle heraus, das ich noch nie benutzt hatte. In diesem unbenutzten Kochbuch, zwischen zwei knallroten Seiten, lag mein Sparbrief.

Was kann ich anderes sagen als »Treffer!« und »Vielen Dank!«.
(von LaVerne)

In der Nacht vor meinem telefonischen Reading mit Sylvia wurde mein Auto gestohlen. Es war das erste »neue« Auto, das ich mir gekauft hatte, nachdem ich mich jahrelang mit meinem gebrauchten Toyota begnügt und darauf gespart hatte, mit einem Jeep Wrangler direkt aus dem Ausstellungsraum herauszufahren. Ich hatte ihn erst seit fast einem Monat, als er gestohlen wurde, und ich würde untertreiben, wenn ich sagen würde, ich sei entsetzt gewesen. Ich hatte als Thema für mein Reading eigentlich etwas anderes im Sinn gehabt, aber im Moment konnte ich an nichts anderes denken.

Sylvia war sich sicher, dass ich meinen Jeep nach einer Woche bis zehn Tagen zurückbekommen würde und dass er nur minimal beschädigt sei. Ich dachte in diesem Moment, es sei ja schön, was sie da sage, aber in meiner Vorstellung war er entweder ausgebrannt oder in der Schrottverwertung, wo aus ihm Teile für andere Jeeps gemacht wurden.

Sechs Tage später rief die Polizei an und teilte mir mit,

dass mein Wagen gefunden worden sei. Ich musste einen Reifen auswechseln und die Sitzbezüge reinigen lassen. Ansonsten war er so gut wie neu.

Von all den Dingen, die mir Sylvia an jenem Tag erzählte, glaubte ich dieser Voraussage am wenigsten. Sie macht mich nur noch neugieriger auf das, was sie sonst noch zu sagen hat, denn ich weiß, dass ich auch nicht an einem einzigen Wort aus ihrem Mund zweifeln muss.
(von Oneida)

Ich bin immer noch mitgenommen von Sylvias Genauigkeit während des Readings.

Sie beschrieb meine Kinder in allen Einzelheiten – besonders, dass meine Tochter extrem eigenwillig und mein Sohn behindert ist.

Sie erzählte mir, ohne dass ich ein Wort davon erwähnt hätte, dass meine Verletzungen durch den Sturz, den ich kurz vor dem Reading erlitten hatte, ohne bleibende Schäden heilen würden.

Und zum Schluss beschrieb sie das Haus, das wir, mein Mann und ich, uns kaufen wollten. Nicht nur allgemeine Merkmale wie die Anzahl der Schlafzimmer und Toiletten oder der Stil, in dem es erbaut wurde, sondern auch das Grundstück selbst, das sehr groß war. Und ein »kleines Detail« konnte ich mir überhaupt nicht vorstellen, dass wir nämlich den Blick auf einen Geysir haben würden. Aber jede Voraussage war absolut richtig.

Es unterstreicht nur die Glaubwürdigkeit der viel schwierigeren emotionalen Themen, mit denen ich mich herumschlug. Sie half mir mehr, als ich es überhaupt aus-

drücken kann. Sylvia hat mein Leben verändert, so einfach ist es.
(von Dawn)

Liebe Sylvia,
hier ist – wie von Ihnen gewünscht – eine Aufzählung dessen, was in den Monaten nach dem Reading geschehen ist:

- Genau wie Sie voraussagten, wurde ich an der Sonoma State University angenommen und fange im Herbst an zu studieren. Und genau wie von Ihnen vorausgesagt, spielt es keine Rolle, dass ich meine Kurse in Mathematik noch nicht abgeschlossen habe.
- Wie von Ihnen vorausgesagt, erschien eine ältere, zierliche (um exakt zu sein, nur ca. 150 cm große) Frau mit blonden Haaren, einem herzförmigen Gesicht und spitzem Haaransatz wie aus dem Nichts, um mir zu helfen. Es stellte sich heraus, dass sie Immobilienmaklerin war, die das Haus gefunden hatte, das ich schließlich kaufen sollte. Sie beruhigte mich auch dadurch, dass sie meinen Eltern half, ihr Haus zu verkaufen.
- Genau wie von Ihnen vorausgesagt, trat ein großer, schlanker, hellhaariger, sehr ehrlicher Mann, der Ray hieß und strahlende blaue Augen und eine sanfte Stimme hatte, in mein Leben. Bislang ist es nur eine Freundschaft, aber da Sie mit allem anderen Recht hatten, befolge ich Ihren Rat und versuche, nichts zu erzwingen, weil ich Ihre Voraussage nicht zunichte machen will, dass wir eine romantische Beziehung entwickeln, die uns beiden etwas bedeutet.

Ich werde Sie weiter auf dem Laufenden halten, das verspreche ich Ihnen.
(von Bette)

Als ich mein Reading mit Sylvia hatte, zerbrach ich mir gerade den Kopf, ob ich mein Geschäft ausbauen sollte oder nicht. Sie meinte, ich solle es tun und dass ich mit den Büroräumen in ein größeres Gebäude ziehen würde. Mein Büro in einem größeren Gebäude werde sehr viel Glas haben, sagte sie, und es gebe dort eine Wand mit vier Farben – rot, weiß, blau und gelb.

Dank ihrer Ermutigung fing ich an, mich nach neuen Büroräumen umzusehen. Ich wusste sofort, dass ich den richtigen Platz gefunden hatte, als ich in einen großen Eckraum kam, der viel Glas hatte. Und ich hielt inne, als ich sah, dass an eine Wand in Rot, Weiß, Blau und Gelb ein großes geometrisches Design gemalt worden war.

Es stellte sich heraus, dass der Umzug ein großer Erfolg war, und ich bedanke mich bei Sylvia für ihren großartigen Ratschlag und das nicht zu übersehende Signal, das mir anzeigte, dass ich genau dort war, wo ich sein sollte.
(von Walter)

8

Frühere Leben

Als er uns schuf, versprach uns Gott das ewige Leben, und Gott hält seine Versprechen. Das heißt, wir alle sind mit der heiligen Wahrheit der Ewigkeit gesegnet. Und Ewigkeit bedeutet nicht »von jetzt an bis in alle Zukunft«. Es bedeutet vielmehr »immer gewesen und wird immer sein«. Das ist einfach eine Tatsache. Das Versprechen, das Gott uns gegeben hat, bezieht sich sowohl auf die Vergangenheit als auch auf die Zukunft. Die Vorstellung von Reinkarnation oder früheren Leben ist also nicht bloß eine Theorie, die wir komischen idealistischen Spinner erfunden haben, sondern einfach die logische Konsequenz eines ewigen Seins.

Ich schwöre Ihnen, das Leben, das Sie gegenwärtig führen, ist nur ein weiterer Schritt auf dem endlosen Weg, den Sie zusammen mit Gott entworfen haben, um Ihr größtes Potenzial zu verwirklichen. So wie schon frühere Leben wird auch Ihr gegenwärtiger Aufenthalt auf der Erde nicht mit Ihrer Auslöschung enden. Er wird damit enden, dass sich Ihre unsterbliche Seele einfach vom Körper befreit und in der Heimat des Jenseits weiterlebt. Sie haben schon unzählige Male an beiden Orten gelebt. Ihre Aufenthalte auf der Erde, die sich vom Inhalt her stark unterscheiden können, weil sie von dem einzigartigen Prozess abhängen, den Ihre Seele durchläuft, sind in keiner Weise getrennte, in sich abgeschlossene Leben, wie der Begriff »frühere Leben« vielleicht nahe zu legen scheint. Sie sind fest mit der Entwicklung der einzigartigen Wesenheit verwoben, die *Sie* sind. Sie werden ewig leben, welche Dimension auch immer Sie bevorzugen – als das gleiche Wesen, das Sie jetzt sind, das denkt und fühlt und lacht und wächst und sich verändert und lernt und liebt und von Gott in jedem Moment seines endlosen Lebens geliebt wird. Ihre früheren Leben sind Fäden in einem Teppich, Phasen eines ewigen Lebens, *und Ihre Seele erinnert sich an alle.*

Eine gute Analogie, wie frühere Leben mit dem gegenwärtigen Leben in Verbindung stehen, findet sich in dem Leben, das Sie momentan führen. An wie viele Ereignisse des gegenwärtigen Lebens Sie sich auch bewusst erinnern können, eins steht fest: Seit Sie geboren wurden, waren Sie ein Säugling, noch nicht einmal einen halben Meter groß, mit dem Gewicht eines ausgewachsenen Yorkshire-Terriers; ein Kleinkind, das seine ersten zögerlichen Schritte macht und noch nicht weiß, wofür eine Toilette gut ist; ein 5-jähriges Kind, das noch nicht seinen Vor- und Nachnamen richtig buchstabieren kann; ein 13-jähriger Teenager, dessen ganzer Ehrgeiz darin liegt, möglichst schnell den Führerschein zu machen; ein 20-Jähriger, der mehr mit Draufgängertum als mit Weisheit ins Leben stürmt. Mit anderen Worten, in diesem einen Leben hat Ihre körperliche Gestalt mehrere Formen durchlaufen, sie hat verschiedene Grade physischer und emotionaler Reife angenommen und unzählbar viele Lektionen gelernt, viele davon auf eine sehr harte Weise. Diese unterschiedlichen Formen und Grade und Lektionen geschehen nicht willkürlich und verschwinden dann wieder, als wäre nichts gewesen. Der Säugling, das Kleinkind, der 5-Jährige, der 13-Jährige und der 20-Jährige erscheinen nicht plötzlich aus dem Nichts und hören dann irgendwann wieder auf zu existieren. Alles war und ist ein Teil von *Ihnen.* Sie sind ein komplexer Entwicklungsprozess, der heilig und absolut einzigartig ist. Anders gesagt, Sie und ich, wir sind erschaffen, um die wundersame Summe alles dessen zu sein, was wir erfahren und erlebt haben – egal, wie dramatisch oder trivial es auch gewesen ist. Und wir verändern und entwickeln uns weiter, wir lernen und wachsen in jedem Moment, den wir von diesem Moment an erfahren.

Schauen Sie sich Ihr Leben an, mit all seinen Formen und Phasen, und machen Sie sich klar, dass das alles nur eine kleinere Version des ewigen Lebens ist, so wie Gott es geschaffen hat. Wie auch immer Sie in vergangenen Jahrhunderten ausgesehen haben, mit welchen Lern- und Wachstumsschritten Sie sich auch immer herumgeschlagen haben, welche Lektionen und Veränderungen auch immer vor Ihnen liegen – es sind einfach nur Entwicklungsstufen auf Ihrem Weg hin zu der vollkommensten Person, die Sie sein können. Ihre früheren Leben, sei es auf der Erde oder im Jenseits, unterscheiden sich nicht von den Entwicklungsabschnitten in diesem Leben. Es sind Stücke desselben Puzzles, Teile desselben Ganzen, die, wie jeder andere Moment Ihrer Vergangenheit, Ihr heutiges Leben mehr beeinflussen, als Sie es sich vorstellen können.

Readings und frühere Leben

Als Bestandteil meiner Psychologiekurse hatte ich schon in Kansas City angefangen, mich mit Hypnose zu beschäftigen. In Kalifornien führte ich meine Studien weiter, bis ich mein Ziel erreicht hatte und eine ausgebildete Hypnosetherapeutin war. Ich wünschte, ich könnte Ihnen jetzt erzählen, dass ich einen brillanten Plan hatte, wie ich dieses Werkzeug einsetzen könnte, um meinen Klienten dabei zu helfen, Blockaden aus dem Weg zu räumen, die in ihren früheren Leben vergraben waren.

Aber ich kann es nicht. Offen gestanden verstand ich damals, vor so vielen Jahrzehnten, noch nicht, dass dieselbe ewige Seele immer wieder verschiedene Körper annimmt. Ich hatte mich noch nicht viel mit Reinkarnation beschäftigt, und so glaubte ich fälschlicherweise, dass wir im Laufe der Geschichte alle schon eine Vielzahl unterschiedlicher Persönlichkeiten gewesen sind. Das Ganze schien sehr nach dem Zufallsprinzip zu geschehen und machte keinen großen Sinn für mich. Und außerdem, selbst wenn jemand nachweisen kann, dass ich früher ein Mitglied des ersten britischen Parlaments war, so ändert das nichts an der Tatsache, dass ich in diesem Leben eine allein erziehende Mutter war, bei der sich alles um Windeln und Arbeit drehte und die zusehen musste, dass sie jeden Monat das Geld für die Kreditabzahlung zusammenkratzte. Mein Rang in einem früheren Leben interessiert letztlich niemanden, es sei denn, die Bank gewährt allen früheren Mitgliedern des ersten britischen Parlaments freies Wohnen.

Ich hatte also vor, meine Hypnose-Ausbildung zu benutzen, um meinen Klienten bei den Problemen zu helfen, mit denen sie sich in diesem Leben herumschlugen. Ich konnte ihnen helfen, Gewicht zu verlieren, mit dem Rauchen aufzuhören, alle möglichen Phobien zu überwinden, Schlaflosigkeit zu besiegen – was auch immer. Ich war dafür ausgebildet und bereit, alles Erforderliche in Angriff zu nehmen.

Aber nehmen wir einen meiner ersten Hypnose-Klienten, einen Mann mit einer zwanghaften Essstörung, die bei ihm Fettsucht und Diabetes zur Folge hatte. Ich ließ ihn gekonnt »einschlafen«, setzte mich neben ihn und bekam den Mund nicht mehr zu, als er anfing, von seinem schweren Leben als Pyramidenbauer zu erzählen. Danach gab er schließlich mehrere Minuten lang etwas von sich, das sich für mich wie unverständlicher Blödsinn anhörte. Nach der Sitzung schickte ich sofort das Tonband an einen Freund, der damals Professor in Stanford war, um seinen Rat zu hören, ob ich diesen armen Klienten am besten sofort in die nächste Psychiatrie bringen solle. Mein Freund spielte das Band mehreren Kollegen und Kolleginnen vor und kam nach vielen Nachforschungen zu dem Schluss, dass der unverständliche Blödsinn in Wahrheit ein fließender Monolog in einem uralten assyrischen Dialekt war, der zu der Zeit gesprochen wurde, als die Pyramiden von Giseh erbaut wurden.

Ich gebe zu, ich war zutiefst erschüttert. Entweder hatte dieser Klient, dieser bescheidene Angestellte eines kalifornischen Baumarkts, es auf sich genommen, eine uralte assyrische Sprache zu lernen, oder die Hypnose hatte bei ihm bewirkt, dass sich eine Flut von Informationen aus ihm heraus in mein Büro ergoss. Und als Gegenleistung hatte ich ihm nur einen entgeisterten Blick anzubieten sowie verschiedene Varianten des Wortes »Häh?«

Ich fing an, intensiv vergangene Leben und ihre möglichen Verbindungen zum gegenwärtigen Leben zu studieren. Ich unternahm sehr viel Seelenforschung (wenn Sie mir den Ausdruck gestatten). Und ich hatte viele lange Gespräche mit meiner Geistführerin Francine, die mir schonend beibrachte, dass ein vergangenes Leben für unser jetziges Leben die gleiche Bedeutung hat, wie unsere Kindheit für unser Erwachsenenalter. Es handelte sich dabei um einzelne, aber wichtige Stücke des komplexen Puzzles, das die Identität unserer ewigen Seele darstellt.

Von allen Aussagen, die Francine jemals mir gegenüber gemacht hat, hat diejenige mein Leben am meisten verändert, die ihre Antwort auf die folgende Frage von mir war: »Wenn ich Hypnose dazu benutze, meinen Klienten zu helfen, ihre früheren Leben zu erkunden, geht es dann dabei um mehr als nur den Beweis, dass sie schon einmal gelebt haben? Welchen Sinn hat das alles für sie?«

»Heilung.« Das war alles, was sie erwiderte. Und mehr war auch gar nicht nötig, denn ich konnte mir keinen sinnvolleren Zweck vorstellen.

Nicht lange nach dieser Äußerung von Francine luden mich Freunde aus dem medizinischen und psychiatrischen Bereich ein, an einem Seminar teilzunehmen, in dem es um Reinkarnation und die ewige Reise unserer Seele ging. Ich schlug ihnen vor, bei einem Freiwilligen aus dem Publikum eine heilende Rückführung in ein früheres Leben zu machen. Meine Kollegen waren nicht gerade begeistert von dem Vorschlag, denn sie befürchteten, dass ich mit meiner Rückführung unter den scharfen und neugierigen Augen eines gefüllten Hörsaals voll auf die Nase fallen würde.

Meine Gegenfrage beendete allerdings ein für allemal alle Bedenken. Sie lautete: »Wie wollen wir es jemals wissen, wenn wir es nicht versuchen?«

Ein Hypothekenmakler namens Neil war der nüchternste Kandidat unter den vielen, die sich freiwillig meldeten. Ich bat ihn, mich auf die Bühne zu begleiten und mein Versuchskaninchen zu sein. Ich erklärte ihm und dem großen Publikum kurz das Hypnotisieren. Unmittelbar bevor es losging, fragte ich ihn, ob es bestimmte physische oder emotionale Themen gab, die er in Angriff nehmen wolle, während er »weggetreten« war. Er nannte mir daraufhin zwei: den wiederkehrenden Schmerz in seinem rechten Fuß, der nie erfolgreich diagnostiziert oder behandelt worden war, und eine lebenslange Angst, dass er diejenigen, die er liebte, immer enttäuschen werde, soviel Mühe er sich auch gab und so sehr er auch für seine Familie sorgte.

Er war in vielerlei Hinsicht das ideale Versuchsobjekt, denn er hatte eine positive Ausstrahlung und war so entwaffnend ehrlich, dass allen klar war, dass er die Wahrheit sagen würde, selbst wenn diese darin bestehen sollte, dass die heilende Rückführung nur nutzlose Zeitverschwendung war. Es war nicht schwer, ihn in einen hypnotischen Zustand zu versetzen, und ich ging behutsam mit ihm zurück durch sein Leben, durch seinen Tod im vorangegangenen Leben, und war gespannt, was er mir aus diesem Leben erzählen würde.

Ohne Ankündigung oder irgendeinen Bruch wurde dieser attraktive, selbstbewusste Mann auf einmal ganz klein und zog sich so in sich zusammen, als wollte er nicht einmal mehr den Platz auf seinem Stuhl für sich beanspruchen. Seine Stimme wurde leise und bekam einen entschuldigenden Tonfall, und sein rechter Fuß war verdreht und zog sich angewinkelt unter dem Sitz zusammen.

Er sagte, sein Name sei Calvin und er sei zwölf Jahre alt. Er lebe auf einer Farm in Virginia, und man schreibe das Jahr 1821. Er war mit einem Klumpfuß geboren worden, was für seine Eltern eine Verlegenheit und Last war, denn in seinem Zustand konnte er, im Gegensatz zu einem gesunden Sohn, nicht auf dem Feld und im Stall mithelfen. In der Schule war er ein Außenseiter und ein gefundenes Fressen für alle Halbstarken. Er tröstete sich bei den Tieren, die er so gut er konnte versorgte. Ihnen schien es egal zu sein, ob er behindert war oder nicht, sie liebten ihn einfach bedingungslos. Als ich ihn schließlich an diesem Abend wieder in sein gegenwärtiges Leben zurückholte, gab es kaum jemanden, einschließlich der anderen Diskussionsteilnehmer, der nicht mit den Tränen zu kämpfen hatte.

Und dann, auf Initiative von Francine, sagte ich noch etwas, bevor ich ihn »aufweckte«: »Neil, lassen Sie allen Schmerz, alle Angst oder alle Negativität los, die Sie aus einem früheren Leben mitgebracht haben, damit sich alles im weißen Licht des Heiligen Geistes auflösen kann.«

Sein rechter Fuß nahm sofort wieder seine normale Position ein, seine Haltung wurde wieder selbstbewusst, und er schien benommen und gedankenverloren, als er leise »Vielen Dank« flüsterte und von der Bühne ging.

Wochen später rief er in meinem Büro an, um zu berichten, dass seine Fußschmerzen völlig verschwunden waren. Außerdem hatte er eine andere innere Einstellung zu sich selbst und betrachtete es als sein Recht, als der liebenswürdige, verantwortungsbewusste und großzügige Mensch anerkannt zu werden, der er war.

Die offensichtliche, faire Frage lautet: »Woher wissen wir, dass diese vermeintlichen früheren Leben nicht nur Fantasiegebilde sind, die der Geist erfindet, um Schmerzen zu lindern?« Ich habe dafür viele Erklärungen, einschließlich der, dass diese »Fantasien« durchweg sehr detailliert und gleichzeitig völlig banal sind. (Abertausende von Rückführungen später hatte ich es nur einmal mit einer historischen »Berühmtheit« zu tun. Es handelte sich um einen anscheinend sehr bekannten britischen Ökonomen des 18. Jahrhunderts, von dem ich noch nie etwas gehört hatte. Ich nehme an, alle Kleopatras, Napoleons, Johannas von Orléans und Julius Cäsars tauchen nur in den Rückführungen anderer Leute auf.) Für mich ist die folgende Aussage entscheidend. Sie lautet: »Hauptsache, es hilft.« Die Tatsache, dass Rückführungen in ein früheres Leben heilen können und physischen und emotionalen Schmerz im gegenwärtigen Leben lindern sowie unbewusste Hindernisse beiseitezuschaffen helfen, ist für mich Beweis genug.

Eine Hypnose ist nicht immer erforderlich, um Klienten mit Informationen in Berührung zu bringen, die aus einem früheren Leben stammen. Francine sagt immer: »Die Seele erkennt die Wahrheit, wenn sie diese vernimmt.« Und diese Aussage wird nicht nur in den Rückführungen immer wieder bestätigt, sondern auch in einem einfachen Reading, wenn ich dem Klienten etwas aus seinem vergangenen Leben erzähle. Es ist nicht so, dass die Klienten etwas Neues hören, vielmehr kommen schon lange vergessene Erinnerungen plötzlich zum Vorschein und verscheuchen alle Fragezeichen.

Eine eidesstattliche Erklärung von C. illustriert diesen Punkt sehr schön:

Sylvia erwähnte zum Schluss meines Readings, dass ich in einem früheren Leben im späten 17. Jahrhundert in Salem als Hexe verbrannt worden bin. Ich war schockiert, wie sehr diese Information Sinn machte. Ich hatte schon immer eine irrationale Angst vor Feuer. Ich kann nicht in der Nähe von Freudenfeuern oder »natürlichen« Feuerstellen sein, denn ich ertrage nicht den Geruch von verbranntem Holz. Ich empfand immer ein sehr großes Mitgefühl mit Brandopfern, und als Kind war ich so fasziniert von der heiligen Johanna von Orléans, die auf dem Scheiterhaufen starb, dass ich ihren Namen als Konfirmationsnamen annahm. Als Erwachsene interessierte ich mich sehr für die Hexenprozesse in Salem und ich entwickelte ein tiefes Misstrauen in das Rechtssystem. Es gibt keine Anhaltspunkte in meinem gegenwärtigen Leben, die erklären könnten, woher diese Ängste und Faszinationen kommen. Ich weiß, dass Sylvias Aussage über jenes frühere Leben stimmt, und es ist eine merkwürdige Erleichterung zu erkennen, dass Dinge, die ich nie über mich verstanden habe, in Wirklichkeit einen vollkommenen Sinn ergeben.

Liebe Sylvia,
ich hatte mich an Sie gewendet, weil ich Hilfe bei einer beruflichen Entscheidung brauchte, aber kaum hatte ich mich mit Ihnen hingesetzt, da erzählten Sie mir schon, dass der Sohn, den ich jetzt habe, auch mein Sohn im vergangenen Leben gewesen ist und im Bürgerkrieg in einer Schlacht fiel. Sie haben darauf bestanden, dass ich die Tragödie aus dem zurückliegenden Leben von diesem Le-

ben trenne, in dem mein Sohn gesund ist und sehr alt werden wird. Sie konnten nicht wissen, wie sehr ich unter der Vorstellung gelitten habe, dass ich ihn in jungen Jahren verliere, ohne etwas dagegen tun zu können. Ich weiß, dass sich alle Eltern Sorgen um ihre Kinder machen, aber für mich war es ein ernstes Problem und auch für meinen Sohn. Ich habe ihn immer überbehütet und tue dies selbst heute noch, wo er frisch verheiratet ist und eine erfolgreiche berufliche Laufbahn einschlägt.

Ohne dass ich Sie darum bitten konnte, haben Sie mich von einer Phobie »geheilt«, mit der ich mich über 20 Jahre lang herumgeschlagen habe, ohne ihre Ursachen jemals verstehen zu können.
(von Benedetta)

Als ich Sylvia zu einer Hypnosesitzung aufsuchte, ging es mir sehr schlecht, denn ich war schon seit drei Jahren stark drogenabhängig. Ich hätte nie gedacht, dass es mich treffen könnte, aber ich schätze, alle Süchtigen sagen das. Ich hoffte, dass Sylvia mir unter Hypnose etwas suggerierte, das mein Verlangen nach Drogen stoppen würde. Ich weiß nicht mehr genau, was ich mir vorgestellt habe, als ich in ihr Büro kam, aber das, was dann geschah, hätte ich mir niemals träumen lassen.

Während ich unter Hypnose war, erzählte ich ihr von sechs früheren Leben, an die ich noch nicht einmal geglaubt hatte, von deren Existenz ich aber heute fest überzeugt bin. Je mehr ich erzählte, desto offensichtlicher wurde, dass mein Suchtproblem nicht neu war, sondern aus mehreren dieser vergangenen Leben stammte. Ich wiederholte einfach eine alte, irrelevante Gewohnheit, die ich im gegenwärtigen Leben einfach loslassen konnte. Ein Leben war im 19. Jahrhundert in England. Ich war eine verheiratete Frau, und mein Mann, ein Arzt, kontrollierte mich dadurch, dass er mir ständig Morphium gab. In einem anderen Leben war ich ein missratenes, arrogantes und nur seinen eigenen Gelüsten nachgehendes Mitglied des spanischen Königshauses. Ich war immer betrunken, weil niemand da war, um mich davon abzuhalten. Stattdessen erwartete man von mir nur, Feste zu feiern und den Frauen nachzusteigen. Dann gab es noch ein Leben in Argentinien, in dem ich von Geburt an krank war und sehr jung starb. Im Verlauf dieses Lebens bekam ich die ganze Zeit starke Medikamente.

Dank der Erfahrung mit Sylvia war ich jedoch an jenem Tag in der Lage, die Stärke und Entschlusskraft aufzubringen, die nötig war, um meine Drogensucht zu überwinden und mir wieder Ziele im Leben zu stecken. Als ich zu ihr kam, fühlte ich mich elend, und als ich von ihr ging, hatte ich neue innere Stärke und Hoffnung gewonnen.

Immer wenn ich merke, dass ich wieder zu straucheln anfange, denke ich zurück an jenen Tag im August, und alles bekommt wieder seine klare Ausrichtung. Ich schulde Sylvia mehr als nur ein »Dankeschön«.
(von Eli)

Nachdem sie drei Jahre lang die unterschiedlichsten Ärzte, Therapeuten, Chiropraktiker und Psychiater aufgesucht hatte, brach Martha Grace schließlich geistig zusammen. Zu ihren Symptomen gehörten Halluzinationen, Wahnvorstellungen, gelegentliche Panikanfälle und das Hören von Stimmen, die mit ihr sprachen. Zwei Psychiater diagnostizierten unabhängig voneinander Schizophrenie, aber als sie sich weigerte, Medikamente zu nehmen, gaben sie sie auf. Ein dritter Psychiater schien etwas machen zu können, aber als ihm nicht der Durchbruch gelang, den beide erwarteten, kam zu all den anderen Symptomen noch eine akute Platzangst hinzu.

Eines Tages schlug eine Freundin aus heiterem Himmel vor, Sylvia Browne aufzusuchen. Das erste Mal seit Wochen verließ Martha Grace das Haus, denn sie wollte Sylvia unbedingt treffen.

Bis auf den heutigen Tag weiß ich nicht, was genau in jenem Raum vor sich gegangen ist. Ich weiß, dass Sylvia mit Martha eine Rückführung unter Hypnose machte, aber Martha hat keine weiteren Einzelheiten erzählt. Sie meinte nur, dass Sylvia gesagt habe, Martha werde innerhalb von sieben Tagen das Haus verlassen und dann würden die körperlosen Stimmen aufhören.

Am achten Tag ging Martha Grace voller Vertrauen aus dem Haus, um Tennis zu spielen. Sie hat die Stimmen nie wieder gehört, und auch ohne Medikamente ging es ihr von diesem Tag an immer besser.

Wir waren sehr nervös, wie viel uns die weiterführende Behandlung durch Sylvia kosten würde, aber da wir die ersten wirklichen Fortschritte seit Jahren gesehen hatten, waren wir bereit, alles möglich zu machen, damit wir uns eine weitere Behandlung durch Sylvia leisten konnten. Wir waren sehr überrascht und erleichtert, dass die weiterführende Behandlung nur in einem weiteren Besuch und einem Telefongespräch ein paar Monate später bestand, um Sylvia mitzuteilen, wie es Martha ging. Keine zusätzliche Rechnung. Wir konnten es kaum glauben.

Martha Grace lebt zur Zeit in Berkeley und studiert Informatik an der California State University. Sie ist eine glückliche, erfolgreiche Frau, der alle Türen offen stehen, und es besteht für uns kein Zweifel daran, dass es die Rückführung von Sylvia Browne war, die diesen Traum hat wahr werden lassen.
(von Jana)

Liebe Sylvia,
so sehr mir die Rückführung unter Hypnose auf gesundheitlichem Gebiet und in Bezug auf persönliche Themen geholfen hat, ich glaube, für meine Frau war sie sogar noch hilfreicher. Sie konnten nicht wissen, dass sie während unserer Ehe immer eine große Angst gehabt hat, mich zu verlieren. Ich versicherte sie meiner Liebe, passte sehr auf mich auf, ich bin gesund, und wir führen eine gute, tragfähige Ehe, aber die Angst, mich zu verlieren, war immer da, manchmal war sie so stark, dass sie mehrmals in der Woche davon träumte.

Dank Ihrer Hilfe und der Rückführung unter Hypnose fand ich heraus, dass ich schon einmal im 19. Jahrhundert mit meiner Frau verheiratet war und sie mich im Bürgerkrieg verlor. In dem Moment, in dem ich ihr dies erzählte, war es so, als erinnerte sie sich an etwas, was sie bereits wusste, und dass sie vor etwas Angst hatte, das in einem anderen Leben geschehen war. Ihre Angst hat sich aufgelöst, ihre wiederkehrenden Träume sind verschwun-

den und sie ist mit sich selbst wegen dieser Sache im Frieden. Vielen Dank von uns beiden für Ihre Hilfe.
(von John)

Ich wusste nicht recht, ob ich an frühere Leben glauben sollte, als ich Sylvia aufsuchte, weil ich ernsthafte Schmerzen im Nacken hatte. Mein Arzt und ein paar weitere Ärzte, an die er mich überwiesen hatte, konnten die Ursache dafür nicht finden. Sie boten mir nur Medikamente zur Lockerung der Muskeln und Schmerzstiller an, die ich jedoch ablehnte. Als Sylvia mir vorschlug, mich in frühere Leben zurückzuführen, erkannte ich, dass ich nichts zu verlieren hatte. Ich vertraute ihr und willigte ein.

Ich erinnere mich kaum an etwas, während ich unter Hypnose war, aber ich habe die Aufzeichnung der Sitzung. Ich höre meine Stimme und wie ich ohne Anweisungen von Sylvia von einem Leben im Frankreich des 18. Jahrhunderts erzähle, das für mich unter der Guillotine endete. Ich beschrieb meinen Tod in allen Einzelheiten, ohne jede Empörung oder Angst, und auch, wie ich direkt danach ins Jenseits gegangen bin, als wäre dies das Normalste auf der Welt.

Ich kann aufrichtig sagen, dass meine Nackenprobleme seit der Rückführung nicht wiedergekehrt sind. Und wenn sie zurückkommen sollten, dann weiß ich dank Sylvia, dass ich mir nur klarmachen muss, dass sie nicht in dieses Leben gehören. Sie sind ein alter Schmerz aus einer anderen Zeit, und ich übergebe ihn an Gott.

Mein Arzt sagt, er sei froh, dass die Rückführung eine Wirkung gehabt hat, aber er bezweifelt die Verbindung zu einem früheren Leben. Er hält es für wahrscheinlicher, dass Sylvia die Schmerzen dadurch gelindert hat, dass sie mir etwas unter Hypnose suggerierte. Meine Frage an ihn, die er mir nicht beantworten muss, lautet, warum der Hypnosetherapeut, zu dem er mich geschickt hatte, nicht an diese Möglichkeit gedacht hat, wenn es nur darum ging, mir in der Hypnose etwas zu suggerieren?

Vielen Dank, Sylvia. Gott segne Sie.
(von Rosemary)

Ich habe ständig starke Schmerzen in meinen Händen, die es mir unmöglich machen, selbst kleine Hausarbeiten zu erledigen, wie zum Beispiel einen Kamm oder einen Besen zu halten. Manchmal ist es so schlimm, dass ich mich kaum anziehen kann. Ich ging zum Arzt und erwartete, dass er mir eine Arthritis bescheinigte. Er führte mit mir mehrere Untersuchungen durch, sandte mich zu einem Spezialisten, der noch mehr Tests mit mir machte, und dieser Spezialist schickte mich zu einem anderen Spezialisten, und zum Schluss war ich am Boden zerstört, als man mir mitteilte, dass sich im Knochenmark meiner Hände Krebszellen befänden.

Ich rief im Büro von Sylvia an, um ein Reading mit ihr zu buchen, denn ich hatte ihre Bücher gelesen und versprach mir spirituelle Hilfe von ihr, um mit den Neuigkeiten fertig zu werden.

Als ich vor ihr Platz genommen hatte und zu weinen anfing und ihr erzählte, was mit mir los war, meinte sie, sie würde gerne eine Rückführung mit mir machen, wenn ich nichts dagegen hätte. Ich kannte diese Methode aus ihren Büchern und war einverstanden. Was hätte ich in dieser Situation auch sonst tun können.

Ich möchte an dieser Stelle nicht auf die ganze Rückführung eingehen, aber ich erinnere mich an viele Einzelheiten und dass ich ihr erzählte, dass ich in Persien in Armut gelebt hätte und beim Stehlen erwischt worden sei. Zur Strafe habe man mir beide Hände abgehackt.

Ich kann es nicht einfacher ausdrücken: Meine Rückführung mit Sylvia war am 29. März. Am 7. April waren die Schmerzen vollkommen verschwunden, und mein Arzt meinte, ich hätte nicht länger irgendwelche Krebsgeschwüre in meinem Körper.

Wenn ich dieses von einer anderen Person lesen würde, würde ich es nicht glauben. Ich kann nur sagen, dass es wirklich so geschehen ist – ich schwöre es.
(von Lynn Marie)

Morphische Resonanz

Morphische Resonanz hat etwas mit Zellerinnerung und dem Déjà-vu-Erlebnis zu tun. Meine Geistführerin Francine beschreibt sie als Déjà-vu, multipliziert mit der Anzahl der Sterne im Universum. Sie tritt dann auf, wenn die Geistseele sich an einem Ort befindet, der ihr aus einem früheren Leben so vertraut ist, dass er eine extrem starke Erinnerung auslöst. Die Reaktion geht so tief, dass die Geistseele die sachliche und emotionale Information, die sie über diesen Ort hat, ins Bewusstsein eindringen lässt, sodass der ganze Körper sie wahrnimmt und fühlt. Sie sind in einer Stadt oder einem Land, wo Sie in diesem Leben noch nie gewesen sind, und plötzlich haben Sie nicht nur das merkwürdige Gefühl, dass Sie diesen Ort kennen, sondern Sie sind sich ganz sicher, dass Sie sich hier ohne Führer oder Stadtplan orientieren können. Und um Sie noch mehr zu verwirren, stellen Sie fest, dass dieser Ort, an dem Sie nie zuvor waren, Heimwehgefühle in Ihnen hervorruft oder das Empfinden, wieder dort zu sein, wo Sie hingehören.

Das ist morphische Resonanz.

Ich kenne keinen (mich eingeschlossen), der dieses Phänomen erlebt hat und darauf vorbereitet war. Von einem Moment auf den anderen wird aus einer »Sightseeing-Tour« eine lebensverändernde Erfahrung. Ich hatte diese auf meiner ersten Reise nach Kenia, wo ich auf einmal dem Fahrer sagte, wo er abbiegen solle, und wusste, wie ich zu bestimmten Sehenswürdigkeiten kam, ohne eine Karte zur Hilfe nehmen zu müssen. Gleichzeitig hatte ich mit den Tränen zu kämpfen, weil ich fühlte, wie sehr ich es »vermisst« hatte, hier zu sein.

Das Ganze hat nichts mit Hellsichtigkeit zu tun. Klienten haben mir von dem gleichen Phänomen erzählt, ohne dass ich ihnen einen Hinweis gegeben oder auch nur ein einziges Mal den Begriff »morphische Resonanz« benutzt hätte. Von Zeit zu Zeit veranstalte ich wunderbare Gruppenreisen nach Übersee, eine Art spirituelle und geografische Erkundung. Besonders wenn wir in Ägypten sind, vertraut mir das eine oder andere Mitglied der Reisegruppe an, dass er oder sie »seltsame Empfindungen« habe, wenn wir die Pyramiden besuchen.

Hallo Sylvia!

Ich schicke Ihnen hiermit, wie versprochen, das längst fällige Update. Ich bin immer noch ein wenig atemlos, was sich seit der Hypnoserückführung alles ereignet hat. Bitte entschuldigen Sie, dass es so lange gedauert hat, aber ich weiß, Sie werden Verständnis dafür haben.

Ich bin Software-Entwicklerin und hatte bei Ihnen ein Reading, weil ich Hilfe brauchte, um eine schmerzvolle Scheidung zu überwinden. Kaum hatte ich Platz genommen, erzählten Sie mir korrekt, dass ich an einem Karpaltunnelsyndrom leide, und sagten: »Was ist mit Paris?« Ich erwiderte, dass Sie vielleicht spürten, dass Paris die Stadt war, die ich immer besuchen wollte, aber ich hätte keine konkreten Pläne, dorthin zu reisen.

Wir machten eine Hypnoserückführung, eigentlich um herauszufinden, in welcher Verbindung ich in früheren Leben zu meinem Ex-Mann stand. (Beachten Sie, wie unwichtig er geworden ist.) Als ich anfing, von einem Leben im Paris des frühen 18. Jahrhunderts zu sprechen, war ich zwar definitiv hypnotisiert, aber immer noch »bewusst« genug, um zu glauben, dass ich nur deshalb über Paris sprach, weil wir zu Beginn des Readings über diese Stadt gesprochen hatten.

Und nun kommt die Neuigkeit, zwei Jahre später. Achten Sie auf den Poststempel auf dem Briefumschlag. Paris, Frankreich. Durch eine Reihe von »Zufällen« und »zufälligen Treffen« (ich habe Ihre Bücher gelesen, und daher weiß ich, dass Sie an so etwas nicht glauben, und ich glaube auch nicht mehr daran) erhielt ich eins von jenen Jobangeboten, zu denen man einfach nicht nein sagen kann, und zog vor acht Monaten nach Paris.

Aber die Geschichte geht noch weiter. Wenn es um die neue Arbeit ging und ich meinen Freunden die Verbindung zwischen Paris und dem Reading bei Ihnen erzählte, habe ich es immer so dargestellt, dass ich für diese besondere Stadt durch das Gespräch mit Ihnen sensibilisiert worden bin. Als das Karpaltunnelsyndrom bei mir festgestellt wurde, war es das Gleiche. Plötzlich bekam ich die Worte einfach nicht mehr aus dem Kopf.

Als ich zum ersten Mal in Paris war, fuhr ich mit einem Mietwagen vom Flughafen in die Stadt. Auf dem Beifahrersitz hatte ich einen Stadtplan und handschriftliche Richtungsangaben ausgebreitet. Ich konnte nur noch daran denken, wie aufregend es war, hier zu sein, und wie schön die Stadt war. Ich brauchte daher eine Weile, bis mir klar wurde, dass ich schon seit mehreren Kilometern direkt zum Hotel fuhr, ohne auf den Stadtplan oder die Angaben geschaut zu haben. Um zu testen, ob ich mir das alles nicht nur einbildete, schaute ich für den Rest der Fahrt bewusst nach vorne, und mein Herz schlug wie wild, als ich 20 Minuten später genau vor dem Hoteleingang anhielt. Ich hatte kein einziges Mal gezögert, wo ich entlangfahren musste. Ich kannte den Weg genau!

Seit ich hierhergezogen bin, fühle ich mich hier zu Hause, Paris und ich gehören zweifellos zueinander. Ich bin so glücklich. Der erste Tag, an dem ich alles wieder erkannte, gehört zu den außergewöhnlichsten Erlebnissen in meinem Leben, zusammen mit der Tatsache, Sie getroffen zu haben.

Bitte entschuldigen Sie meine etwas kitschige Ausdrucksweise, aber ich kann einfach nicht anders – *merci,* Sylvia!
(von Annie Laurie)

9

Gesundheit

Ich möchte zu Beginn dieses Kapitels noch einmal klar und deutlich meine Warnung wiederholen, wenn es bei Readings um gesundheitliche Fragen geht: Behandeln Sie niemals mich oder andere Hellseher als Ersatz für einen voll ausgebildeten, qualifizierten Experten, wenn es um Ihre körperliche und seelische Gesundheit geht!

Es ist erstaunlich, wie viel ich zu den gesundheitlichen Problemen meiner Klienten sagen kann. Dies wäre nicht gerade sehr bescheiden, wenn ich der Ansicht wäre, dass es ausschließlich mein Verdienst sei. Ich will damit nur sagen, dass ich gut darin bin, vertrauensvoll die Informationen weiterzugeben, die ich aus Quellen erhalte, die offensichtlich ein großes Sachwissen haben. Mit Hilfe dieser Quellen kann ich ein Problem, eine falsche Diagnose, einen Nährstoffmangel, eine bislang nicht erkannte Allergie oder die Notwendigkeit von weiterführenden Untersuchungen bei einem Spezialisten »lesen«. Auch an meinen besten Tagen mache ich immer nur (manchmal dringende) Vorschläge, und sie werden niemals zu 100 Prozent zutreffen, weil dieser Grad an Genauigkeit ausschließlich Gott vorbehalten ist. Ich habe keine formelle medizinische Ausbildung, kein Zertifikat (Ausnahme: Hypnosetherapeutin) und keine Zulassung, um eine Arztpraxis eröffnen und Medikamente verschreiben zu können. Ich bin sehr stolz darüber, dass ich schon seit Jahrzehnten eine gute Beziehung zu mehr als 300 Ärzten und Psychiatern auf der ganzen Welt habe und wir uns gegenseitig unsere Klienten und Patienten schicken. Und glauben Sie mir eins: Wenn ich krank werde, gehe ich schnurstracks zum Arzt und nicht zu hellsichtigen Kollegen – unabhängig davon, wie viel ich sonst von ihnen halte.

Wahrscheinlich wird bei gesundheitlichen Fragen am stärksten deutlich, dass meine hellsichtigen Informationen *durch* mich gegeben werden und nicht *von* mir stammen. Oftmals bin ich genauso überrascht wie meine Klienten, was da aus meinem Mund herauskommt. Ich erinnere mich nicht mehr genau, ob die Geschichte, die ich Ihnen jetzt erzählen möchte, in dem ersten Reading geschah, das ich zur Klärung eines gesundheitlichen Problems durchführte, aber ich schwöre, im Rückblick scheint es die Situation zu sein, die mich mitten in die medizinische Arena schleuderte, ob ich darauf vorbereitet war oder nicht.

Es geschah vor ungefähr 30 Jahren, an einem normalen Tag mit vielen Readings (wenn wir von diesem Widerspruch in sich einmal absehen). Eine gut angezogene, attraktive Frau kam mit einem zufriedenen Lächeln in mein Büro, um mit mir über ein Dilemma zu sprechen, das sie wegen ihrer beruflichen Zukunft hatte. Wir waren beide überrascht, als ich – noch bevor sie überhaupt Platz nehmen konnte – kreischte: »Nein! Setzen Sie sich nicht hin! Sie müssen sofort zu einem Urologen!«

Wie sich herausstellte, hatte sie eine akute Blaseninfektion. Der Urologe, zu dem ich sie geschickt hatte, erzählte mir, dass sie ernsthafte Probleme bekommen hätte, wenn sie eine Behandlung noch länger hinausgeschoben hätte.

Bis auf den heutigen Tag weiß ich nicht, ob diese Erfahrung meinen Fokus unbewusst erweiterte oder ob sie mir eine ganz neue Informationsquelle erschlossen hat. Seit jenem Vorfall achte ich jedenfalls stark auf den Gesundheitszustand meiner Klienten.

An dieser Stelle muss ich Ihnen eine komische Sache erzählen, die ich schon lange zwischen mir und meinen Mitarbeitern beobachte (und übrigens nicht sehr lustig finde). Die meisten Mitarbeiter in meinem Büro arbeiten schon 20, 30 oder sogar 40 Jahre mit mir zusammen. Sie waren Zeugen, dass Klienten aus aller Welt eingeflogen kamen, damit ich ihren Gesundheitszustand »lese«. Sie haben buchstäblich Tausende von eidesstattlichen Erklärungen gelesen, sortiert und abgespeichert, die meine Genauigkeit in zahllosen gesundheitlichen Fragen bestätigen. Ein paar meiner Mitarbeiter haben sogar echte Heilungen erlebt. Aber dennoch – und Lindsay, die es miterlebt hat, kann es bestätigen – gibt es keine Gruppe von Menschen, die apathischer ist als meine eigenen Mitarbeiter, wenn ich sie dazu bewegen will, zum Arzt zu gehen, weil ich sehe, dass sich eine Krankheit in ihnen entwickelt oder bestimmte Medikamente falsch verschrieben wurden oder sie allergisch auf etwas sind, das sie leicht vermeiden können. Sie haben totales Vertrauen in mich, wenn es um irgendeinen Menschen auf der Welt geht. Sobald es aber sie selbst betrifft, schauen sie mich nur gelangweilt an. Und wenn einer von ihnen dieses Verhalten leugnen sollte, dann lügt er oder sie und versucht nur, höflich zu sein.

Fairerweise muss ich sagen, dass das Verhalten meiner Mitarbeiter etwas damit zu tun haben könnte, dass ich in all den Jahren, in denen ich mich schon um den gesundheitlichen Zustand meiner Klienten kümmere und vertrauensvoll die Informationen weiterleite, die mir mit absoluter Präzision gegeben werden, oft hinterher ein medizinisches Wörterbuch zur Hand nehmen musste, um die Fachbegriffe nachzuschlagen, über die wir gerade gesprochen hatten und die ich noch nicht kannte.

Ein perfektes Beispiel war Mary Beth, die schon seit Jahren unter einem starken Druck im Hinterkopf an der Schädelbasis litt. Die Schmerzen waren so stark, dass sie nicht mehr arbeiten konnte und oft nicht einmal mehr aus dem Bett kam. Und es ist nicht so, dass Mary Beth es einfach nur erlitten hat. Seit dem ersten Tag dieser dumpfen, unerbittlichen Schmerzen hatte sie einen Arzt nach dem anderen aufgesucht, eine Untersuchung nach der anderen über sich ergehen und ein Ultraschallbild nach dem anderen machen lassen. Sie hatte darüber hinaus alle möglichen Medikamente ausprobiert, aber dennoch verspürte sie keinerlei Erleichterung. Als die Ärzte ihr immer wieder mitteilten, dass körperlich alles in Ordnung mit ihr sei, suchte sie sogar einen Psychiater auf, um der Möglichkeit nachzugehen, ob ihre Schmerzen psychosomatische Ursachen hatten, die ihr Geist erschuf und vielleicht auch wieder verschwinden lassen konnte. Aber mehrere Monate und Hunderte von Dollars später wurde deutlich, dass es auch hieran nicht lag.

Sie war sichtlich verlegen, als es aus ihr herausplatzte, dass sie sich an mich als »letzte Möglichkeit« gewendet habe, und sie hörte gar nicht auf, sich dafür zu entschuldigen. Die letzte Möglichkeit zu sein, hat mich noch nie gestört und stört mich auch jetzt nicht. Wie bereits weiter oben erwähnt, wende auch ich mich an den Arzt und nicht an den Hellseher, wenn ich ein körperliches Problem habe.

Hier ist ein Auszug der eidesstattlichen Erklärung von Mary Beth, die sie mir ein paar Wochen nach ihrem Reading schickte:

> Sylvia sagte, mein Problem habe seine Ursache in meinem C3 und ich solle so schnell wie möglich einen Orthopäden aufsuchen. Wenn der erste Orthopäde nichts finden sollte, solle ich zum nächsten gehen, bis ich einen gefunden hätte, der die Verletzung sah und behandelte. Ich brauchte nicht lange zu suchen, denn schon der erste Orthopäde bestätigte, dass mein C3 den Schmerz verursachte. Er begann sofort mit der Behandlung, und es ist, als sei ein Wunder geschehen. Der schreckliche Druck ist völlig verschwunden, ich kann wieder ein normales Leben führen und freue mich auf jeden neuen Tag. Um ehrlich zu sein, als Sylvia auf einmal von einem C3 sprach, wusste ich nicht, was das bedeutete, geschweige denn, dass ich einen C3 hatte. Ich danke ihr aus ganzem Herzen dafür, dass sie mir mein Leben zurückgegeben hat.

Ich gebe gern zu, dass auch ich nicht wusste, was ein C3 ist, als ich davon sprach, dass Mary Beths Problem etwas mit ihrem C3 zu tun habe. Kaum war sie aus der Tür, schlug ich es im Lexikon nach. Es stellte sich heraus, dass damit der dritte Halswirbel gemeint war. Wer hätte das gewusst?

Im Laufe all der Jahre habe ich mit Hilfe meiner Klienten, der geistigen Welt und Hunderter Ärzte, mit denen ich zusammengearbeitet habe, aber auch durch meinen leidenschaftlichen Glauben an die Bedeutung dieses Bereichs meiner Arbeit ein sehr beeindruckendes medizinisches Vokabular zusammengestellt. Wir vergessen nur allzu oft – und ich selbst schließe mich da gerne mit ein –, dass unabhängig davon, wie viel Geld wir besitzen, welche besonderen Auszeichnungen auf unseren Trophäenregalen stehen oder wie groß und eindrucksvoll unsere Häuser sind oder was für ein aufregendes soziales Leben und/oder Liebesleben wir führen, alles seinen Wert verliert, wenn unsere körperliche oder emotionale Gesundheit gefährdet ist.

Ich war auch sehr froh, als ich schon früh entdeckte, dass ich mich auf den Gesundheitszustand meiner Klienten einschwingen konnte, unabhängig davon, ob ich mit ihnen zusammen in einem Raum war oder nicht, ob sie ein gesundheitliches Problem erwähnten oder nicht und ob das Problem überhaupt schon aufgetreten war.

Mit Edgar hatte ich ein telefonisches Reading, das schon mehr Jahre zurückliegt, als wir uns wahrscheinlich eingestehen würden. Er war sehr liebenswert, ein netter, lustiger Mann, der sich ausdrücken konnte und Hilfe in seinem Liebesleben oder, genauer gesagt, fehlenden Liebesleben brauchte. Es schien, als habe Edgar die unglückliche Tendenz, nur auf die Frauen zu fliegen, die ihn zum Schluss nur als einen guten Freund betrachteten. (Was ist eigentlich los mit uns Frauen und unserer Tendenz, netten Typen den Laufpass zu geben und stattdessen zu versuchen, die Kerle zu verändern, die anscheinend von Wölfen großgezogen wurden? Wir sollten uns da wirklich einmal Gedanken drüber machen. Und eine Mitteilung für Edgar: Schreiben Sie mir bitte und teilen Sie mir mit, ob Sie die

»Diane« getroffen und geheiratet haben, die ich Ihnen prophezeit habe. Wie ich Ihnen damals sagte, war und ist sie die Frau, die wirklich etwas für Sie empfindet.)

Edgar und ich wollten gerade unser Telefongespräch nach einer sehr angenehmen halben Stunde beenden, als ich mich plötzlich gezwungen fühlte, ihn nach seinem Zahn zu fragen.

»Mein Zahn? Welcher Zahn?«, fragte er zurück.

»Ihr unterer rechter Backenzahn«, erwiderte ich.

»Tut mir leid«, sagte er, »aber ich weiß nicht, wovon Sie sprechen. Ich habe keine Probleme mit diesem Zahn oder überhaupt mit meinen Zähnen.«

Aber es würden welche auftreten, ich wusste es. Ich entschied mich jedoch dafür, es ihm nicht zu sagen. Warum sollte ich etwas vermuten, das dann vielleicht gar nicht stimmte?

Zwei Monate später flatterte eine Mitteilung von ihm ins Büro:

> Liebe Sylvia, ich dachte, es interessiert Sie vielleicht, dass ich letzte Woche einen Notfalltermin bei meinem Zahnarzt hatte. Von einem Moment auf den anderen hatte ich furchtbare Schmerzen, und er musste mir den unteren rechten Backenzahn ziehen. Mein Zahnarzt macht sich ein wenig Sorgen, dass Sie anscheinend zuverlässiger sind als sein Röntgengerät.

> Nein, das bin ich nicht, Edgar. Ich habe nur eine verlässlichere Informationsquelle.

Mehrere Ärzte, mit denen ich regelmäßig zusammenarbeite, sind der Ansicht, dass es für mich ein Vorteil ist, dass ich *kei-*

ne richtige medizinische Ausbildung genossen habe. Dadurch ist es mir nämlich möglich, meine Klienten und ihre Probleme objektiv zu betrachten und zu einfachen Befunden zu kommen, während ein Arzt oft »zu viel« weiß und gedanklich durchspielt und dabei »den Wald vor lauter Bäumen nicht sieht«. Ich glaube, da ist etwas dran. Ich sehe in meinem eigenen Fachgebiet oft den Wald vor lauter Bäumen nicht, warum sollte es ihnen dann nicht ebenso gehen? Und Sie werden mich nie darüber klagen hören, dass ich zu viel über die unendlich komplexen Welten körperlicher und geistiger Gesundheit weiß. Auch an dieser Stelle ist wieder die gute Gelegenheit, darauf hinzuweisen, dass ich nur die Informationen weiterleite, die ich empfange, und ansonsten den Weg freimache.

Man muss nicht hellsichtig sein, um zu wissen, dass sich Dorothy nicht wohl fühlte, als sie in mein Büro kam. Sie war blass und bewegte sich zu langsam für eine Frau in ihrem Alter. Sie hatte keine wunden Füße und auch keine Arthritis, es schien eher, dass sie erschöpft war und Schmerzen im Körper hatte, während sie versuchte, sich normal zu bewegen.

Bevor ich sie überhaupt begrüßen konnte, platzte es schon aus ihr heraus: Schon seit Jahren leide sie unter chronischen Atem- und Magen-Darm-Beschwerden. Trotz der unzähligen Untersuchungen durch den Hausinternisten ihrer Familie und ein paar Spezialisten wusste sie immer noch nicht, was mit ihr los war – ganz abgesehen davon, dass es ihr immer schlechter anstatt besser zu gehen schien.

»Sie hätten einen Allergiespezialisten aufsuchen sollen«, meinte ich.

»Was?«

»Sie waren noch nicht beim Allergologen, stimmt's?«

»Nein«, sagte sie, »daran habe ich nicht gedacht. Was könnte ein Allergologe für mich tun?«

»Ein Allergologe könnte bestätigen, dass Sie auf Weizen allergisch sind und dass Ihre Probleme in erster Linie starke allergische Reaktionen sind, die verschwinden werden, sobald Sie jede Form von Weizen aus Ihrer täglichen Nahrung streichen.«

Nach all den Jahren kenne ich den Unterschied zwischen einem Klienten, der mir glaubt, und einem Klienten, der es nicht tut, aber verzweifelt genug ist und meinen Worten nachgibt. Dorothy fiel definitiv in die zweite Kategorie. Sie schaute mich ungläubig an. Aber sie war sichtlich krank und hatte es satt, krank und müde zu sein. Und so war es nicht gerade eine große Überraschung, als ein paar Monate später ein Brief von ihr mein Büro erreichte:

> Sie eröffneten mir am 3. Juli, dass ich allergisch auf Weizen bin und dass diese Allergie für meine Atemprobleme und meine Magen-Darm-Beschwerden verantwortlich sei. Am 13. August hatte ich einen Termin beim Allergologen. Er meinte, er könne mich nicht speziell auf eine Weizenallergie testen, mit mir aber einen allgemeinen Gräsertest durchführen. Die meisten Menschen, die auf alle sieben Gräser in diesem speziellen Test allergisch reagieren, sind gewöhnlich auch auf Weizenprodukte allergisch. Wir machten also den Gräsertest und es stellte sich heraus, dass ich auf jede Grassorte hochallergisch war. Ich brauche wohl nicht zu sagen, dass ich sofort allen Weizen aus meiner Ernährung strich! Vielen Dank, dass Sie eine Lösung gefunden haben, an die mein Internist nicht gedacht hatte, wie er zugab.

Wenn Sie mich fragen, ich glaube inzwischen, dass die Verbreitung von Nahrungsmittelallergien von vielen Ärzten und von uns »Normalbürgern« als Ursache für anscheinend zusammenhanglose und nicht diagnostizierbare körperliche Beschwerden unterschätzt wird. Dabei sollten wir sie nicht verharmlosen. Wenn einige Allergien so mächtig sind, um Nesselausschlag, Schwellungen und rote, juckende Augen zu bewirken, dann brauchen wir uns nur vorzustellen, was sie unserem Körper antun können, wenn sie sich nach innen richten.

Danke, Dorothy, dass Sie meinen Rat befolgt und einen Arzt aufgesucht haben, um das zu bestätigen, was ich Ihnen erzählt hatte. Ich hoffe, alle Klienten, die in den nächsten 50 Jahren mit Gesundheitsproblemen zu mir kommen, werden Ihrem Beispiel folgen.

Und dann gab es noch Nikki, die mir aus schierer Frustration schrieb, nachdem viele Ärzte nichts für sie tun konnten und sie ratlos an den nächsten Kollegen weitergereicht hatten. Nikki, die es gewohnt war, gesund und voller Energie zu sein, litt unter Erschöpfungszuständen, Schmerzen am ganzen Körper und einem leichten Fieber, das, als sie ihren Brief an mich schrieb, schon sieben Monate anhielt. Drei Ärzte, die verständlicherweise annahmen, dass das leichte Fieber auf eine Infektion im Körper hindeutete, verschrieben ihr unterschiedliche Antibiotika. Diese hatten jedoch überhaupt keine Wirkung und verschlechterten höchstens noch ihren Gesundheitszustand.

Meine Anmerkungen am Rand von Nikkis Brief lauteten: »Sie haben *Candida*, eine Hefepilz-Infektion. Sie müssen eine Stuhlprobe untersuchen lassen. Antibiotika füttern den Pilz und verschlimmern den Zustand. Eine Diät mit hohem Proteingehalt hungert die Hefepilze aus.«

Eine meiner Mitarbeiterinnen gab diese Information telefonisch an Nikki weiter. Ein paar Wochen später erhielten wir von ihr eine Mitteilung.

Ich ging zu meinem Hausinternisten und teilte ihm mit, dass mein Stuhl untersucht werden müsse. Er meinte, es sei noch nie vorgekommen, dass ihn ein Patient um so etwas gebeten habe. Ich war einen Moment lang versucht, ihm zu erzählen, dass eine Hellseherin mir dies empfohlen habe, aber da ich wollte, dass er mich ernst nahm, ließ ich es lieber bleiben. (Was übrigens die richtige Entscheidung gewesen ist.) Als das Testergebnis bei mir eine Hefepilz-Infektion ans Tageslicht brachte, fiel er aus allen Wolken, denn die Antibiotika, die er mir gegeben hatte, waren eine Form von Penizillin, die das Wachstum von Hefepilzen förderte. Er entschuldigte sich dafür und sagte, dass Candida nur schwer wieder loszuwerden sei. Da er jetzt aber wisse, was mit mir los sei, könne er mich auch richtig behandeln. Er befürwortete unterdessen eine Diät mit hohem Proteinanteil und fragte, was ich gelesen hätte, weil ich so gut informiert sei. Ich erzählte ihm dennoch nicht, dass ich alle Tipps von einer Hellseherin hatte. Vielleicht werde ich es eines Tages tun. Seit wir wissen, was ich habe, sind fünf Wochen vergangen. Ich habe angefangen, mich proteinreich zu ernähren und Medikamente gegen den Pilzbefall zu nehmen, und fühle mich langsam wieder wie die Alte.

Einige von Ihnen sind vielleicht überrascht oder sogar ein wenig irritiert, dass die geistige Welt Informationen über solche Themen wie Stuhlproben gibt. Aber zu den vielen faszinierenden Eigenschaften der Bewohner des Jenseits gehört, dass sie sich nicht darum scheren, ob etwas geschmackvoll oder geschmacklos, höflich oder grob, chic oder unmodern, ja selbst gut oder schlecht ist. Dies alles sind einfach nur Dinge, über die wir Menschen uns Sorgen machen, wenn wir nicht genug zu tun haben. Die Bewohner der geistigen Welt fühlen sich niemals gestört. Wenn sie jemandem eine wichtige Botschaft mitzuteilen haben, gibt es für sie kein Tabu.

Liebe Sylvia,
ich schreibe dies als Bestätigung für diejenigen, die sich vielleicht noch unschlüssig sind, ob sie Ihren Ratschlag befolgen sollen.

Als ich ein Reading mit Ihnen hatte, war ich hochschwanger. Sie sagten, es sei ein Mädchen (was ich nicht wusste) und es werde zu früh kommen, und dann rieten Sie mir, sofort ins Krankenhaus zu gehen für den Fall, dass meine Fruchtblase platzen sollte.

Nun, ich tat genau das, was Sie sagten. Ihre eindringlichen Worte gingen mir dabei so stark durch den Kopf, als wären Sie mit mir und meinem Mann im Auto und würden uns anfeuern. Wir schafften die 20-minütige Fahrt in 12 Minuten und erreichten das Krankenhaus gerade noch rechtzeitig, wie sich herausstellen sollte. Meine Wehen setzten ein, und der Arzt musste einen Notfall-Kaiserschnitt vornehmen.

Unsere Tochter wurde sechs Tage zu früh geboren. Da

ich dank Ihrer Warnung keine Minute zu spät im Krankenhaus eingetroffen bin, sind wir beide glücklich und wohlauf.
(von Dusty)

Liebe Sylvia,
ich saß in der *Montel-Williams-Show* im Publikum und fragte Sie zu meinen Magenproblemen. Sie sagten, meine Ärzte hätten den wahren Grund noch nicht gefunden, ich solle ihnen sagen, dass das Problem in meinem Gallengang liege.

Sie hatten hundertprozentig Recht. Leider sind es schreckliche Neuigkeiten – ich habe unheilbaren Gallenkrebs, wobei es sich, wie Sie sicher wissen, um bösartige Geschwüre im Gallengang handelt. Ich danke Ihnen sehr für Ihre erstaunliche Genauigkeit. Obwohl meine Aussichten nicht schlechter sein könnten, verbessern die Behandlungen meine Lebensqualität in der Zeit, die mir noch bleibt. Ohne Sie wäre das alles nicht möglich gewesen.
(von Joi)

Solange ich mich erinnern kann, hatte ich Probleme mit der Atmung. Die Ärzte bestanden darauf, dass es kein Asthma sei, sondern bestenfalls »eine Art von Allergie«. Das war nicht gerade hilfreich. Ein paar Tage ging es mir gut, aber dann gab es wieder Tage, wo ich das Gefühl hatte, dass meine ganzen Atemwege verstopft sind. Ich bekam keine Luft zum Atmen und hatte schreckliche Hustenanfälle. Mein aktiver Lebensstil wurde dadurch dramatisch eingeschränkt. Ich treibe gerne Sport und gehe fünf oder sechs Tage in der Woche ins Fitnessstudio, wenn es meine Atemwege erlauben.

Sylvia empfahl mir drei einfache Dinge. 1) mehr Proteine und weniger Kohlenhydrate essen; 2) meine Nahrung mit Lezithin und Aminosäuren ergänzen; und 3) Milchprodukte meiden, weil ich Laktose nicht vertrüge (was neu für mich war).

Ich konnte immer damit rechnen, an zwei bis drei Tagen in der Woche akute Atemprobleme zu haben. Seit meinem Reading mit Sylvia sind drei Monate vergangen, und ich habe ihren Rat befolgt. Nicht ein Mal hatte ich während dieser drei Monate irgendwelche Atembeschwerden. (von Sharon)

Liebe Sylvia,
während meines Readings beschrieben Sie meinen ältesten Sohn mit unglaublicher Genauigkeit, bis hin zu seinen »seegrünen Augen«. Dann erzählten Sie mir, dass die anfänglichen Diagnosen falsch waren – er habe überhaupt keinen Gehirntumor, sondern einen Virus, der neurologische Probleme verursacht, wenn mein Sohn unter starkem Stress steht.

Eine Woche nach dem Reading rief mein Sohn an, um mir mitzuteilen, dass er mit einer viralen Gehirnhautentzündung im Krankenhaus lag. Der Virus in seinem Blut flackert in Perioden von nervlicher und physischer Erschöpfung immer wieder auf.

Gründliche Untersuchungen im Krankenhaus erbrachten, dass die Diagnose von zwei Ärzten falsch gewesen ist und es keinen Gehirntumor gab. Es handelt sich vielmehr um eine zeitweilig auftretende Entzündung des Gehirns und des Rückenmarks, was genau den Symptomen einer viralen Meningitis entspricht.

Vielen Dank für Ihre bestärkenden Worte und Ihre Unterstützung in einer Zeit, in der ich große Angst hatte. Vielen Dank auch dafür, dass Sie so einen genauen Hinweis gegeben haben.
(von Cindy)

Liebe Sylvia,
ich muss Ihnen einfach kurz schreiben und mich für Ihren Rat bedanken, der mein Leben grundlegend verändert hat. Ich hatte nie die leiseste Ahnung, dass ich auf bestimmte Lebensmittel allergisch bin, und schon gar nicht auf Milchprodukte. Aber Sie sagten, ich solle sie wie die Pest meiden und beobachten, ob sich dadurch etwas verändere. Ja, der Verzicht auf Milchprodukte hatte große Auswirkungen. Das erste Mal seit drei Jahren brauche ich nicht mehr dreimal am Tag Tabletten gegen Sodbrennen nehmen, und ich habe das Gefühl, mehr Energie zu haben als mit 20 (was, nebenbei bemerkt, lange her ist). Dank Ihnen gab ich sogar meinem Arzt, der ein lieber Freund von mir ist, eine gut gemeinte, aber gleichzeitig auch ernsthafte Schelte. Ich riet ihm, nicht nur einfach Medikamente zu verschreiben, wenn irgendwelche Probleme auftauchen, sondern Ihren Ansatz auszuprobieren und herauszufinden, was die Probleme verursacht, um sie dann beseitigen zu können. Er meinte, dies sei ein guter Rat, und ich hätte völlig Recht.

Nochmals vielen Dank für meine wiederhergestellte

Gesundheit und dafür, dass Sie meinem Arzt einen wichtigen Denkanstoß gegeben haben.
(von Janis)

Sylvia und ihre Mitarbeiter haben mir deutlich zu verstehen gegeben, dass sie nach dem Reading ein Feedback von mir haben wollten, wie auch immer es ausfiel. Wir wollen schon länger ein Kind haben, aber ich werde einfach nicht schwanger. Sylvia meinte, ich solle meine Schilddrüse untersuchen lassen. Wenn ich die richtige Behandlung bekäme, würde ich ungefähr acht Monate später schwanger werden.

Ich rief ein paar Wochen später im Büro an, um zu sagen, dass Sylvia sich geirrt hatte. Mein Arzt meinte, meine Schilddrüse sei völlig in Ordnung und meine einzige Hoffnung schwanger zu werden, bestehe in einer künstlichen Befruchtung.

Nachdem mich dieser Arzt mehrere Monate lang erfolglos behandelt hatte, empfahl mir eine schwangere Freundin einen Fruchtbarkeitsspezialisten, der ihr geholfen hatte. Er machte mit mir eine Reihe von Untersuchungen und teilte mir schließlich mit, dass ich ein Problem mit der Schilddrüse hätte. Aber sobald dieses Problem behoben sei, könne ich mich drauf freuen, in ungefähr acht Monaten schwanger zu werden.

Ich rief erneut in Sylvias Büro an und entschuldigte mich für meinen ersten Anruf. Ich änderte mein Feedback von »falsch« zu »völlig richtig«.
(von Renatta)

Vor mehr als einem Jahr hatte ich ein Reading mit Sylvia. Ich flog 3000 Kilometer, nur um sie zu treffen, und es war jede Minute und jeden Cent wert. Mein Mann und ich wollten eine Familie gründen, aber wir hatten kein Glück. Drei verschiedene Ärzte/Befruchtungsspezialisten teilten mir schließlich mit, dass ich niemals Kinder haben könne. Mein Herz sagte mir, dass sie sich irrten, aber sie waren die Experten, und ihre traurige Schlussfolgerung war das Einzige, was sie noch zu sagen hatten.

Sylvia bestätigte ganz ruhig, was ich insgeheim hoffte – die Ärzte und die Spezialisten irrten sich, ich könne ein Kind haben und würde auch *tatsächlich* eins bekommen.

Ich habe ein Foto unseres drei Wochen alten Sohnes beigelegt, den ich drei Monate nach unserem Reading empfing. Wir bedauern es sehr, dass wir ihn als Jungen nicht »Sylvia« nennen können.
(von Shanna)

Ich hatte an einem Montag ein Reading mit Sylvia. Sie sprach ein paar Gesundheitsprobleme an, die einige Mitglieder meiner Familie hatten, aber sie äußerte keine Sorgen über meine Tochter, über die wir nur kurz beim Abschied sprachen.

Drei Tage später brachte mir meine Tochter die Neuigkeit, dass sie Brustkrebs habe und der Operationstermin schon feststehe. Sie hatte sich entschieden, es mir erst zwei Tage vor dem Eingriff zu erzählen, weil sie wusste, dass ich mir große Sorgen machen würde, und sie wollte mich nicht unnötig ängstigen.

Ich war, gelinde gesagt, außer mir und konnte mir nicht

vorstellen, warum Sylvia etwas so Schreckliches nicht im Reading vorausgesehen hatte. Ich rief in ihrem Büro an, um mich zu beschweren. Ich wies darauf hin, dass ich erst vor drei Tagen bei Sylvia gewesen sei und sie kein Wort über den Brustkrebs meiner Tochter verloren habe. Ein paar Stunden später hatte ich eine Mitteilung von Sylvia auf meinem Anrufbeantworter: »Ihre Tochter hat keinen Brustkrebs. Alles wird wieder in Ordnung mit ihr kommen.«

Ich spielte die Aufnahme meiner Tochter vor und hoffte, es würde ihr Mut machen. Stattdessen brach sie in Tränen aus und schluchzte: »Ein Arzt, ein Onkologe und ein Chirurg haben gesagt, dass ich Brustkrebs habe. Ich denke, sie wissen besser Bescheid als irgendeine Hellseherin, die mich gar nicht kennt. Nichts ist mit mir in Ordnung!«

Die Gewebeuntersuchung zeigte zweifelsfrei, dass die Knoten in der Brust meiner Tochter gutartig und harmlos waren. Sie hatte keinen Krebs. Alles war und ist vollkommen in Ordnung. Nachdem sie den »befreienden« Bericht vom Arzt erhalten hatte, rief meine Tochter sofort in Sylvias Büro an und entschuldigte sich für ihre Skepsis, von der Sylvia überhaupt nichts mitbekommen hatte, und buchte für sich selbst ein Reading.
(von Amanda)

Ich wiederhole: Ich habe großen Respekt vor der überwiegenden Mehrheit der medizinischen Experten, aber wie wir alle wissen und wie es Mitglieder dieses Berufsstands auch selbst zugeben, gibt es Ausnahmen unter den typischen, engagierten Ärzten, die ihr Leben ganz dem physischen und geistigen Wohlergehen ihrer Patienten widmen.

Nur wenige Dinge ärgern mich mehr als die Geschichten, die ich hin und wieder von Klienten höre, die von einem verantwortungslosen, faulen Doktor zum nächsten geschoben werden, ohne dass sich einer von ihnen Gedanken darüber macht, was geschehen soll, wenn einem jeden von ihnen die Ideen oder die Geduld ausgehen. Und in der Zwischenzeit hat der Patient weiterhin Schmerzen, während er auf den nächsten Termin beim nächsten Arzt wartet. Die Hoffnungslosigkeit, der Mangel an verlässlichen Antworten und das Fehlen der richtigen Behandlungsstrategie halten den Patienten wie eine Geisel gefangen.

Dies ist ein weiterer Grund, warum ich mich nicht beleidigt fühle, wenn ein Klient mich als den »letzten Ausweg« bezeichnet. Wenn die Ärzte ihre Arbeit getan hätten, würden diese Klienten mich gar nicht brauchen, und ich hätte nichts dagegen, einen Klienten an einen Arzt zu verlieren, der genau hinschaut und sich wirklich kümmert.

Ich litt drei Jahre lang unter Panikattacken. Es war so schlimm, dass ich schließlich damit zu meinem Hausarzt ging, der mich an einen Psychiater überwies. Beide beratschlagten sich miteinander und verschrieben mir drei verschiedene Medikamente (Xanax, Prozac und BuSpar) zur täglichen Einnahme. Ich sagte ihnen, dass ich Tabletten nicht gut vertrage, aber sie sagten, sie wüssten, was sie täten. Anstatt nur zu würgen, keine Luft mehr zu bekommen, Herzrasen zu haben und mich zu fühlen, als müsste ich sterben, war ich bald in einer nebeligen Benommenheit oder ganz eingeschlafen. Ich versuchte, die Medikamentenzufuhr zu variieren, hörte aber damit auf, nachdem ich versucht hatte, dem Mix auch noch Valium hinzuzufügen.

Ich hatte schon lange Zeit im Voraus ein telefonisches Reading mit Sylvia gebucht, und als sie mich schließlich anrief, hatte ich einen Punkt erreicht, an dem ich vollständig ans Haus gefesselt war, so schlimm waren die Panikanfälle geworden. Als ich ihre Stimme hörte, hatte ich sofort das Gefühl, mit jemandem zu sprechen, der mir vielleicht wirklich zuhörte und verstand, was ich sagte.

Sylvia meinte, meine Bauchspeicheldrüse funktioniere nicht richtig. Sie sagte, mein Blutzuckerspiegel sei viel zu niedrig, und ich solle sofort Proteine in Form von Fisch und Huhn in meinen Speiseplan aufnehmen, der hauptsächlich aus Früchten und Gemüse bestand. Sie ermutigte mich, wegen der Bauchspeicheldrüse zu einem Arzt zu gehen, was ich bislang noch nicht getan hatte. Ich stellte meine Ernährung nach ihren Empfehlungen um, und langsam aber sicher fühlte ich eine Festigkeit in meiner Brust, das Herzrasen und die Kurzatmigkeit verschwanden immer mehr.

Nach ein paar Wochen fing ich vorsichtig an, wieder aus dem Haus zu gehen, mindestens ein- oder zweimal am Tag. Innerhalb von ungefähr zwei Monaten konnte ich wieder Besorgungen machen, zu denen ich drei Jahre lang nicht fähig gewesen war.

Sechs Monate nach meinem telefonischen Reading mit Sylvia fühlte ich mich nicht nur wie neugeboren, ich war auch bereit, mich wieder auf die Welt einzulassen. Zusam-

men mit meinem Mann unternahm ich auf unserer Harley Davidson eine 3000-Kilometer-Tour quer durchs Land und hatte eine wunderbare Zeit.
(von Michelle)

(Anmerkung von Sylvia: Michelle, ich bin begeistert von Ihrem Brief, aber ich hoffe, Sie haben nicht vergessen, Ihre Bauchspeicheldrüse untersuchen zu lassen. Sie haben gutartige Zysten, und Sie werden sich noch besser fühlen, wenn diese entfernt worden sind. Halten Sie mich bitte auf dem Laufenden.)

Liebe Sylvia,
als ich mein telefonisches Reading mit Ihnen hatte, hatten mich die Ärzte bereits aufgegeben. Ich war so krank, dass ich hoffte, von Ihnen zu hören, dass ich bald sterben würde.

Sie teilten mir nicht mit, dass ich bald sterben würde, sondern sagten, was mir fehlte und was dagegen zu tun sei. In den acht Monaten, die seit dem Reading vergangen sind, habe ich 35 Kilo abgenommen, und zwar ohne eine spezielle Diät und ohne Anfälle von Heißhunger. Ich tat einfach das, was Sie mir empfohlen haben. Mein Blutdruck hat sich so weit stabilisiert, dass ich keine Medikamente mehr nehmen muss, und mein Arzt hat mir auch erlaubt, meine Diabetes-Tabletten abzusetzen. (Plötzlich war er wieder an meiner Genesung interessiert, wahrscheinlich weil er die erstaunliche Verbesserung meines Gesundheitszustands sah, für die er nichts hatte tun müssen.) Ich lege den Untersuchungsbericht des Labors bei, damit Sie sehen können, dass meine Blutzuckerwerte auch ohne die Einnahme von Medikamenten normal sind. Das Nervenleiden in meinen Beinen und Füßen breitet sich nicht weiter aus und geht sogar zurück. Meine unteren Beine sind nicht länger »hölzern«, und ich fühle jetzt wieder meine Muskeln unter der Haut. Die Schwellungen sind zurückgegangen, die meine Füße und Knöchel wie zwei große, aufgedunsene, tote Fische haben aussehen lassen. Ich konnte außerdem das Lasix absetzen, das mir mein Kardiologe verschrieben hatte.

Zum ersten Mal seit über drei Jahren kann ich beim Einkaufen den Wagen schieben, anstatt selbst in einem Wagen sitzen zu müssen. Mein Gewichtsverlust, die Verbesserung meines allgemeinen Gesundheitszustands und die wiedergewonnene Fähigkeit, mich normal frei zu bewegen, sind so unglaublich, dass diejenigen, die mich eine Zeit lang nicht gesehen haben, irritiert fragen: »Was ist denn mir dir passiert?« Ich antworte dann einfach nur: »Sylvia Browne«.
(von Felicia))

Wenn Sie jetzt darauf warten sollten, dass ich Ihnen erzähle, was ich Felicia zu tun geraten habe, können Sie lange warten. Die Informationen, die ich für sie erhielt, können völlig anders sein als die, die ich für Sie empfangen würde, selbst wenn Ihre Symptome ähnlich zu sein scheinen. Ich möchte nicht, dass Sie mit dem »Rezept« für eine andere Person experimentieren, wenn mein Name damit verbunden ist.

Readings und Zellerinnerung

Wie im Kapitel »Frühere Leben« beschrieben, war es meine Geistführerin Francine, die mich auf die Idee brachte, dass Hypnoserückführungen in frühere Leben bei meinen Klienten eine Heilung bewirken können. Und es war ebenfalls meine Geistführerin Francine, die mich mit der Vorstellung bekannt machte, dass viele Bereiche in unserem gegenwärtigen Leben, und ganz besonders die Gesundheit, direkt mit der »Zellerinnerung« in Verbindung stehen. Zellerinnerung ist eine reale, potenziell sehr machtvolle und oft negative physiologische Verbindung zu unseren früheren Leben, die uns erst dann bewusst wird, wenn wir ihre Existenz anerkennen und sie in Gottes Hände legen, wo sie hingehört.

Da Francine weiß, dass Biologie und Naturwissenschaften nicht gerade meine stärksten Fächer waren, erklärte sie mir die Funktionsweise der Zellerinnerung langsam Schritt für Schritt:

- Unser Körper besteht aus Milliarden von Zellen, die alle miteinander in Verbindung stehen.
- Jede dieser Zellen lebt und ist ein atmender, denkender, fühlender Organismus, der die Informationen empfängt, speichert und weiterleitet, die das Unterbewusstsein übermittelt. Sie kennen alle das Beispiel, dass unter Hypnose, wenn das Unterbewusstsein die Kontrolle übernimmt, der Hypnotiseur die Suggestion geben kann, dass sein Finger ein brennendes Streichholz ist. Wenn der Finger nun die Haut des Hypnotisierten berührt, dann verhalten sich die Zellen an dieser Stelle genauso, wie sie programmiert sind, auf eine Verbrennung zu reagieren, und bilden reale Brandbläschen.

- Unsere Geistseele lebt heil und unversehrt im Unterbewusstsein – egal, wie gesund oder ungesund wir in unserem Wachbewusstsein sind.
- Unsere Geistseele erinnert sich an alles, was unsere Seele erlebt hat, an jedes Leben, das wir gelebt haben, seit wir erschaffen worden sind, sowohl auf der Erde als auch im Jenseits.
- In dem Moment, in dem unsere Geistseele in unseren physischen Körper eintritt, durchdringt sie die Zellen unseres Körpers mit allen Erinnerungen und Informationen, die sie besitzt, und unsere Zellen verhalten sich entsprechend, bis die Seele den Körper wieder verlässt und nach Hause ins Jenseits zurückkehrt.
- Unsere Zellen reagieren auf reale Weise auf die Erinnerungen, von denen sie durchdrungen sind, ob wir uns dessen bewusst sind oder nicht.
- Indem wir uns Zugang zu diesen Zellerinnerungen verschaffen und sie loslassen, können wir uns von tief sitzenden Krankheiten, Phobien, Schmerzen und Traumata befreien und die größtmögliche emotionale und physische Gesundheit erschaffen, die unsere Seele jemals erfahren hat.

Zellerinnerung umfasst also das gesamte Wissen, das Milliarden von Zellen organisiert und handeln lässt. Die Geistseele flößt dieses Wissen dem Körper ein, wenn ein neues Leben auf der Erde anfängt. Unsere Seele hat ein spürbares Gefühl der Vertrautheit, wenn sie sich wieder in einem menschlichen Körper befindet, nachdem sie Jahre, Jahrzehnte oder gar Jahrhunderte in der Vollkommenheit des Jenseits verbracht hat. Die Trennungslinie zwischen der Vergangenheit und der Gegenwart verschwimmt, wenn jede Zelle des Körpers von der Realität anderer Zeiten und Orte durchdrungen wird. Und weil unsere Seele lebendig und empfindsam ist, reagieren unsere Zellen auf all das, was die Seele als wahr erkennt.

Eingabepunkte

Ein kleines, faszinierendes Detail der Zellerinnerungsarbeit mit Klienten ist die Existenz der »Eingabepunkte«. Francine hatte mich schon vor Jahren mit ihnen bekannt gemacht, und zwar während einer Hypnoserückführung mit einem Mann, der fast 5000 Kilometer geflogen war, um von mir in frühere Leben zurückgeführt zu werden. Er war sehr nett und herzlich, aber ohne Zweifel die langatmigste Person, der ich jemals im Leben begegnet bin. Er war hier, weil er dringend Hilfe brauchte. Die Vorstellung, allein zu sein, löste in ihm »blankes Entsetzen« aus – was schon zu ein paar sehr merkwürdigen Beziehungen geführt hatte, kann ich Ihnen sagen. Er war so begeistert davon, seine vergangenen Leben aus erster Hand zu erfahren, dass er sich viel Zeit ließ und in jedem Leben sehr ins Detail ging. So beschrieb er ausführlich die Namen seiner vier Frauen und zehn Kinder in Ägypten sowie jede Stadt und jede Ortschaft, durch die er als rumänischer Wanderarbeiter kam. Er beschrieb alles, was man sich nur vorstellen kann. Fast eine Stunde später redete er immer noch zufrieden vor sich hin. Ich wurde langsam wahnsinnig, denn ich wusste, wir hatten noch keinen einzigen Moment in irgendeinem seiner vielen Leben gefunden, der seine nackte Angst vor dem Alleinsein ausgelöst haben konnte. Plötzlich hörte ich Francine mir etwas ins

Ohr zwitschern: »Eingabepunkt. Gehen Sie zu Ihrem Eingabepunkt!«

Ich hatte keine Ahnung, was das bedeutete, aber da sie normalerweise nichts ohne Grund sagt, nahm ich ihre Worte einfach auf und wiederholte sie laut: »Eingabepunkt. Gehen Sie zu Ihrem Eingabepunkt!«

Es war, als hätte ich auf den Vorspulknopf gedrückt. Oder, auf den Computer bezogen, die Suchfunktion gestartet. Zoom! Er war in Peru, allein in einem selbst auferlegten Exil auf dem Gipfel eines Berges, und starb dort vor Erschöpfung. Er bestrafte sich dafür, dass er den Tod seiner Frau und seiner Kinder verursacht hatte. Nachdem er das Wort »Eingabepunkt« gehört hatte, brauchte er keine zwei Minuten, um die Zellerinnerung zu identifizieren und loszulassen, dass Isolation und Einsamkeit für ihn gleichbedeutend mit Schuld, Bestrafung und dem Tod geliebter Menschen war.

Wie Francine mir später erklärte, ist der Eingabepunkt einfach nur der Moment, an dem das Ereignis stattfand, das die schmerzliche Zellerinnerung geschaffen hat. Im Grunde genommen handelt es sich um eine »Abkürzung«, die es Klienten, die mit einem bestimmten Problem zu kämpfen haben, ermöglicht, schnell zu dessen Ursache zu springen, ohne sich durch vergangene Leben quälen zu müssen, die mit dem entscheidenden Problem nichts zu tun haben.

Ich hatte nur eine Frage an meine Geistführerin. »Wie hoch ist die Wahrscheinlichkeit, dass meine Klienten wissen, was der Eingabepunkt bedeutet? Ich hatte keine Ahnung.«

Francine antwortete einfach: »Er ist nicht für dich, sondern für sie. Sie werden es schon wissen.«

Das alles geschah vor 20 Jahren. Und seitdem wusste ohne

Ausnahme jeder Klient, mit dem ich eine Hypnoserückführung machte, worüber ich sprach, wenn ich ihn auf seinen Eingabepunkt aufmerksam machte. Alle sprangen sofort zu dem relevanten Ereignis in einem bestimmten Leben.

Es war ebenfalls sehr hilfreich, wenn nicht sogar noch hilfreicher, dass ich während eines Readings im Namen des Klienten zu seinen Eingabepunkten gehen konnte, unabhängig davon, ob ich eine Rückführung mit ihm machte oder nicht, und es auf ihn die gleiche heilende Wirkung hatte. Francine sagt immer: »Die Seele erkennt die Wahrheit, wenn sie sie hört.« Es besteht kein Zweifel daran, dass sie Recht hat. Es spielt keine Rolle, ob es meine Stimme oder ob es die Stimme meines Klienten ist, die Wahrheit ist die Wahrheit, und wenn Heilung eintritt, dann haben wir das einzig und allein Gott zu verdanken.

Ich habe ein ganzes Buch über die potenziellen Auswirkungen der Eingabepunkte und Zellerinnerungen auf unser tägliches Leben und unsere Gesundheit geschrieben. Es heißt *Past Lives, Future Healing* und illustriert anhand von vielen Fallbeispielen, welche unmittelbaren Auswirkungen das Aufsuchen des Eingabepunkts und das damit verbundene Loslassen der negativen Zellerinnerungen, die ihn umgeben, hat. Aber ein Ausschnitt aus einem Brief, den mir neulich eine Klientin schickte, bringt den ganzen Zusammenhang wunderbar auf den Punkt:

Liebe Sylvia,
ich schrieb Ihnen von meinen Angstanfällen, und Sie waren so freundlich, mir innerhalb von drei Wochen zu antworten. Sie teilten mir mit, dass die Anfälle nicht aus

diesem Leben stammten, sondern aus einem früheren Leben, als ich für ein Verbrechen im Gefängnis saß, das ich nicht begangen hatte. Sie machten mir auch ein paar Vorschläge, zum Beispiel mit meinem Arzt über ein Antidepressivum zu sprechen und mehr Proteine und weniger Kohlenhydrate zu essen. Ich muss zugeben, dass ich nicht beim Arzt war, denn ich nehme nicht gerne Tabletten ein. Aber ich habe meine Proteinzufuhr erhöht und die Kohlenhydrate deutlich eingeschränkt. Aber das Wichtigste war, dass ich mich sofort *frei* fühlte, als eine Mitarbeiterin von Ihnen anrief und mir mitteilte, was Sie über mein früheres Leben sagten.

Bis auf die Einnahme von Tabletten hatte ich in den letzten zehn Jahren alles getan, was mir die Ärzte rieten, gegen meine Angstanfälle zu tun. Ich habe gelernt, mich zu entspannen und auf mein Bio-Feedback zu achten. Ich habe mein Leben danach untersucht, was die Anfälle in mir ausgelöst haben könnte.

Aber in den zehn Jahren konnte kein Arzt das für mich tun, was Sie, durch Ihre Mitarbeiterin, in einem dreiminütigen Telefongespräch erreicht haben. Sie haben mir die Höllenqualen genommen, die mir über zehn Jahre lang zu schaffen machten. Wie Sie es mir ans Herz gelegt haben, bitte ich Gott jeden Tag, dieses Trauma aus einem früheren Leben von mir zu nehmen und im weißen Licht des Heiligen Geistes aufzulösen. Ich weiß, dass ich mich auf dem Weg zu einer vollständigen Genesung befinde. Ich bin mir sicher, dass wissenschaftlich denkende Menschen behaupten, ich sei in die sprichwörtliche Gedankenfalle getappt. Aber das macht nichts. Ich interessiere mich nicht für das, was andere denken. Mich interessiert das, was funktioniert. Sie »funktionieren«, und ich kann nur hoffen, dass Sie all das vom Universum zurückbekommen, was Sie den Menschen geben.

(von Mindy)

An dieser Stelle möchte ich gerne einen Gedanken aus *Past Lives, Future Healing* wiederholen, und zwar als persönlichen Hinweis an alle Ärzte und Psychiater:

Ich erwarte weder von Ihnen noch von sonst jemandem, dass er das, was ich sage, unbesehen glaubt und für bare Münze nimmt, und dies trifft auch und vielleicht sogar besonders auf den positiven Einfluss der Zellerinnerung auf die Heilung zu.

Aber wenn Sie Patienten haben, die gegen jede Form »traditioneller« Behandlung, die Sie ausprobiert haben, immun zu sein scheinen, dann sollten Sie unbedingt auf die Möglichkeiten der Zellerinnerung und der Rückführung in frühere Leben zurückgreifen, bevor Sie aufgeben. Es ist eine sichere Methode, die niemandem Schaden zufügt. Für Sie und Ihre Patienten besteht also nicht das geringste Risiko.

Wäre es nicht traurig, wenn Sie etwas nicht versuchten, das für die Menschen, die es dringend brauchen, eine große Erleichterung darstellen würde, nur weil es von einer Hellseherin vorgeschlagen wurde?

Manchmal mache ich auch spontane Readings, und zwar in Situationen, in denen ich – ehrlich gesagt – nicht anders kann. (Andere würden sagen, ich kann einfach nicht meinen Schnabel halten.)

Eins meiner »Opfer« war der Gast auf einer kleinen Dinner-party, die meine Freundin und Mitautorin Lindsay Harrison gab. Dieser Gast war der vollendete Gentleman, und es wäre ihm nicht im Traum eingefallen, die Gelegenheit zu nutzen, dass sich eine Hellseherin im Raum befand, was ich sehr schätzte. Er ist außerdem ein talentierter Autor, dessen Werk ich schon seit Jahren bewundere, und so gebe ich gern zu, dass ich bei ihm etwas genauer »las«, weil ich, auf egoistische Weise, seine Gesellschaft sehr mag.

Kurz nachdem wir im Wohnzimmer Platz genommen hatten, um nach dem Essen einen Kaffee zu genießen, platzte es aus mir heraus: »Ich möchte, dass Sie die nächsten drei Monate gänzlich auf Kohlenhydrate und Alkohol verzichten und danach Ihren Blutzuckerspiegel testen lassen. Ich mache mir Sorgen, dass Sie Diabetiker werden könnten.«

Anstatt mich anzugaffen, als ob mir gerade Fühler wüchsen, drehte er sich vergnügt um und starrte Lindsay an.

»Haben Sie ihr das erzählt?«, fragte er.

Lindsay beantwortete seine Frage in einer Ruhe, die nur wahrer Unschuld entspringt, mit einer Gegenfrage: »Wie kann ich ihr etwas erzählt haben, das ich gar nicht weiß?«

Er dachte einen Moment lang nach und entschuldigte sich bei ihr, bevor er sich wieder mir zuwandte. »Mein Arzt sagte mir vor zwei Wochen genau die gleichen Worte«, sagte er. »Aber Lindsay hat Recht, ich habe ihr nichts davon erzählt, um sie nicht zu beunruhigen. Huh, ich schätze, deshalb sind Sie als Hellseherin so bekannt, stimmt's?«

Nun kommt der Teil, der mich interessiert. Seit jenem Moment sind wir Freunde geworden, und er erzählte mir, dass der gleiche Ratschlag aus meinem Munde mehr Wirkung auf ihn hatte als aus dem Mund seines Arztes. Ich fragte ihn warum, denn immerhin habe ich überhaupt keine medizinische Ausbildung.

Er antwortete: »Vielleicht gerade deswegen. Wenn mein Arzt mir etwas erzählt, dann ist das eine Sache, aber wenn ich es aus einer Quelle bestätigt bekomme, zu der Sie geistigen Kontakt haben, dann sollte ich die Sache *wirklich* ernst nehmen!«

> Sylvia, ich stehe tief in Ihrer Schuld. Ich traf Sie für einen kurzen Moment bei einer Autogrammstunde in Florida. Die Schlange war so lang, dass man ihr Ende nicht sehen konnte, und so hatten Sie für jeden nur kurze Zeit zur Verfügung. Aber als ich vor Ihnen stand, sagten Sie, dass etwas mit meinem Immunsystem nicht in Ordnung sei und ich einen Arzt aufsuchen solle.
>
> Ich tat es, und es stellte sich heraus, dass ich HIV-positiv bin. Ich habe natürlich Angst und mache mir Sorgen um meine Zukunft, aber ich bin Ihnen so dankbar, dass Sie mich zu einem Arzt geschickt haben, sodass er anfangen konnte, mich zu behandeln. Hätten Sie nichts gesagt, hätte ich nicht gewusst, wie es um mich steht.
> (von Victor)

Es ist auch bekannt, dass ich während meiner Vorträge in den USA und in Kanada immer wieder spontan Menschen »lese«. Ich bin davon genauso überrascht wie der Zuhörer im Publikum, der spontan meine Aufmerksamkeit auf sich zieht. Hier ist zu diesem Thema ein Brief von Rickie, den ich immer aufbewahren werde.

Liebe Sylvia,
meine Schwester und ich nahmen an Ihrem September-Seminar in San Diego teil. Wir kauften unsere Teilnahmekarten schon Monate im Voraus und waren ganz aufgeregt, als wir schließlich in der zweiten Reihe saßen. Noch aufgeregter waren wir, als Sie uns unerwartet auf die Bühne holten, weil Sie wussten, dass wir beide unter Migräne litten. Seit meinem zehnten Lebensjahr werde ich von starken Kopfschmerzen gequält, und inzwischen bin ich 45. Als Sie darauf bestanden, dass meine Schwester und ich zu Ihnen auf die Bühne kommen sollten, hatte ich gerade wieder heftige Schmerzen.

Sie setzten mich auf einen Stuhl und sagten, ich solle mich zurücklehnen und entspannen, dann legten Sie mir die Hände auf. Ich muss zugeben, ich fühlte mich sicher und geborgen, obwohl wir uns noch nie begegnet waren. Ich vertraute Ihnen vollkommen, denn ich weiß, dass Sie eine Abgesandte Gottes sind. Als Sie Gott um Hilfe baten, waren meine Kopfschmerzen sofort verschwunden, und zwar nicht nur für den Moment, sondern für immer. Als ich Ihnen unter Tränen erzählte, dass ich mein ganzes Leben lang diese Schmerzen hatte ertragen müssen, küssten Sie mich auf die Stirn.

Ich hatte seit jenem Tag nie wieder Migräne und lerne, ohne diesen ständigen zermürbenden Schmerz zu leben.

Auch meine Schwester ist frei von Migräne. Sie empfahlen ihr, wegen ihrer Probleme mit der Schilddrüse, von denen sie nichts wusste, einen Endokrinologen aufzusuchen; sie befolgte Ihren Rat und ließ sich gründlich untersuchen. Sie hatten Recht, es wurde eine Überfunktion der

Schilddrüse festgestellt, die inzwischen behandelt wird. Vielen Dank also von uns beiden.

Zum Schluss des Seminars kamen viele Menschen auf mich zu und fragten, ob Sie mir wirklich spontan meine Schmerzen genommen hätten oder ob ich Sie schon vorher gekannt hätte und nur so tun würde, als wären meine Kopfschmerzen verschwunden. Ich war fassungslos! Warum kamen die Leute zu Ihrem Seminar und bezahlten dafür, Sie sprechen zu hören, nur um dann Ihre Fähigkeit in Frage zu stellen, durch Gottes Hände zu wirken? Ich habe am eigenen Leib ein Wunder erfahren, und diese Leute wollten meine Glaubwürdigkeit in Frage stellen. Die Menschen sind manchmal wirklich komisch.
(von Rickie)

(Mitteilung für Rickie: Nun wissen Sie, wie ich mich gefühlt habe, als man mir vorwarf, dass ich all die Jahre lang »meine Leute« ins Publikum oder ans andere Ende der Telefonleitung gesetzt hätte, sowohl in Radio- als auch in Fernsehsendungen. Wenn das stimmen würde, hätte sich dann in der ganzen Zeit nicht wenigstens einer mal zu erkennen gegeben? Vielleicht haben sie es deshalb nicht getan, weil ich eher meine Tätigkeit an den Nagel hängen würde, bevor ich mich jemals zu solchen Dingen herabließe.)

Liebe Sylvia,
ich weiß nicht, wie ich Ihnen für den Segen danken soll, den Sie mir gestern bei Ihrem Vortrag gaben. Ich hatte im letzten Jahr drei Operationen. Mein Rückenmark wur-

de dabei beschädigt, was zur Folge hatte, dass ich kaum noch laufen und manchmal nicht einmal mehr einen Teller oder eine Gabel greifen kann. Alle Ärzte sagten, dass sie nichts für mich tun könnten. Sie hingegen erzählten mir, dass ich geheilt werden würde.

Die Freundin, die mich mit zum Vortrag nahm und wieder nach Hause brachte, nimmt an einer Ihrer Studiengruppen teil. Auch sie machte mir viel Mut, sagte aber auch, dass Heilungsprozesse gewöhnlich ihre Zeit brauchen. Als ich wieder zu Hause war, hörte ich Ihre Stimme klar und deutlich sagen, dass ich geheilt werden würde, und plötzlich fühlte ich mich – ich weiß nicht, wie ich es ausdrücken soll – total wohl. Ich erhob mich mühelos vom Sofa und fing an zu gehen. Nicht einfach nur ums Haus. Vier Häuserblocks die Straße hinunter, dann auf die andere Straßenseite und wieder zurück. Die Steifheit, der Schmerz und die Schwäche waren verschwunden. Meine Arme bewegten sich frei beim Gehen. Und wie Sie sehen können, bin ich nun auch wieder in der Lage, einen Stift zu halten und Ihnen diesen Brief zu schreiben.

Es ist ein wahres Wunder, und ich werde ewig an Sie denken.
(von Jeanette)

Hier ist ein Brief von Donna, der mich immer wieder zum Lachen bringt, da wir beide das gleiche bedauernswerte »Glück« haben, wenn es ums Glücksspiel geht:

Liebe Sylvia,
ich bin grundsätzlich mit meinem Leben zufrieden, aber ich habe nie Glück, was Brett- und Kartenspiele, Auslosungen und alles andere betrifft, wo der Zufall eine große Rolle spielt. Ich gewinne noch nicht einmal alberne Geschenke bei Baby- und Brautpartys, es sei denn, es wird vorher sichergestellt, dass jeder etwas bekommt.

Als ich das zweite Mal zu einem Vortrag von Ihnen ging, war ich daher regelrecht schockiert, als Sie meine Nummer zogen und ich ans Mikrofon kommen und Ihnen eine Frage stellen durfte. Mein Schockzustand verstärkte sich noch dadurch, dass ich nicht gut vor großen Menschenmengen sprechen kann, und die Menschenmenge, die Ihnen zuhörte, war *riesig*.

Als ich schließlich mit meiner Frage an der Reihe war, konnte ich überhaupt nichts mehr denken. Auf dem Rückweg nach Hause fielen mir tausend Fragen ein, die ich Ihnen gerne gestellt hätte, aber als ich dran war, wusste ich keine einzige Frage, noch nicht einmal mehr meinen Namen. Irgendetwas Dummes kam mir über die Lippen, und alle waren am Lachen, aber es war keine Frage gewesen. Stattdessen nutzten Sie meine Zeit und sagten: »Lassen Sie Ihre Galle untersuchen und hören Sie auf, Milchprodukte zu essen.« Ich sagte, mit den Milchprodukten hätten Sie völlig Recht, und Sie erwiderten: »Natürlich habe ich Recht, ich bin schließlich hellsichtig.«

Zehn Tage später hatte ich meinen regelmäßigen Termin beim Arzt, um meinen Blutdruck untersuchen zu lassen. Ich erzählte ihm von meiner Erfahrung und was Sie gesagt hatten. Wahrscheinlich nur um mir nicht zu widersprechen, untersuchte er meinen Bauch und machte dann noch eine Ultraschallaufnahme. Stellen Sie sich vor – ich hatte eine stark vergrößerte Gallenblase, Gallensteine und eine Zyste an der Leber!

Die Operation meiner Gallenblase war ein voller Erfolg. Ich danke Gott jeden Tag dafür, dass Er mich auf Sie aufmerksam gemacht hat und dass Sie mich auf ein möglicherweise ernsthaftes Problem hingewiesen haben, von dessen Existenz weder mein Arzt noch ich selbst wusste.

Ich habe eine Blutkrankheit namens Sjögren-Syndrom. Ich klagte bei meinem Arzt über chronische Erschöpfung, über das allgemeine Anschwellen meines Körpers, wodurch es mir immer peinlicher wurde, das Haus zu verlassen, und über das Unvermögen, mich zu konzentrieren, was meine Arbeitsfähigkeit ernsthaft beeinträchtigte. Mein Arzt meinte daraufhin nur, dass alles eine Folge der Blutkrankheit sei und ich halt lernen müsse, mit diesen Symptomen zu leben.

Vor drei Monaten besuchte ich einen Vortrag von Sylvia Browne. Ohne dass ich ihr auch nur eine einzige Frage stellte, schaute sie mich an und sagte: »Sie sollten Ihre Schilddrüse untersuchen lassen.« Meine erste Reaktion war, Sie zu korrigieren und zu sagen »Nein, ich habe das Sjögren-Syndrom«, aber ich hielt meinen Mund. Vom Samstag, an dem der Vortrag stattfand, bis zum Montagmorgen, an dem die Praxis meines Arztes wieder öffnete, wurde ich immer neugieriger, was Ihre Bemerkung wohl zu bedeuten hatte.

Ich ließ meine Schilddrüse untersuchen und es stell-

te sich heraus, dass ihre Funktion sehr schwach war. Ich nahm sofort Medikamente, um die Funktionsweise zu erhöhen. Die Symptome, die mich so heruntergezogen haben, verbesserten sich schlagartig. Ich habe das Gefühl, dass ich nicht mehr bloß existiere, sondern das erste Mal wieder wirklich *lebe*. Es war so einfach für mich und meinen Arzt, der Blutkrankheit die Schuld für alles zu geben, was mit mir nicht stimmte, und so beachteten wir nicht länger die grundlegenden Körperfunktionen – bis Sylvia Browne auf der Bildfläche erschien. Durch sie ist mein Leben wieder lebenswert. Was für ein Geschenk des Himmels sie ist!
(von Brenda)

Und dann gibt es noch die »Readings«, deren ich mir manchmal gar nicht bewusst bin, bis die betreffenden Personen so freundlich sind und sich die Zeit nehmen, mir zu schreiben oder mich anzurufen und mir mitzuteilen, was mit ihnen geschehen ist. Ich hoffe, Sie wissen, was Ihre Bestätigung für mich bedeutet und wie viel zusätzliche Motivation es mir gibt, von Ihnen zu hören. Roxanne ist ein gutes Beispiel:

Ich besuchte vor ein paar Wochen einen von Sylvias Vorträgen, und während sie sprach, führte sie das ganze Publikum durch eine wunderbare Meditation. Ich kann mich nicht daran erinnern, wann mein Körper und mein Geist das letzte Mal so entspannt gewesen sind. Ich hatte das Gefühl, an jenem Abend in guter gesundheitlicher Verfassung zu sein, und daher war ich sehr überrascht, als ich während der Meditation plötzlich eine starke »Botschaft« erhielt (keine wirkliche Stimme, ich »wusste« es einfach), dass ich zum Arzt gehen müsse, und zwar so schnell wie möglich.

Ich ignorierte die Botschaft ein paar Tage lang, denn vielleicht bildete ich mir ja nur ein, dass Sylvias Vortrag eine direkte Wirkung auf mich gehabt hatte. Außerdem gehöre ich nicht zu denen, die zum Arzt gehen, obwohl sie sich vollkommen gesund fühlen. Aber es hörte nicht auf, an mir zu nagen, und so machte ich schließlich einen Termin.

Mein Arzt fand in meiner Brust bösartiges Gewebe. Ich schreibe diesen Brief aus dem Krankenhaus vor der Operation, in der mir in ein paar Stunden beide Brüste teilweise amputiert werden. Der bösartige Tumor hat sich schon in die Lymphe ausgebreitet, aber es scheint, als habe er noch keine anderen Körperteile befallen.

Ich weiß nicht, was in den nächsten Wochen und Monaten noch alles auf mich zukommen wird, aber ich habe ein positives Gefühl und bin dankbar für die Meditation, die mir wahrscheinlich das Leben gerettet hat.

Ich verpasse keinen Auftritt von Sylvia in der *A. M. Northwest Show*, besonders dann nicht, wenn sie ihre jährlichen Neujahrsvoraussagen macht. Mit großer Aufmerksamkeit verfolgte ich ihre Voraussagen in den frühen 1990er Jahren, als sie meinte, dass in Frankreich bald eine wirksame Aids-Behandlung entwickelt werde. Mein Bruder hatte Aids, und ich erinnere mich daran, dass ich betete, sie möge Recht haben, dass schon bald ein wirksames Mittel zur Verfügung stehe, für ihn und die Millionen anderer Menschen, die dringend Hilfe brauchten.

Ich hatte es meinem Bruder gegenüber nicht erwähnt, denn ich wollte ihm keine falschen Hoffnungen machen, und außerdem war es ja »nur eine Prophezeiung«. Ich dachte also nicht weiter daran, bis mein Bruder mich ungefähr ein Jahr später anrief und mir mitteilte, dass er nach Europa fliegen werde, um eine Serie neuer Aids-Behandlungen auszuprobieren. Ursprünglich plante er nach Italien zu gehen, wo gute Forschungsarbeit geleistet worden war. Aber dann hörte er, dass der wirkliche Durchbruch in der Behandlung von Aids in Frankreich stattgefunden habe, und so war das jetzt sein Ziel.

Mein Bruder ist auch ein großer Verehrer von Sylvia, und so überraschte es ihn kein bisschen, als ich ihm erzählte, dass sie die spätere Entwicklung schon lange vorausgesagt hatte, bevor sie Wirklichkeit geworden war.
(von Merlin)

Liebe Sylvia,
ich kann immer noch nicht richtig glauben, dass dies ausgerechnet mir passiert ist, aber es ist wirklich geschehen, meine Tochter und die Arzthelferin können es bestätigen.

Ich hatte mir große Sorgen um den Gesundheitszustand meiner Tochter gemacht. Eine hartnäckige Virusinfektion machte ihr sehr zu schaffen, und ihr Zustand verschlechterte sich immer mehr. Entweder bewirkte der Virus ständig neue Symptome oder ein ganz neues Krankheitsbild hatte sich zusätzlich ergeben.

In der Nacht vor einem wichtigen Arzttermin erschienen Sie mir in einem klaren Traum und erzählten mir genau, was mit meiner Tochter los war. Wie gesagt, vielleicht haben andere Menschen derartige Träume, ich habe sie definitiv nicht, und daher war ich so verblüfft, dass ich meiner Tochter den Traum am nächsten Morgen, bevor sie zu ihrem Termin aufbrach, in allen Einzelheiten erzählte.

Meine Tochter sagte der Arzthelferin, die die Untersuchungen mit ihr durchführte, dass Sylvia Browne bereits erklärt habe, wo die Ursachen lägen. Die Arzthelferin war darüber sehr erfreut, und als sie schließlich die Testergebnisse hatte, verkündete sie: »Sylvia hatte Recht!«

Sie erzählten mir im Traum auch, dass ich mir keine Sorgen zu machen bräuchte und dass es meiner Tochter wieder gut gehen werde; sie erwarte einfach nur ein Kind.

Wegen des Virus ist es eine komplizierte Schwangerschaft. Meine Tochter muss oft zum Arzt und bestimmte Medikamente nehmen, um sich und das Baby zu schützen. Wir sind natürlich sehr besorgt, und wenn Sie wieder einmal kommen sollten, wenn ich schlafe, um mir irgendetwas mitzuteilen, das ich wissen sollte, dann sind Sie herzlich dazu eingeladen.

Bis dahin möchte ich Ihnen für etwas danken, das Ihnen vielleicht noch nicht einmal bewusst ist.
(von Erin)

Ich war auf einem Vortrag von Sylvia, in dessen Verlauf sie eine Heilmeditation mit dem gesamten Publikum durchführte. Erst drei Wochen zuvor hatte ich auf der Unterseite meines Arms einen Knoten gefunden, der mich so beunruhigte, dass ich es hinauszögerte, zum Arzt zu gehen, weil ich Angst vor seiner Diagnose hatte.

Am Morgen nach der Heilmeditation wachte ich auf, und der Knoten an meinem Arm war völlig verschwunden! Ich war so erstaunt über diese wundersame Entwicklung, dass ich Sylvias Büro anrief und dort auf den Anrufbeantworter sprach.

Zu meiner Überraschung rief ein paar Stunden später eine Mitarbeiterin von Sylvias Team an, obwohl ich nicht um einen Rückruf gebeten hatte. Sylvia freue sich, dass der Knoten unter meinem Arm verschwunden sei, aber sie wolle doch, dass ich zum Arzt gehe. Nicht, dass ich ein ernstes Problem hätte, aber sie meinte, ich sei anfällig dafür, Knoten in der Brust zu entwickeln. Zusammen mit meinem Arzt solle ich wachsam sein und regelmäßig ein Auge darauf haben, ob irgendwo in meinem Körper Knoten entstehen.

Ich war stark beeindruckt von ihrer Reaktion auf meinen Anruf, und zwar aus zwei Gründen. Der eine ist, dass sie absolut Recht hatte, ich bin anfällig für Knoten in der Brust, bislang sind es zum Glück immer harmlose Kalkablagerungen gewesen. Ich hatte mich schon so an sie gewöhnt, dass ich meine Brüste nicht mehr regelmäßig untersuchen ließ. Dabei musste nur ein Knoten *keine* Kalkablagerung sein, und schon hätte ich ein ernstes Problem. Es war also nicht ratsam, weiterhin blind darauf zu vertrauen, dass schon alles in Ordnung war.

Der zweite Grund, der großen Eindruck auf mich machte, war die Tatsache, dass Sylvia sich nicht auf die Schulter klopfte, wie erfolgreich ihre Meditation gewesen ist, und danach zur Tagesordnung überging. Stattdessen war sie verantwortlich genug, um mir trotzdem einen Arztbesuch zu empfehlen. Ich fühlte mich nach dem Telefonanruf so umsorgt und ernst genommen.

Gleich in der nächsten Woche war ich beim Arzt. Alles ist gut, trotz ein paar sehr kleiner Kalkablagerungen in meiner linken Brust. Ich habe mir jetzt vorgenommen, alle sechs Monate eine Mammografie zu machen und nicht bloß eine pro Jahr (oder jedes zweite Jahr, denn wie ich sagte, war ich nachlässig gewesen). Auch mein Arzt dankt Sylvia dafür, dass sie diese besondere Vorsichtsmaßnahme angeregt hat.
(von Sandra Jane)

Ich habe Sylvias Buch *Die Geisterwelt ist nicht verschlossen* zu einer Zeit gelesen, als ich schon Monate an starken Schlafstörungen litt. Mein Arzt war bereit, mir Schlaftabletten zu verschreiben, aber ein Freund von mir ist von ihnen abhängig geworden und meinte, die Abhängigkeit sei viel schlimmer als die Schlaflosigkeit selbst. Ich fing wirklich an, vor lauter Schlafmangel verrückt zu werden und mein körperliches Durchhaltevermögen zu verlieren. Außerdem hatte ich Angst, meine Arbeit als tierärztliche Fachkraft zu verlieren, wenn ich nicht schnell etwas dagegen unternahm.

In *Die Geisterwelt ist nicht verschlossen* gibt es eine »geistige Übung«, die sich »Das Labor« nennt. Es war auch eine Meditation, aber Sylvia nannte das Ganze für Menschen wie mich »geistige Übung«, damit wir bei dem Wort »Meditation« nicht gleich abwinkten. Ihre Geistführerin meinte, wer visualisieren könne, könne auch »Das Labor« benutzen, und wenn man die Übung jeden Tag für ein paar Minuten mache, könne man sich von allem heilen, was einen plagt und schmerzt.

Nun, wie ich schon sagte, ich habe von Meditation keine Ahnung, aber ich verstehe, was Übungen sind, und jeder kann sich etwas vorstellen. Da ich meinem Vorhaben kein Unglück bringen wollte, erzählte ich niemandem, was ich tat. In einer (schlaflosen) Sonntagnacht fing ich an, die Übung das erste Mal zu machen. Ich gebe zu, dass ich sie manchmal zu schnell machte, aber manchmal nahm ich mir auch die Zeit und praktizierte sie 15 Minuten lang. Ich brachte mich dazu, die Übung jede Nacht zu machen. Das klingt nach einer lästigen Pflicht, was aber nicht der Fall war. Ich kann ehrlich sagen, dass sie mir gefiel, und ich hatte mir gesagt, wenn sie meine Schlafstörungen nicht beseitigt, dann trägt sie vielleicht dazu bei, dass ich mich entspanne und das Gefühl habe, etwas zu unternehmen, anstatt nichts zu tun und stattdessen Pillen zu schlucken.

Ende März schlief ich durchschnittlich sieben bis acht Stunden pro Nacht und fühle mich besser als mit 20 (ich bin 61): »Das Labor« funktioniert, und es ist ganz einfach. Und nun, da diese Übung eine Gewohnheit für mich geworden ist, die ich genieße, habe ich nicht vor, sie wieder aufzugeben, sondern mich so gesund zu halten, wie ich jetzt bin. Dies ist eine Abhängigkeit, über die ich niemals klagen werde.

Danke, Sylvia! Danke, Francine!

(von Jess)

Dieser Brief von Jess ist einer von Hunderten, die ich zum Heilungsprozess des Labors erhalten habe. Normalerweise bereitet es mir keine Probleme, auf ein anderes meiner Bücher zu verweisen, in dem Sie hilfreiche Informationen erhalten. Sie brauchen sich jetzt nicht gleich *Die Geisterwelt ist nicht verschlossen* zu kaufen, wenn Sie die Labor-Übung machen wollen. Mit der freundlichen Genehmigung meines Verlags werde ich die Stelle, wo ich über »Das Labor« schreibe, hier wiederholen. Natürlich mit meinem Segen und meinen Gebeten für die beste Gesundheit, die Sie jemals hatten.

Übung: Das Labor

Stell dir in Gedanken einen rechteckigen Raum so groß vor, wie es sich für dich gut und angenehm anfühlt. Lass die Wand dir gegenüber offen und stell dir die drei anderen Wände in einem sanften, beruhigenden Grün vor.

Du setzt große Fenster in die Wände ein, die dir einen prachtvollen, heiteren Ausblick auf klares, blaues Wasser gewähren; das fördert deine Genesung. Stell dir einen mit schönsten Schnitzereien und Mustern verzierten Tisch für die Mitte des Raumes vor, der groß genug ist, dass du dich darauf hinlegen kannst.

Jetzt richtest du dir deinen Raum ganz nach Wunsch mit Möbeln, Kunstwerken, Pflanzen, Kerzen und Blumen ein und schmückst ihn so aus, wie du es besonders magst. Je mehr Einzelheiten deinem Raum eine persönliche Note verleihen, desto wirklicher erscheint er dir. Nimm dir also Zeit und richte ihn ein, bis er perfekt ist.

Setze ein Fenster mit einer atemberaubend schönen Glasmalerei in die Wand ein. Gib dich mit jedem Zentimeter des wunderbaren Gemäldes ab, das hier unter deinen Händen entsteht; in die Mitte malst du das für dich spirituell bedeutsamste Symbol, das deine Seele am tiefsten berührt. Die Farben der Glasmalerei sind das leuchtendste Blau, Gold, Grün und Violett, das du je gesehen hast.

Geh nun langsam durch das Prachtlabor, das du dir geschaffen hast, und genieße jede perfekte Einzelheit, mit der du es gesegnet hast, bis du vor dem Fenster mit der Glasmalerei stehst – es wird von hinten beleuchtet, und du spürst die Wärme des davon ausgehenden sanften Regenbogenglanzes.

Während du so dastehst, leuchten die strahlenden Farben des Fensters eine nach der anderen auf und durchdringen deinen Geist und Körper. Sie dringen tief in dich ein, und du spürst, wie jeder Strahl deine Seele reinigt.

Blau – Ruhe und vermehrtes Gewahrsein erfüllen deinen Körper … dein Herz … deinen Geist …
Gold – du nimmst deine göttliche Würde an … dein Verstand wird klar …
Grün – ein heilender Laserstrahl dringt in dein Herz, stärkt dich, belebt dich …
Violett – die Farbe der Könige und dein Erbe als Kind Gottes … deine Spiritualität wird immer inniger, heiliger, erbaulich und fürsorglich … dein Geist schwingt sich auf …

Dann bittest du, das weiße Licht des Heiligen Geistes möge dich umgeben und heilen. Spüre seinen reinen, weißen Glanz dich mit Frieden, Festigkeit, Kraft und Beherrschung umfangen, deinen Scheitel … jede Wölbung deines Gesichts … Hals und Schultern, denen es die Spannung nimmt … weiter hinab in den Brustraum, in die Wirbelsäule, in jeden Knochen, jeden Muskel, denen jeder Schmerz und jede Last genommen wird … in deine Taille, den Unterleib, beruhigend, reinigend … langsam die Beine hinun-

ter, die Anspannung lässt nach, sie sind so entspannt, dass sie dich kaum noch tragen … kühlend, beruhigend, erquickend für deine Füße …

Geh langsam zum wunderbaren Tisch, den du dir geschaffen hast. Das weiße Licht der Liebe Gottes geht mit dir und umgibt dich wie ein prachtvoller, leuchtender Mantel, umspielt dich wie feinste Seide, während du dich auf den Tisch legst. Er ist glatt und fest und bietet dir perfekten Halt. Du bist sicher und geschützt. Jede Angst fällt von dir ab, sie hat sich im Lichtmantel Gottes aufgelöst und ist vergangen.

Schweigend bittest du Wesen aus dem Jenseits, zu dir zu kommen. Sie haben nur darauf gewartet, dich in deinem wunderschönen Raum zu besuchen. Augenblicklich sind sie da und versammeln sich um den Tisch; dein Geistführer, dein Engel, deine verstorbenen Lieben. Sie bringen die großen Lehrer und Ärzte aus dem Jenseits mit, um dich zu trösten und zu heilen. Umgeben von vollkommener Gesundheit, vollkommener Weisheit und vollkommenem Angenommenwerden klärt sich dein Verstand und wird von Druck und Last befreit – deine geistigen Helfer heben sie eine nach der anderen von dir und nehmen sie für immer auf. Jede Trauer, jeder Kummer, jede Depression, das ganze Gefühlschaos entwirrt sich – ein zorniges, aufgewühltes Meer unausgesprochenen Leids wird zu einem klaren, ruhigen See unter der ausgestreckten Hand der Heiler Gottes, die sich dir langsam nähern.

Ihre Hände bleiben über deinem Körper in der Schwebe, und du bittest sie schweigend darum, ihre Heilkraft möge auf die Ursache deiner größten körperlichen Beschwerden einwirken. Du schließt die Augen und spürst die kühle, sichere, gewandte Berührung dieser Hände, die mit göttlicher Anmut und Sicherheit ihre Arbeit verrichten, sanft beruhigend, sanft beschwichtigend, sanft deine Schmerzen vergehen lassen und dich wieder ganz machen. Du gibst dich hin, bist eins mit Gott, eins mit dessen Heilern, jeder Zweifel schweigt, jede Zelle gibt ihre Erinnerung an Krankheit und Trauma auf und wird wieder so, wie sie es in ihrem gesündesten, lebendigsten Augenblick war.

Es dauert nicht lange, und du schläfst ein, tief, geheilt und in Frieden, während die Hände ihre Arbeit weiter verrichten. Eine Minute, eine Stunde, einen Tag … die Zeit spielt keine Rolle, die Zeit existiert nicht. Du bist zufrieden im Wissen, dass du erfrischt erwachen wirst, mit einem neuen Wohlbefinden, einem leichter handhabbaren Leben, in dem es nichts zu fürchten gibt, weil es nichts gibt, womit du nicht mit Gottes Hilfe umzugehen vermöchtest.

Du bist Sein Kind. Du bist gesegnet.

Dies ist ein neuer Tag.

Dank sei Gott.

10

Heilungen

Heilungen und Wunder kommen von Gott, oder welchen Namen Sie auch immer dem Christus-Bewusstsein geben.

Sie kommen nicht von mir oder von irgendjemand sonst auf der Erde. Und jeder, der behauptet, er könne Heilungen und Wunder bewirken, ist ein Betrüger.

Wenn die Kraft zu heilen *durch* jemanden wirkt und tatsächlich Wunder geschehen, dann sind wir damit gesegnet, sie entweder selbst zu empfangen oder bei anderen zu beobachten, aber wir sollten uns niemals selbst mit ihnen schmücken. Es erfüllt mich mit größerer Dankbarkeit und Bescheidenheit, als ich überhaupt ausdrücken kann, dass mir dieser Segen in all den Jahren mehr als einmal zuteil wurde. Die Tatsache, dass Gott allein die einzige wahre Quelle von Heilungen und Wundern ist, wurde oft falsch interpretiert. Ich glaube, der Grund dafür liegt darin, dass diese Erde, an der wir uns aus Angst vor dem Tod festhalten, nicht unsere Heimat ist. Das Jenseits ist unsere wirkliche Heimat. Wir sind nur hier für kurze Schulaufenthalte, um auf der ewigen Reise unserer Seele zu lernen und zu wachsen. Der Tod, durch den wir wieder ins Jenseits gelangen, ist keine Strafe Gottes, sondern sein Lohn, aus Gründen, die überall verstanden werden, nur nicht hier.

Wenn Sie aus ganzem Herzen dafür beten, dass ein geliebter Mensch nicht stirbt, und er dann trotzdem stirbt, dann bedeutet das nicht, dass Gott Ihre Gebete nicht gehört hat oder Sie irgendetwas falsch gemacht haben. Alle unsere Gebete werden erhört, und sie werden alle im universellen, unbegrenzten Rahmen der Ewigkeit erfüllt. Es ist nicht leicht hinzunehmen, dass das Weiterleben, für das wir beten, nicht immer dazu führt, dass der geliebte Mensch bei uns auf der Erde bleibt. Dies ist nur ein Wunsch, der unserer menschlichen Selbstbezogenheit entspringt. Es ist nicht so, dass Gott erbarmungslos wäre und nein sagt.

In gewisser Weise sind Heilungen und Wunder ein sehr persönliches Phänomen, das zwischen dem Empfänger und Gott stattfindet. Eigenartigerweise hat es nichts mit uns zu tun, obgleich wir als weitere »Mitglieder des Ensembles« sicherlich unseren Teil beitragen. Stark vereinfacht gibt es fünf Elemente, die für jede Heilung wichtig sind:

- Gott, ohne den nichts existieren würde.
- Glaube – in einem Sinn, der über Rhetorik und Dogma hinausgeht. Wenn wir glauben, verbinden wir uns mit unserer göttlichen Seele in uns und erkennen die Verbindung zu unserem Schöpfer an.
- Gebet, in welcher Form auch immer – jede offene Kommunikation zwischen uns und Gott ist ein Gebet.
- Affirmation, einfach die bewusste oder unbewusste Annahme, dass das Wunder der Heilung, wie alle Dinge, durch Gott möglich ist, wenn diese Möglichkeit den höchsten Zweck erfüllt.
- Ausstiegspunkte, die wir alle in unseren Lebensplan schreiben,

bevor wir hierher kommen. Es handelt sich dabei um fünf Optionen, auf die wir uns mit Gott geeinigt haben. Sie betreffen die Zeitpunkte, an denen wir – aus Gründen, die wir und Gott vollkommen verstehen – die Entscheidung treffen, ob wir nach Hause ins Jenseits zurückkehren wollen. (Eine ausführliche Darstellung der Ausstiegspunkte finden Sie in Kapitel 3, wo wir über Lebenspläne gesprochen haben.)

Da all diese Faktoren perfekt zusammenspielen müssen, damit eine Heilung stattfinden kann – wie können wir dann Gott oder uns selbst dafür verantwortlich machen, wenn sie nicht eintritt? Und wie können wir nicht einfach ehrfurchtsvoll staunen, wenn sie geschieht?

Ich habe selbst das Wunder der Heilung empfangen und ich erinnere mich noch sehr gut an die Situation. Ich kann also aus erster Hand berichten, was genau geschah. Ich habe die Geschichte schon in anderen Büchern erzählt, aber sie veranschaulicht so deutlich, worum es eigentlich geht, dass ich nicht widerstehen kann, eine Kurzform davon zu wiederholen.

Ich war 43 und hatte gerade eine große Operation überstanden. Dank unerwarteter Komplikationen mit der Betäubung, war ich, kurz nachdem ich in mein Krankenzimmer zurückgebracht worden war, physisch gesehen tot – ich hatte buchstäblich keinen Herzschlag mehr. Ich bin mir Gottes Gegenwart immer bewusst und mein Glaube an Ihn ist nie ins Wanken geraten, sodass die ersten beiden Elemente jeder Heilung bereits vorhanden waren. Mein Bett war außerdem von lieben, auf Gott ausgerichteten Familienmitgliedern und Freunden umgeben, deren Gebete für mein Überleben das dritte Element beisteuerten.

Ich erinnere mich genau an den Tunnel, der schräg aus meinem ätherischen Körper verläuft, und sehe, wie ich mich glückselig durch diesen Tunnel bewege. Ich erinnere mich noch, dass ich mich niemals lebendiger gefühlt habe, mehr geliebt und mehr im Frieden. Gottes weißes Licht wartete auf mich am Ausgang des Tunnels – ganz real, kein Mythos, das verspreche ich Ihnen –, und meine geliebte Großmutter Ada trat aus dem Licht hervor, um mich zu begrüßen.

Und dann hörte ich die Stimme einer Frau klar und deutlich neben meinem Krankenbett sagen: »Sylvia, bitte, du kannst uns nicht verlassen, wir brauchen dich!« Element Nummer vier, die Affirmation, die Erinnerung daran, dass ich noch die Option hatte, in meinen Körper zurückzukehren und auf der Erde einen Zweck zu erfüllen, wenn ich mich zum Bleiben entschließen sollte.

Womit ich beim fünften Element, dem Ausstiegspunkt, wäre. Dies war der dritte Ausstiegspunkt, den ich in meinem Leben erfahren habe, und bei weitem der eindeutigste, und für einen Sekundenbruchteil war mir vollkommen klar, dass es eine Sache zwischen mir und Gott und niemand anderem war, ob ich mich weiter auf das wunderbare weiße Licht des Jenseits zu bewegte oder mein Nachhausekommen verschob, um das zu beenden, was ich auf der Erde noch zu tun hatte.

Als Nächstes weiß ich, dass ich zurück in meinen Körper auf dem Krankenhausbett schoss, und ich hörte, wie die Menschen um mich herum weinten, als mein Herzschlag wieder vernehmbar war. Um ehrlich zu sein, ich war hinterher noch tagelang deprimiert, aber ich kann nicht behaupten, dass ich meine Entscheidung für einen Moment bereut hätte.

All dies soll illustrieren, dass der Tod nicht die Strafe Gottes ist und kein Ausdruck seiner Unbarmherzigkeit, sondern im Gegenteil seine total ergreifende, heilige Umarmung. Und wenn ich Ihnen versichere, dass eine Wunderheilung am Ende eine persönliche Entscheidung zwischen Gott und der einzelnen Seele ist, dann erzähle ich Ihnen nicht nur, was ich glaube, sondern was ich *weiß*.

Mir wurde die große Gnade zuteil, dass ich mich an jeden Schritt meiner Heilung erinnern kann. Nicht alle Personen, deren Berichte Sie gleich lesen werden, hatten das gleiche Glück, aber dadurch werden ihre Worte nicht weniger kraftvoll. Auch sie bestätigen, dass wir immer an Gottes Segen teilhaben können.

Ich wurde zu einer großen Verehrerin von Sylvia Browne, als mein lieber Vater starb und ihre Bücher mir so viel Trost schenkten. Ich hatte sie noch nie zuvor persönlich sprechen gehört, und daher war ich sehr aufgeregt, als eine Freundin mich einlud, Sylvia im Palladium in Los Angeles zu sehen, wo ich lebe. Die Halle war bis auf den letzten Platz ausverkauft, und man konnte die Elektrizität in der Luft spüren, als Sylvia uns für magische zwei Stunden zum Lachen und zum Weinen brachte und uns immer wieder Denkanstöße gab.

An einem Punkt machte sie mit uns eine Heilmeditation. Ich erinnere mich noch, dass ich am Anfang darüber staunte, wie still 3000 Leute werden können, wenn jeder sich auf eine Stimme konzentriert, der er so sehr vertraut wie der von Sylvia. Ich »verlor« mich total in der Meditation, obwohl ich für mich selbst nicht gut meditieren kann, weil ich zu leicht ablenkbar bin und es schwer für mich ist, meinen Geist zu beruhigen.

Den ganzen letzten Monat lang hatte ich schon furchtbare Nackenschmerzen. Ich konnte dadurch nicht richtig schlafen, sie behinderten mich bei der Arbeit und in den Aktivitäten mit meinem Sohn. Ich sollte hinzufügen, dass ich Zahnärztin bin und mein Mann Arzt. Was uns beide betrifft, so haben wir auf medizinischem Gebiet ausgezeichnete Verbindungen, ich war bei mehreren Spezialisten und hatte viele Untersuchungen über mich ergehen lassen, um herauszufinden, woher diese starken Schmerzen kamen und wie ich sie loswerden konnte. Obwohl ich einen Monat lang von den besten Ärzten untersucht worden war, hatte ich immer noch keine Antwort.

Als Sylvia an diesem Abend mit ihrer Meditation fertig war, hatten meine Schmerzen deutlich nachgelassen, und ich fühlte mich erleichtert. Diese Erleichterung hielt noch den Rest des Abends an, und ich war sehr froh darüber, aber ich rechnete voll damit, dass die Schmerzen in der Nacht oder spätestens am nächsten Morgen zurückkehren würden, wenn ich einen langen, vollen Tag mit Patienten hatte.

Seitdem sind sechs Wochen vergangen, und die Schmerzen sind nicht zurückgekommen. Ich war an jenem Abend nicht zu Sylvias Vortrag gegangen, weil ich Heilung erhofft hatte, aber ich empfing in ihrer Meditation, was kein Arztkollege bewirken konnte. Ich danke dir, Gott, dass du mir deine heilenden Worte und deine heilende Energie durch eine solch außergewöhnliche Botin geschickt hast. (von Ruby)

Liebe Sylvia,
ich muss Ihnen einfach für etwas danken, was ich als eine vollständige Heilung betrachte. Ich bin 25 Jahre alt und litt seit dem 12. Lebensjahr unter einem Reizdarm. Ich gehörte zu den fünf Prozent von Menschen, die in den USA an dieser Krankheit leiden. Ich weiß nicht mehr, wie viele Spezialisten ich aufgesucht habe, aber keiner von ihnen konnte mir helfen.

Letztes Frühjahr las ich Ihr Buch *Das Buch der Träume.* Ein Abschnitt lautete wie folgt:

In den stillen Augenblicken vor dem Einschlafen können Sie an 30 aufeinander folgenden Tagen entweder mit meinen oder Ihren eigenen Worten folgendes Gebet sprechen: »Lieber Gott, bitte segne meine Träume und Astralreisen in diesen Stunden, da sich Körper und Verstand ausruhen wollen, und schenke mir Affirmationen zu Gesundheit, Stärke und Wohlergehen. Flöße jeder Zelle dieses Körpers, den ich bewohne, eine Welle Deiner liebenden, mitfühlenden Heilung ein, und hilf mir in der Gewissheit aufzuwachen, dass ich im Schlaf durch Deine göttliche Gnade wiederhergestellt und erneuert werde.«

30 Tage waren kein Zeitraum, den ich nicht hätte einhalten können. Da ich ohnehin nichts zu verlieren hatte, sprach ich das Gebet, wobei ich ein paar Worte gegen meine eigenen austauschte. Ich zählte die Tage, denn ich wollte das Gebet genau 30 Tage hintereinander sprechen.

Seit vier Monaten habe ich keinen Reizdarmanfall mehr,

was seit meinem 12. Lebensjahr nur einmal geschehen ist. Ihr einfacher Ratschlag hat mein Leben verändert.
(von Dru)

Ich hatte einen Vortrag von Sylvia im Chabot College gehört. Zu ihrem Programm gehörte, dass sie das große Publikum durch eine Heilmeditation führte. Ich hatte noch nie an spontan auftretende Heilungen geglaubt und noch nie vorher meditiert oder mich auch nur für Meditation interessiert. So machte ich also alles einfach wie vorgegeben mit und freute mich schon darauf, dass dieser Teil zu Ende war und Sylvia mit ihrem Vortrag weitermachte, der mir sehr gefiel.

Seit fünf Jahren litt ich an einer chronischen Verspannung der gesamten linken Körperhälfte, am stärksten im Schulter- und Nackenbereich. Die Ärzte konnten keine Ursache finden, und Physiotherapie, Körperübungen und Massagen brachten keine Erleichterung. Ich nahm sogar eine Zeit lang Tabletten, die mir mein Arzt verschrieben hatte, aber wenn ich genug nahm, um die Verspannung nicht mehr zu merken, hatte ich Probleme, mich zu konzentrieren, und nicht mehr genügend Energie für meine Arbeit als Buchhalterin. Also setzte ich sie wieder ab.

Am Morgen, nachdem ich bei Sylvia gewesen war, hatte ich das Gefühl, dass 80 Prozent der Verspanntheit verschwunden waren. Und inzwischen, nach einer Woche, ist der Prozentsatz sogar noch höher und meine Energie wieder voll da. Was mich betrifft, so hat die Heilmeditation ein wahres Wunder bewirkt.
(von Kathy)

Liebe Sylvia,
ich habe meinen Freund Steve zu Ihnen geschickt, nachdem ich nicht mehr mit ansehen konnte, dass er schon seit Jahren unter einem ständigen, schmerzhaften Klingeln in seinen Ohren litt. Die Ärzte waren nicht in der Lage, ihm zu helfen. Aber nach nur einer Hypnosesitzung mit Ihnen ist das Klingeln verschwunden! Für Sie ist das vielleicht kein Wunder, aber mit Sicherheit für uns.
(von Nina)

Liebe Sylvia,
ich habe einen wunderbaren Mann und einen kleinen Sohn, den ich über alles liebe. Aber sonst ist mein Leben noch nie einfach gewesen. In meiner Kindheit wurde ich von einem Familienmitglied missbraucht, und dann fing ich an, mich selbst zu missbrauchen, hauptsächlich mit Alkohol und einer Essstörung. Ich war wegen beidem in Behandlung, auch wegen der Depressionen, die damit verbunden waren, aber der Erfolg hielt sich in Grenzen. Und dann wurde bei mir kurz nach der Geburt meines Sohnes multiple Sklerose festgestellt.

Ich verlor meine Gesundheit, mein Selbstwertgefühl und, was am schrecklichsten war, meinen Glauben an Gott.

Während eines Sommerurlaubs stieß ich zufällig auf Ihr Buch *Jenseits-Leben*. Ich war auf die Wirkung, die dieses Buch auf mich hatte, überhaupt nicht vorbereitet. Was ich über das schöne, produktive Leben im Jenseits las, inspirierte mich sehr. Allein zu wissen, dass ich mein Leben auf der Erde selbst plane, wirkte wie ein Wunder auf mich. Der Alkoholismus und die Essstörungen sind verschwunden. Ich brauche nicht länger jeden Tag mit ihnen zu kämpfen. Sie sind einfach weg. Ich bin mir sicher, dass mein Geistführer auch einen großen Anteil daran hat, hoffentlich finde ich eines Tages heraus, ob es ein Mann oder eine Frau ist und wie er oder sie heißt. Aber auch ohne dies genau zu wissen, kommuniziere ich mit ihm/ihr und bedanke mich mit jedem Atemzug.

Und als ob diese Erfolge nicht genug wären, hat *Jenseits-Leben* auch meinen Glauben an Gott wiederhergestellt.

Ich bin zuversichtlich, auch von der multiplen Sklerose geheilt zu werden, obgleich hier in England viele Medikamente auf Grund der hohen Kosten nicht erschwinglich sind.

Sylvia, ich danke Ihnen aus ganzem Herzen und aus der Tiefe meiner Seele. Ich bete, dass mein Körper weiter heilt und mir ein langes Leben ermöglicht, in dem ich Gott dienen kann.
(von Maryanne)

Meine liebe Sylvia,
ich schrieb Ihnen vor mehr als einem Jahr eine E-Mail, in der ich darum bat, in die Liste Ihrer Gebetskette aufgenommen zu werden. Am Vortag hatten mir die Ärzte mitgeteilt, dass ich an ALS (der Lou-Gehrig-Krankheit) litt. Ihre Prognose war, dass ich höchstens noch 18 Monate zu leben hatte.

Mit Gottes Hilfe und der Unterstützung durch Ihre Gebetskette, die für mich betet, kämpfe ich gegen diese Frist an.

Im letzten Jahr hat die Krankheit mir meine Stimme genommen und das Schlucken schwierig für mich gemacht. Auch kann ich meinen linken Zeigefinger und Daumen nicht mehr so gut seitlich bewegen. Dies waren vor über einem Jahr die ersten Anzeichen, dass irgendetwas nicht stimmte.

Aber die gute Nachricht ist, dass sich die Krankheit nicht weiter auf andere Körperteile ausgebreitet hat! Sie beschränkt sich auf die Stellen, wo sie zum ersten Mal aufgetreten ist. Jeder Arzt wird Ihnen sagen, dass das allein schon einem Wunder gleichkommt.

Für mich steht es außer Frage, dass ich dafür Gott und Ihrer Gebetskette zu danken habe. Ich bin mein eigenes positives Beispiel, jeden Morgen, wenn ich meine Augen öffne, und jeden Abend, wenn ich sie nach einem erfüllten Tag wieder schließe, an dem ich Gott gedient habe.
(von Traci)

Liebste Sylvia und alle anderen,
ich schreibe Ihnen, um über ein Wunder zu berichten, das nur Sie möglich gemacht haben.

Mein Bruder hatte eine harte Phase in seinem Leben. Er ist ein liebenswerter Mensch, der keiner Fliege etwas antun würde, außer sich selbst, fürchte ich. Er war einer von denen, die anscheinend immer Pech haben, und obwohl keiner ihm vorwerfen konnte, es nicht versucht zu haben, endete es meistens so, dass etwas geschah, was total unfair war und niemand anderem zugestoßen wäre. Er war 17, als unsere Eltern bei einem Autounfall getötet wurden, und das schien ihm den Rest zu geben. Er strengte sich nicht mehr an und landete in der Gesellschaft übler Leute, die mitbekamen, dass er und ich von unseren Eltern Geld geerbt und eine Lebensversicherung ausbezahlt bekommen hatten. Er verschwand für sieben Monate von der Bildfläche, und als ich ihn dann wieder sah, war er von Crack abhängig. Er hat es mir erzählt. Er war darauf nicht stolz, aber bedauerte es auch nicht. Es war ihm einfach egal.

Mit 20 war er pleite und lebte auf der Straße. Ich hatte mir viel Wissen angeeignet und mich einer Selbsthilfegruppe angeschlossen, und so war klar, dass ich ihm kein Geld gab oder in irgendeiner Weise unter die Arme griff. Eine Zeit lang versuchte ich ihm gut zuzuhören, aber die Hälfte von dem, was er sagte, machte keinen Sinn, und die andere Hälfte bestand aus Lügen und »Drogengeschichten«. Schließlich eröffnete ich ihm, dass er sich zwischen zwei Dingen entscheiden müsse: entweder einen Entzug zu machen oder aus meinem Leben zu verschwinden. Über den Entzug hatten wir zehn große Auseinandersetzungen; er sagte, er sei nicht interessiert und habe das Recht, sein Leben so zu leben, wie er es wollte. Ich hätte kein Recht, ihn zu kontrollieren, sondern solle ihn eigentlich bedingungslos akzeptieren, blah, blah.

Nach unserem letzten Streit schlug er ein Loch in meine Wand und stürzte aus der Tür. Mir war klar, dass dies alles zu nichts führte und dass er sterben würde, wenn nicht jemand oder eine höhere Macht zu ihm durchdringen konnte.

Ich rief um 3.30 Uhr morgens bei der Hotline Ihrer Gebetskette an und hinterließ seinen Namen. Ich wusste, dass ich nicht zu sagen brauchte, um was es sich handelte, aber ich tat es. Ich schätze, ich wollte Sie alle warnen, dass dies kein leichter Fall werden würde.

Sylvia, ein Wunder ist geschehen. Er wurde zwar nicht auf magische Weise geheilt, aber weniger als 24 Stunden später stand er vor meiner Tür und fragte, ob ich ihm mit dem Entzug helfen könne – wenn es ginge, noch am gleichen Tag, weil er so nicht weiterleben und nicht sterben wolle. Dank der Selbsthilfegruppe wusste ich, was zu tun war, und am nächsten Nachmittag war er schon auf einer Entzugsstation.

Das war vor fast vier Monaten. Er ist immer noch auf der Entzugsstation, und es geht ihm *großartig*! Oh, Sylvia, Sie und all die anderen Menschen waren für ihn ein Sicherheitsnetz, das ihn gerade noch rechtzeitig aufgefangen hat, bevor er im freien Fall auf dem Boden aufgeschlagen wäre. Und Sie haben auch eine gute Seele gerettet. Er wird alles auf vielerlei Weise »zurückzahlen«.

Danke. Danke. Danke.

(von Sonny)

An einem Montag stand meine Schwester wegen einer Gehirnhautentzündung kurz vor ihrem Tod. Ich rief zweimal Ihre Gebetsketten-Hotline an und sagte, dies sei ein dringender Notfall. Die Ärzte und Krankenschwestern, die nichts mehr für meine Schwester haben tun können, sahen es mit eigenen Augen, dass sich ihr Gesundheitszustand vom totalen Delirium am Montag bis zur vollständigen Klarheit und einer generellen Verbesserung um 95 Prozent am Mittwochnachmittag veränderte.

Ich habe Ihnen meine Informationen und meinen Aufnahmeantrag in die Gebetskette beigefügt. Da ich so viel empfangen habe, möchte ich mich dadurch bedanken, dass ich meinerseits gebe. Es wäre mir eine große Freude, wenn ich ein weiteres »Glied« in einer Kette werden dürfte, die die Kraft Gottes überträgt.
(von Warren)

Liebe Sylvia,
als Sie mich vor ein paar Jahren wegen meines telefonischen Readings anriefen, war ich frisch verheiratet und hatte gerade vernommen, dass ich mich einer Herztransplantation unterziehen müsse. Sie sagten, dass Ihre große Gebetskette für mich beten werde. Bis auf den heutigen Tag bewegt es mich zu Tränen, wenn ich an das Wunder denke oder anderen davon erzähle, das Sie und Gott möglich gemacht haben.

Ich habe nie ein Herz-Transplantat bekommen, denn es stellte sich heraus, dass ich es nicht brauchte. Das Herz, mit dem ich geboren bin, arbeitet wieder zu 90 Prozent normal. Nur einer von 100 000 erholt sich aus meiner Situation ohne ein neues Herz. Und ich bin diese Person. Ich verdanke das alles Menschen, die so liebevoll und mitfühlend sind, dass sie sich die Zeit nehmen, für einen völlig fremden Menschen zu beten. Ich stehe tief in Ihrer Schuld und in der Schuld dieser Menschen.
(von Ariella)

Liebe Frau Browne,
ich leite in meiner Gemeinde eine Krebs-Selbsthilfegrup-

pe und möchte Ihnen gerne eine Erfolgsgeschichte mitteilen, die mit Ihrem Buch *Die Geisterwelt ist nicht verschlossen* zusammenhängt.

Ich arbeite als Hausarzt und helfe meinen Patienten bei allem, was Geist, Körper und Seele betrifft. Ich arbeite in der Hospizbewegung mit und halte jährlich einen Vortrag auf einer Konferenz für spirituelles Heilen. Ich habe zwei Bücher über geistige Gesundheit geschrieben, die sich hauptsächlich mit Individuen befassen, die unter BPD (Borderline Personality Disorder) leiden. Ich habe mit Borderline-Patienten aus 35 Bundesstaaten und elf Ländern zu tun. Ich behandle sie als vollwertige Menschen, erkläre ihnen ihre Symptome und helfe ihnen spirituell. Um ein zufriedenes Leben zu führen, sollten sie einen spirituellen Glauben haben, der ihnen Hoffnung gibt und einen Grund dafür, vergangene Verhaltensweisen loszulassen.

In seinem Buch *Where God Lives* beschreibt Dr. Melvin Morse die rechte sylvische Fissur des Gehirns als den Ort, wo wir mit Gott und der Geistseele verbunden sind. BPD ist eine Funktionsstörung, die bewirkt, dass der Patient durch einen Anfall kurzzeitig von Gott und der Geistseele abgeschnitten ist.

Im letzten Herbst schloss sich eine Frau unserer Selbsthilfegruppe an. Ihr war gerade mitgeteilt worden, dass der Krebs in ihren Eierstöcken zum dritten Mal wieder ausgebrochen war, was sie ziemlich depressiv machte. Ich erklärte, dass Depression ein physisches Problem ist und keine Schwäche, und zeigte ihr faszinierende Bilder vom Gehirn im depressiven und nicht depressiven Zustand. Ein Antidepressivum half ihr enorm, um mit ihrer schlechten Prognose fertig zu werden und neue Dinge an sich heranzulassen.

Ihr Onkologe empfahl eine Chemotherapie, aber sie bestand darauf zu warten, sodass sie zur Ferienzeit nicht verunstaltet war. Auf einem nachfolgenden Treffen der Selbsthilfegruppe sprachen wir darüber, wie die Nahtoderfahrung uns helfen kann, inneren Frieden zu finden und die Verantwortung für unser Leben zu übernehmen. Ich empfahl ihr, *Die Geisterwelt ist nicht verschlossen* zu lesen.

Sie fühlte sich sehr angezogen von dem Buch und machte fleißig die Visualisierungsübungen mit weißem und grünem Licht. Ich schreibe diesen Brief Mitte Februar. Auf unserem Treffen letzte Woche sah sie absolut strahlend aus. Die letzten Testergebnisse zeigten, dass ihr Krebs völlig verschwunden war. Und um es nicht zu vergessen: Sie machte niemals eine Chemotherapie.
(von Dr. L. H.)

In Kapitel 4 konnten Sie mehr über Kinder und ihre hellsichtigen Fähigkeiten erfahren. An dieser Stelle werden wir uns darauf konzentrieren, was sich oft wie das größte aller Wunder anfühlt – die Heilung von Kindern.

So wie das Jenseits in der Erinnerung der Kinder noch frisch ist, wenn sie hier ankommen – und sie beziehen sich aufs Jenseits und beschreiben Teile davon, wenn Sie genau hinhören –, so haben sie auch noch bewussten Zugang zu ihren letzten Leben. Wir haben alle von Wunderkindern gehört, die im Alter von fünf Jahren verschachtelte Sonaten komponieren, obwohl ihre Eltern nicht eine einzige Musiknote lesen können. Und wir wissen von Erstklässlern, die Differentialgleichungen lösen, während ihre Klassenkameraden addieren und subtrahieren lernen. Glauben Sie wirklich, dass solche Kinder bei der Geburt unbeschriebene Blätter sind und sie ihre einzigartigen Fähigkeiten nur einem »Glücksfall der Natur« verdanken? (Ist es nicht herrlich, dass einige »Experten« lieber bei dem Wort »Glücksfall« Zuflucht nehmen, anstatt einem Phänomen auf den Grund zu gehen, das sie wissenschaftlich nicht erklären können?) Oder bleiben wir bei normaleren Beispielen. Sie kennen sicherlich Kinder, die seit der Geburt fasziniert von der Eisenbahn sind oder von Astronomie, von Pferden, vom amerikanischen Bürgerkrieg, von der Titanic oder von Flugzeugen, ohne dass eine andere Person oder irgendetwas sie darauf gebracht hätte. (Noch mehr »Glücksfälle«, vermute ich.) Darüber hinaus gibt es all die Ängste, mit denen Kinder auf die Welt kommen, vor dunklem Wasser und großen Höhen bis hin zu beengten Räumen und Gewitterstürmen – und zwar unabhängig davon, ob sie diesen Dingen im gegenwärtigen Leben ausgesetzt waren oder nicht. Und noch einmal, gibt es eine logischere Erklärung als anzunehmen, dass diese Ängste einfach aus einem vergangenen Leben stammen, an das sich ein Kind noch so erinnert, wie wir uns an den gestrigen Tag?

Im Kapitel über die Gesundheit haben wir uns eingehend mit der Zellerinnerung befasst, und daher möchte ich Sie an dieser Stelle nur noch einmal darauf hinweisen, dass Zellerinnerung das angehäufte Wissen unserer Geistseele ist, das jede Zelle durchdringt und die Zellfunktionen steuert. Und Kinder, die noch Schwierigkeiten haben, ihre früheren Leben von dem neuen Leben zu trennen, in das sie gerade eingetreten sind, sind empfänglicher für die negativen Aspekte der Zellerinnerung als Erwachsene.

David war nur fünf Jahre alt, als ich der dringenden Bitte seiner Eltern nachkam und ihn an seinem Krankenbett besuchte. Er war dabei, an Leukämie zu sterben, und schon zu schwach, um zu sprechen oder sich zu bewegen. Er hing an einem Netz von Schläuchen, und seine Ärzte glaubten nicht daran, dass er seinen sechsten Geburtstag erleben würde.

Denken Sie immer daran, dass unsere Geistseele auf ewig lebendig und gesund ist, wie schwach oder beeinträchtigt der physische Körper und das Gehirn auch sein mögen. Davids Körper konnte nicht mit mir sprechen, als ich neben seinem Bett stand, aber seine Geistseele war klar und deutlich zu verstehen. Sie gab mir den Schlüssel zur Zellerinnerung, die sein Leben bedrohte.

Ich lehnte mich nahe an ihn heran und fing an, auf die Zellerinnerung einzuwirken. Ich wusste, dass die Geistseele einer scheinbar unbewussten Person nicht nur sprechen, sondern auch zuhören konnte.

»David, hör mir gut zu! Was gerade mit dir geschieht, hat nichts mit deinem gegenwärtigen Leben zu tun. Es stammt aus einem anderen Leben, einer anderen Zeit, einem anderen Ort, als du an den Folgen einer Blutvergiftung gestorben bist. Ich weiß, dass du dich daran erinnerst. Du denkst, weil du wieder in einem Körper bist, muss dein Blut immer noch vergiftet sein. Aber das stimmt nicht. Das war in der Vergangenheit und ist jetzt vorbei. Du warst schon einmal hier, hast dein damaliges Leben gelebt und bist weitergegangen. Du warst seitdem mit Gott im Jenseits, in unserer Heimat, und du bist mit einem ganz neuen Körper hierher gekommen. Er ist rein und gesund, frei von Gift, bereit für ein langes, gesundes Leben. Lass die Blutvergiftung und alles andere, was du aus einem vergangenen Leben mitgebracht hast, los, damit es sich im weißen Licht des Heiligen Geistes auflöst und dir nie wieder Schaden zufügt.«

Ich betete und umgab ihn mit dem herrlichen, reinigenden weißen Licht Gottes und dem grünen Licht der Heilung, aber vor allem versicherte ich ihm immer wieder, dass er schon einmal an der Blutvergiftung gestorben ist und es nicht noch einmal zu tun brauchte.

Er war fünf Jahre alt und niemand glaubte, dass er sechs werden würde. David kommt immer noch von Zeit zu Zeit vorbei und sagt Hallo, wenn er zu Beginn oder am Ende der Ferien vom College kommt oder dorthin zurückfährt. Er ist ein gesunder, glücklicher, attraktiver 20-jähriger junger Mann, dem die Zukunft zu Füßen liegt. Ich habe ihn nicht geheilt. Seine eigene Geistseele hat dies mit Gottes Hilfe getan. Sie hörte, dass die Zellerinnerungen eines vergangenen Lebens im gegenwärtigen Leben nichts zu suchen haben, und handelte einfach entsprechend.

Während meine drei Kinder am Nachmittag schliefen, nahm ich noch einmal Sylvias Buch *Die Geisterwelt ist nicht verschlossen* in die Hand und stieß dabei auf die Passage mit der Gebetskette. Dies erinnerte mich daran, endlich einen längst fälligen Dankesbrief zu schreiben.

Meine sechs Monate alte Tochter Isabelle war mit einer doppelten linken Niere geboren, das heißt, zwei Röhren verlaufen von der Niere zur Blase, und die zweite ist zu 70 Prozent blockiert. Bis zum Alter von drei Jahren wird sie jeden Tag Antibiotika nehmen müssen. Wenn Isabelle Bauchschmerzen hat, kann dies eine schlimme Infektion sein, und es gibt für sie kein »leichtes« Fieber.

Am letzten Erntedankfest bekam Isabelle mitten in der Nacht Fieber. Um vier Uhr morgens war es alarmierend hoch, und wir fuhren sie so schnell wir konnten ins Krankenhaus. Die Ärzte waren sich sicher, dass sie eine Blaseninfektion hatte, aber nur ein Test mit dem Katheter konnte eine Probe erbringen, die aussagekräftig genug war, um das richtige Antibiotikum zu bestimmen. Ihr Fieber stieg und fiel und stieg und fiel, als wir sie ins Kinderkrankenhaus in der Stadtmitte brachten, um dort einen Kathetertest mit ihr durchzuführen, der für sich schon ein Alptraum war.

Als wir schließlich wieder zu Hause waren, wiegte ich weinend eine erschöpfte Isabelle im Arm. Ich betete von ganzem Herzen zu Gottvater, zur Muttergottheit, zu den Erzengeln, den Fürstentümern, Isabelles Geistführer und meinem eigenen Geistführer – einfach zu allen, die mir einfielen. Und nachdem sie in ihrer Krippe eingeschlafen war, ging ich sofort an den Computer und fügte Isabelles Namen der Gebetskette auf Sylvias Webseite hinzu.

Am nächsten Morgen um zehn Uhr war ihr Fieber verschwunden. Später rief ein Mitarbeiter des Krankenhauses wegen der Testresultate an und gab die Bezeichnung für ein Antibiotikum durch, das gegen den sehr seltenen Erregerstamm wirkte, den sie sich irgendwie eingefangen hatte. Der Arzt war völlig sprachlos und wundert sich noch heute, wie es möglich war, dass Isabelles Fieber so schnell sank, ohne dass ihr das Antibiotikum verabreicht worden war.

Ich weiß, dass die Gebetskette ihr Leben gerettet hat. Ich bin mir sicher, dass meine Gebete erhört wurden, aber die Gebetskette gab ihnen erst das Gewicht, das ich ihnen allein nicht geben konnte. Seit diesem Ereignis bin ich sehr wählerisch, was meine Gebete und Isabelles Antibiotika angeht, und meine Tochter musste nie wieder ins Krankenhaus.

Ich habe nichts dagegen, wenn Sie dieses »Dankschreiben« allen zugänglich machen, die an der Wirkung der Gebetskette zweifeln.
(von Georgia)

Liebe Sylvia,
ich habe viele von Ihren Büchern gelesen und zu den vielen Dingen, die ich dadurch lernte, gehörten auch die kraftvollen Gebete zu Azna, der Muttergottheit. Schließlich hatte ich die Gelegenheit, es aus erster Hand zu erfahren.

Meine Tochter ist eine talentierte Tänzerin und hat mehrmals in der Woche Ballettunterricht. Eines Morgens klagte sie nach dem Aufstehen über Schmerzen in ihrem rechten Fußknöchel, die so stark zunahmen, dass sie ihren rechten Fuß nicht mehr belasten und den Knöchel nicht mehr bewegen konnte.

Nachdem der Arzt sie untersucht und ein Röntgenbild angefertigt hatte, teilte er uns mit, dass sie eine Entzündung der Achillessehne hatte. Er meinte, es werde zwei bis vier Wochen dauern, bis die Sehne wieder verheilt sei, und bis dahin solle sie sich jeder körperlichen Aktivität enthalten. Sie war schon todunglücklich, wenn sie eine Ballettstunde nicht mitmachen konnte, aber eine Woche auszusetzen, war geradezu unerträglich für sie, und ich litt mit ihr mit.

Sofort nachdem wir vom Arzt zu Hause waren, brachte ich meine Tochter ins Bett und ging in mein Zimmer und betete inständig zu Azna um Heilung, denn ich wusste nicht recht, was ich sonst tun sollte.

Ich weiß, wie unglaublich es scheint, aber ich habe es selbst gesehen und ich kann es schwören – eine Stunde später war mit dem Fuß wieder alles in Ordnung; sie konnte wieder normal gehen und der Schmerz war weg. Und nicht nur weg, er kam auch nie wieder.

Ich zweifle nicht daran, dass wir mit einer Heilung durch die Muttergottheit gesegnet wurden. Ich danke Ihnen, Sylvia, dass Sie mich mit ihr bekannt und dadurch dieses Wunder möglich gemacht haben.
(von Samantha)

Ich wohnte einer Heilungszeremonie mit Sylvia in einer Zeit bei, als ich mir große Sorgen wegen meiner siebenjährigen Enkelin Laurie machte. In der Augenklinik der Stanford University hatte man festgestellt, dass sie Toxoplasmose hatte, einen Parasiten, der das Innere des Auges zerstört. Dieser Parasit hatte bereits ihr linkes Auge so in Mitleidenschaft gezogen, dass sie nicht mehr geradeaus schauen konnte und nur noch wenig periphere Sicht hatte, die auch immer mehr abnahm. Die Sicht auf ihrem rechten Auge fing ebenfalls an, schlechter zu werden. Ihr Arzt konnte nur hoffen, die weitere Ausbreitung des Parasiten zu stoppen, denn seiner Meinung nach war es bereits klar, dass wir nicht mit einer Verbesserung ihres Zustands rechnen konnten.

Sylvias Heilungszeremonie bestand aus Gebeten und Trost sowie der Möglichkeit, meine Enkelin in die Liste der Personen aufzunehmen, für die in den kommenden Wochen »Heilgebete« von Menschen auf der ganzen Welt gesprochen würden. Ehrlich gesagt, ich war mir nicht sicher, ob das nach den entmutigenden Neuigkeiten der Ärzte von irgendeinem Nutzen sein sollte, aber andererseits glaube ich auch stark an die Allmacht Gottes.

Als Laurie nach ein paar Wochen wieder beim Arzt war, war dieser erstaunt, dass sich die Schädigungen am Auge tatsächlich zurückbildeten. Die Sicht in ihrem linken Auge hatte sich von einem bedrückenden 20/200 zu einem unvorstellbaren 20/100 verbessert. Der Arzt hatte keine Erklärung dafür, aber ich schon. Es war wirklich ein Wunder, Gott hatte die vereinten Stimmen erhört und angefangen, ein kleines siebenjähriges Mädchen zu heilen.
(von Joyce)

Liebe Frau Browne,
Sie erinnern sich vielleicht nicht daran, dass ich Ihnen wegen meines Sohnes Nick geschrieben habe, aber ich möchte Ihnen mit diesem Brief zusätzlich von ganzem Herzen danken. Vor etwas mehr als einem Monat hatte Nick eine Gehirnoperation, und es geht ihm besser als die Ärzte erwartet haben; sie nennen ihn inzwischen sogar schon ihr »kleines Wunder«. Ich weiß, dass dieser glückliche Ausgang möglich wurde, weil so viele mitfühlende und großzügige Menschen für ihn gebetet haben. Diesen

Menschen, und natürlich vor allen Dingen Gott, ist es zu verdanken, dass ein langes, gesundes Leben vor ihm liegt. Sie können sich gar nicht vorstellen, wie sehr Sie mir und meiner Familie geholfen und wie viel Hoffnung Sie uns gegeben haben.
(von Johnnie)

Meine liebste Sylvia,
ich wollte Ihnen nur mitteilen, wie sich mein Zustand verändert hat, seitdem Sie meinen Namen in Ihre Gebetskette aufgenommen haben.

Ich bin Ty, und meine Diagnose lautete Hodenkrebs. Als ich die Neuigkeiten hörte, war ich außer mir vor Angst, und irgendwann griff ich in meiner Panik zum Hörer und bat Ihre Gebetskette um Hilfe. Das war am letzten Montag.

Gestern, genau acht Tage später, machte mein Arzt weitere Bluttests, und alle ergaben, dass keine Anzeichen für Krebs mehr in meinem Körper vorhanden waren!

Der Sicherheit halber wird mein Radiologe noch eine Computertomographie machen, aber es sieht wirklich so aus, als habe Gott Ihre erstaunliche Gebetsgruppe laut und deutlich gehört. Ich werde Sie auf dem Laufenden halten, da können Sie sicher sein!
(von Ty)

Um den nächsten Bericht verstehen zu können, muss ich Ihnen vorher Raheim vorstellen.

Raheim ist ein mächtiger, hoch entwickelter Geist, ein guter Freund meiner Geistführerin Francine im Jenseits. In seiner letzten Inkarnation war er Sikh und ein großer Lehrer, und gelegentlich spricht er durch mich in besonderen Trancesitzungen, Vorträgen oder Gottesdiensten in meiner Kirche Novus Spiritus. Raheim ist nicht mein zweiter Geistführer und auch kein ständiger Begleiter oder Ratgeber wie Francine. Er besucht mich nur von Zeit zu Zeit, und ich trete dann genauso zur Seite, wie ich es tue, wenn ich Francine meinen Körper »leihe«, damit er uns seine Weisheit mitteilen und uns seine außergewöhnlichen Gaben zuteil werden lassen kann.

Eines Abends war also Raheim der »Gastsprecher« in meiner Kirche, was offensichtlich zur Folge hatte, dass ich »abwesend« war. Glücklicherweise war eine Frau namens Regine anwesend, und ihr Brief erzählt, was geschehen ist:

> Ich brachte meine fünfjährige Tochter Maggie zu einer Trancesitzung mit Raheim in der Hoffnung auf ein Wunder, nachdem bei Maggie Krebs diagnostiziert worden war. Raheim konzentrierte sich mehrere Minuten lang ausschließlich auf Maggie. Er hielt sie in den Armen und betete. Und wir bekamen unser Wunder – beim nächsten Arztbesuch nach dem Abend mit Raheim konnten die Ärzte keine Anzeichen von Krebs mehr bei meiner Tochter feststellen.
>
> Genauso Ehrfurcht gebietend wie das Wunder selbst war die Tatsache, dass Maggie mir und den Ärzten erzählte, sie sei von einem »Mann« geheilt worden. Sie ist felsenfest davon überzeugt, dass sie sah, wie ein »Mann« sie geheilt hat, obwohl es natürlich Sylvias physische Arme gewesen sind, die sie gehalten haben. Ich habe ihr nie widersprochen und werde es auch niemals tun. Sie weiß, was sie

sah, und es ist nicht das erste Mal, dass ihre »Vision« viel schärfer und klarer als meine ist.

Manchmal veranstalte ich Abende in meiner Kirche, wo ich in Trance gehe und Francine durch mich sprechen lasse. Sie erzählt ihren Zuhörern vom Leben im Jenseits und spricht über spirituelle und philosophische Themen, und zwar viel tiefgründiger, als ich dies jemals könnte. Außerdem befasst sie sich mit allem, was spontan hochkommt, wenn die Zuhörer ihr Fragen stellen. Wie bereits gesagt, stelle ich meinen Körper Francine für kurze Zeit zur Verfügung, damit sie auf einfache Weise mit den Anwesenden kommunizieren kann. Sie hat dafür immer meine Zustimmung, aber wenn ich nicht hinterher die Abschrift lese oder mir die Tonbandaufzeichnung anhöre, habe ich keine Ahnung, was an einem Abend mit Francine alles geschieht.

So kann ich mich nur auf die Berichte der 50 bis 60 Augenzeugen und auf ein paar Amateur-Tonbandaufnahmen stützen, um die folgende Geschichte einer Heilung und des wunderbaren göttlichen Einflusses aus dem Jenseits zu erzählen.

Unsere kleine Kirche war an jenem Abend bis auf den letzten Platz gefüllt. Francine war mitten in einem Vortrag, als ihr eine Frau auffiel, die vorne in den ersten Reihen saß und ein sehr blasses, erbärmlich dünnes kleines Mädchen auf ihrem Schoß hatte, das vielleicht drei Jahre alt sein mochte.

Francine stoppte mitten im Satz, schaute der Frau in die Augen und sagte: »Bring sie zu mir.«

Die Frau fing an zu weinen, als sie das zerbrechliche Kind zu Francine nach vorne brachte. »Dies ist meine Tochter Anna«, erklärte sie. »Sie ist erst drei, Francine, und sie stirbt an Knochenmarkkrebs. Die Chemotherapie schlägt nicht an. Die Ärzte geben ihr noch vielleicht sechs Monate. Ich flehe dich an, wenn du irgendetwas tun kannst, bitte hilf meinem Kind.«

Unabhängig davon, um was es gerade geht, Francines Stimme verändert nie ihren langsamen, sehr bedächtigen und völlig emotionslosen Ton. »Leg sie vor mich hin«, sagte sie, ohne von ihrem Stuhl aufzustehen. »Ich werde meine Energie zu ihr strömen lassen.«

Die Frau legte das Kind vorsichtig in Francines Schoß und hielt sie dort. Francine schloss ihre Augen und ihre Lippen bewegten sich, aber nur Anna konnte hören, was sie sagte. Nach ein paar Minuten schaute Francine wieder die Mutter an und sagte einfach: »Du kannst sie jetzt nehmen.«

Innerhalb der nächsten Woche besserte sich Annas Gesundheitszustand. Nach einem Monat standen die Ärzte ehrfürchtig vor einem Rätsel, weil sie keine Spur von Krebs mehr in Annas Körper fanden.

Anna, die im Alter von drei Jahren noch eine Lebensaussicht von sechs Monaten gehabt hatte, ist nun ein strahlendes zwölfjähriges Mädchen. Ab und zu schickt sie Francine über mich immer noch Karten und Fotos.

Ein Wort zur Gebetskette

Wie Sie in diesem Kapitel immer wieder lesen konnten, hat der gemeinsame Chor von Stimmen, die Gott unisono um seine mitfühlende Heilkraft bitten, eine beeindruckende Wirkung. Wenn auch Sie Teil der Gebetskette werden oder ihre Dienste in Anspruch nehmen möchten, dann finden Sie alle notwendigen Informationen auf meinen Webseiten *www.sylvia.org* und *www.novus.org*.

Die Gebetskette funktioniert folgendermaßen: Jeden Morgen um 6 Uhr kalifornischer Zeit [= 15 Uhr mitteleuropäischer Zeit] sammeln meine Mitarbeiter die Mitteilungen, die auf meiner Voicemail und auf meiner Webseite eingegangen sind. Zu diesen Mitteilungen gehören die Namen derjenigen Menschen aus aller Welt, die in das Morgengebet eingeschlossen werden möchten. Wir fragen nie nach Einzelheiten des individuellen Problems, und es ist auch nicht nötig, dass wir sie wissen. Dennoch steht es Ihnen frei, sie uns mitzuteilen.

Die Namen werden umgehend an die Priester meiner konfessionslosen Kirche *Novus Spiritus* weitergegeben. Jeder der Priester gibt die Namen an 50 Mitglieder der Gebetskette weiter, von denen jedes sie an weitere 50 weiterleitet und so weiter. Gleichzeitig wird die Liste auch auf meiner Webseite weiterverteilt.

Zur Stunde der dreifachen Dreifaltigkeit (die Dreifaltigkeit des Vaters, des Sohnes und des Heiligen Geistes, multipliziert mit drei) um 9 Uhr kalifornischer Zeit [18 Uhr mitteleuropäischer Zeit], sprechen wir – egal, wo auf der Welt wir gerade sind – folgendes Gebet für jeden Namen auf der Liste:

Lieber Gott,
wo auch immer sie Schmerzen leiden, in Geist,
Körper und Seele,
möge sich der Schmerz mit Deiner Hilfe
im heilenden weißen Licht
des Heiligen Geistes auflösen.
Amen.

11

Verbrechen und vermisste Personen

Vor vielen Jahren hielt ich einmal in Nordkalifornien eine Rede auf einer Tagung von Mordkommissaren. Ich bin stolz darauf, dass ich einen guten Ruf als diskrete, sorgfältig arbeitende Helferin habe, wenn es darum geht, Verbrechen aufzuklären, bei denen man mit – um es höflich auszudrücken – »eher konventionellen« Aufklärungsmitteln nicht weiterkommt. (Mit anderen Worten, wenn alle Nachforschungen zu keinem Ergebnis geführt haben und sich Verzweiflung breitmacht, dann beißen die Kommissare die Zähne zusammen und rufen diese verrückte Hellsichtige Sylvia Browne an, denn es ist zwar unwahrscheinlich, aber vielleicht kann sie ja doch helfen. Aber was haben sie schon zu verlieren? Ich bin kostenlos und habe noch nie für Unannehmlichkeiten gesorgt, indem ich meine Mitarbeit im konkreten Fall an die große Glocke gehängt hätte.) Die Rede verlief gut, mein in Zivilkleidung erschienenes Publikum brachte mir mehr Respekt entgegen, als ich zu hoffen gewagt hatte, und mein Telefon hörte gar nicht mehr auf zu klingeln, als ich hinterher wieder zu Hause war.

»Ich fand Ihre Präsentation heute Abend sehr gut«, sagte ein Anrufer, »und ich wollte fragen, ob Sie bereit wären, uns im Fall des Skimasken-Vergewaltigers zu helfen.«

Diese Anfrage konnte ich einfach nicht ablehnen. Die Taten des Skimasken-Vergewaltigers waren damals im Gebiet von San Francisco der bekannteste nicht gelöste Fall. In den letzten drei Jahren hatte er mindestens 26 Frauen auf brutale Weise vergewaltigt. Er hinterließ nie Fingerabdrücke, benutzte gestohlene Wagen und lauerte seinen Opfern überall auf, auf leeren Schulhöfen oder in leeren Bürogebäuden oder, kaum zu glauben, im Beichtstuhl einer Kirche. Seine Opfer hatten ein Alter von 16 bis 83 Jahren, wodurch es unmöglich war, vorauszuahnen, wen er als Nächstes überfallen würde. Dennoch hatte er mehrere Markenzeichen: Er trug immer eine blaue Skimaske über dem Gesicht, hatte immer eine Pistole dabei und fesselte seine Opfer immer, bevor er sich an ihnen verging. Außerdem verschwand er nie, ohne Bargeld, Schmuck und Karten für den Geldautomaten zu fordern. Die Menschen im gesamten Gebiet rund um die Bucht von San Francisco waren verständlicherweise in Angst und Schrecken, und die Polizei war frustriert, weil sie keinerlei Beweise hatte und auch keine verlässliche Beschreibung des mutmaßlichen Täters. Denken Sie daran, dass es damals noch keine DNS-Analyse gab, die bei den Opfern sichergestellten Samenproben bestätigten nur, dass es sich um eine Vergewaltigung handelte. Ansonsten ließ sich durch sie nur noch die Blutgruppe des Täters feststellen, was wenigstens schon einmal half, die einzelnen Fälle richtig zuzuordnen. Die Polizei wollte diesen Mann endlich hinter Schloss und Riegel bringen – und so trat ich auf den Plan.

Ich sagte dem Anrufer, einem Kriminalkommissar aus Los Altos, dass er auf meine Mitarbeit zählen könne, und schon am nächsten Tag setzten wir uns zusammen. Wir waren beide so sehr daran interessiert, den Fall zu lösen, dass er mich schon fragte: »Was können Sie mir über diesen Typen berichten?«, bevor wir uns gegenseitig überhaupt vorgestellt hatten.

Ich sah den Vergewaltiger genau vor mir. »Er ist weißer Hautfarbe, mit leicht afroamerikanischem Einschlag. Er ist sehr kräftig, hat dunkles Haar, und ich bekomme nicht seinen vollen Namen, aber sein Nachname fängt mit einem S an.« Weitere Informationen kamen herein und ich wollte sie schon mitteilen, als ich es mir anders überlegte, so etwas Lächerliches laut auszusprechen. Ich unterbrach also meine Beschreibung, indem ich sagte: »Ich weiß, es klingt verrückt, die Worte ›Vergewaltiger‹ und ›Gentleman‹ in einem Atemzug zu nennen, aber so boshaft seine Verbrechen auch sind, nachdem er seine Opfer vergewaltigt und beraubt hat, ist er ihnen gegenüber fast höflich.«

Der Kommissar schaute von den Notizen, die er sich machte, auf. »Wir haben diesen Punkt vor der Presse verschwiegen, aber Sie haben Recht«, sagte er. »Alle Opfer sagten uns, dass er sich hinterher fast entschuldigt, selbst wenn er vorher damit gedroht hat, sie zu töten. ›Ich habe getötet und ich kann es wieder tun, aber es tut mir wirklich leid.‹« Ich hatte definitiv seine volle Aufmerksamkeit. Wissbegierig fragte er: »Gibt es sonst noch etwas?«

»Er arbeitet für die Stadt«, erzählte ich ihm.

»Das ist sehr allgemein, können Sie seine Arbeit nicht näher beschreiben?«

»Es hat etwas mit Straßen zu tun, er arbeitet *unter* der Straße. Es hat irgendetwas mit Linien zu tun. Er arbeitet für die Stadt, indem er unter den Straßen etwas mit Linien macht.« Ich war verblüfft. Dem Kommissar ging es nicht anders, aber er schrieb trotzdem alles mit.

Dann bekam ich noch eine gezieltere Information. »Redwood City«, sagte ich. »Er hat vor, eine Frau in Redwood City zu vergewaltigen. Sie sollten Ihre Fahndung dort verstärken und Ihre Einsatzkräfte verdoppeln, denn genau das hat er vor. Aber Gott sei Dank werden Sie ihn in Redwood City schnappen, bevor er sein Vorhaben in die Tat umsetzen kann.«

Der 26-jährige George Anthony Sanchez wurde ein paar Wochen später, am 30. November 1987, in Redwood City beim Versuch festgenommen, in das Haus einer alleinstehenden Frau einzubrechen. Sanchez reparierte für die Stadt Abwässerkanäle. Bei einer Hausdurchsuchung fand man die blaue Skimaske, die er getragen hatte. Sie befand sich in der Nähe des Geheimverstecks mit den Sachen, die er seinen 26 bekannten Opfern abgenommen hatte. George Anthony Sanchez wurde in 101 Fällen überführt und verbüßt eine lebenslange Haftstrafe ohne die Möglichkeit der Strafaussetzung.

Wie jedes andere Medium, das mit den Strafverfolgungsbehörden zusammenarbeitet, wie ich es seit 40 Jahren tue, würde ich es sehr schätzen, wenn die geistige Welt mir hin und wieder unaufgefordert Hinweise gäbe, spontane und direkte Informationen zur Aufklärung von Verbrechen und detaillierte Beschreibungen, wo genau vermisste Personen zu finden sind. Wie meine Kollegen, so bin auch ich schon hundertmal gefragt worden: »Wenn Sie hellsichtig sind, dann wissen Sie doch, wer JonBenet Ramsey getötet hat? Wer hat Chandra Levy umgebracht? Wo ist Natalee Holloway?« Wir alle würden uns wünschen, dass die ganze Sache so einfach wäre, genauso wie jeder Mitarbeiter der Strafverfolgung einfach nur Fingerabdrücke und DNS-Analysen in die Datenbank eingeben müsste und sofort einen »Treffer« landen und damit den Beweis erbringen würde. Fall abgeschlossen!

Tatsächlich ist es so, dass ich auf die Informationen angewiesen bin und nur die Einzelheiten weitergeben kann, die ich selbst erhalte. Dies muss nicht immer der genaue Name, die genaue Adresse und die genaue Führerscheinnummer des Straftäters sein. Manchmal ist dies der Fall, und dann haben es alle Beteiligten leichter – die Strafverfolgung kann an diesen Informationen ansetzen und den Fall entsprechend zurückverfolgen. Stellen Sie sich den Aufschrei der Öffentlichkeit vor, wenn jemand verhaftet und verurteilt wird, nur »weil Sylvia Browne es gesagt hat«. Und ich würde mich persönlich an dem Aufschrei beteiligen, da können Sie sicher sein. Niemand sollte so viel Macht haben und mit so viel alleiniger Verantwortung beladen werden. Wenn es außer meinen Aussagen keine weiteren Spuren oder Beweise gibt, dann gibt es auch keinen Fall und sollte es auch keinen geben. Aus diesem Grund sagen wir Medien auch, dass wir zur Aufklärung eines Falles beitragen können, aber mehr auch nicht. Es wäre eine glatte Lüge zu behaupten, wir würden die Fälle alleine lösen können.

Ich kann zwar nur die Informationen weitergeben, die ich selbst erhalte, aber das Gute daran ist, dass ich überhaupt Informationen bekomme. Die Hinweise, Bilder und Anfangsbuchstaben, überhaupt alles, was ich aus dem Jenseits über Verbrechen und vermisste Personen erfahre, ist nicht etwas, das ich mir jemals selbst an die Brust heften würde. Es ist eine Ehre, diese Informationen zu empfangen; sie sind Geschenke, die Gott und das Christus-Bewusstsein uns aus ihrer unbegrenzten Weisheit und ihrer eigenen Einschätzung heraus anbieten. Sie gehen weit über das hinaus, was ich jemals voraussagen geschweige denn beurteilen könnte.

Ich habe strikte Regeln, was die Mitarbeit in Kriminalfällen betrifft. Ich bin keine Trittbrettfahrerin, die ungeklärten Dingen hinterherjagt, um öffentliche Aufmerksamkeit zu bekommen. Es gibt ein paar bekannte Fälle, zu deren Aufklärung ich beitragen konnte, aber wenn mein Name in Medienberichten in diesem Zusammenhang fällt, dann geschieht das nicht, weil ich den Stein ins Rollen gebracht hätte. Ich habe keinen Pressesprecher und werde auch nie einen haben. Ich werde mich nie aufdrängen. Wenn ich mit den Behörden oder der Familie des Opfers zusammenarbeite, dann geschieht das nur, weil ich darum gebeten worden bin, und nicht, weil ich mich an die Tragödie eines anderen Menschen hänge, um dadurch im Rampenlicht stehen zu können. Wenn ich Informationen über einen Fall bekomme, der in den Medien große Beachtung findet, was manchmal geschieht, dann wende ich mich an die entsprechenden Behörden und/oder meine Freunde beim FBI, die dann Kontakt mit den Betroffenen aufnehmen. Ich wende mich an niemand anderen und schon gar nicht an die Presse.

Und es gibt einen weiteren Aspekt meiner Zusammenarbeit mit der Strafverfolgung – die übrigens auf einer strikt unentgeltlichen Basis stattfindet –, den ich als Teil meiner Antwort auf Fragen wie »Warum haben Sie den Mord an JonBenet oder das Verschwinden von Natalee Holloway nicht aufgeklärt?« erwähnen möchte. Zum einen bin ich in jenen Fällen nicht von den Ermittlungsbeamten gefragt worden, und zum anderen liegen zur Zeit mehr als 200 ungeklärte Fälle auf meinem Schreibtisch. Jeder von ihnen ist genauso schrecklich für die Angehörigen der Opfer und bedarf genauso dringend der Aufklärung, wie es sich die Familien und Freunde der in der Öffentlichkeit bekannten Fälle wünschen. Ich kann mir nichts Absurderes vorstellen, als die mehr als 200 Fälle, mit denen ich momentan befasst bin, danach zu gewichten, ob im Fernsehen darüber berichtet wurde oder nicht. Ich wünschte, es gäbe keine anderen ermordeten 6-Jährigen oder vermissten 20-Jährigen, deren Angehörige mich um Hilfe bitten. Da dies ein Wunsch ist, der mir offensichtlich nicht erfüllt werden wird, werde ich nie den einen Fall, der an mich herangetragen wird, aus welchen Gründen auch immer als wichtiger betrachten, und schon gar nicht deshalb, weil er öffentliches Aufsehen erregt hat. An dem Tag, an dem ich der Ansicht sein sollte, dass es nur die berühmten Fälle zu lösen gilt, werde ich meinen Hut nehmen und in den Ruhestand treten.

Ich arbeite zum Beispiel gerade an einem Fall, von dem Sie noch nie gehört haben und wahrscheinlich niemals hören werden. Ein hübsches junges Mädchen wollte sich in aller Frühe bei einem Restaurant mit Freundinnen treffen, um eine Fahrradtour entlang dem Pacific Coast Highway zu unternehmen. Sie ist niemals dort angekommen. Ihr Auto und ihr Fahrrad wurden gefunden. Schließlich fand man auch ihre Leiche, an einer Baustelle ein paar Kilometer die Küste hinauf. Ein Großteil ihrer Kleidung fehlte, und es hatte den Anschein, als sei sie vergewaltigt worden. Offiziell hieß es – und nun halten Sie sich fest – »Unfall mit Fahrerflucht«. Ich habe ihre wunderbare Schwester getroffen, die auch ihre beste Freundin gewesen ist, und habe so die Seelenqualen miterlebt, die dieser unaufgeklärte Tod verursacht hat. Und noch furchtbarer an der ganzen Sache ist, dass diese Qualen schon lange eine offene Wunde für die Schwester, die Familie und den großen

Freundeskreis sind, seitdem der Mord an einem frühen Morgen im Jahr 1981 geschah. Könnten Sie der Schwester in die Augen schauen und sagen: »Tut mir leid, das ist zu lange her, und ich glaube auch nicht, dass das noch die Öffentlichkeit interessiert, also auf Wiedersehen und alles Gute.«? Sehen Sie, ich konnte es auch nicht. Ich weiß, dass das junge Mädchen ermordet worden ist, ich weiß, dass der Täter in ihrem Bekanntenkreis zu suchen ist und dass es nicht leicht sein wird, ihn zu überführen (das Fahrrad ist schon längst verschwunden, und nach der Kleidung, die sie an jenem Morgen trug, wird immer noch gesucht). Aber wie bei jedem anderen Fall auf meinem Schreibtisch werde ich nicht eher aufgeben, bis diese Familie mehr Antworten hat, als sie gegenwärtig hat, nachdem ihnen 25 Jahre lang erzählt wurde: »Unfall mit Fahrerflucht. Fall abgeschlossen.«

Natürlich hat meine Mithilfe in diesem Fall, wie auch in allen anderen Fällen und Bereichen, in denen ich tätig bin, nur dann eine Wirkung, wenn die Informationen, die ich weitergebe, auch bestätigt werden. Manchmal sind die Bestätigungen genauso dramatisch wie die Fälle selbst.

An eine Bestätigung erinnere ich mich noch gut, weil sie so bizarr war. Sie kam nach einem meiner Auftritte in der *Montel Williams Show*. Zwei untröstliche Eltern, die ich Bill und Elaine nennen werde, saßen im Publikum und baten mich um Hilfe bei der Aufklärung des Mordes an ihrer Tochter. Montel und ich haben es schon unzählige Male gesagt, sogar vor laufender Kamera, aber ich möchte es an dieser Stelle noch einmal betonen: Sofern wir es nicht anders in der Fernsehsendung ansagen, habe ich niemals Informationen über die Personen und Themen, um die es an diesem Tag gehen wird, und ich werde sorgsam vom Studiopublikum abgeschirmt. Bill, Elaine und ihre herzzerreißende Geschichte waren für mich genauso neu wie für alle anderen Zuschauer, als Montel uns in der Sendung, die in den gesamten USA ausgestrahlt wurde, einander vorstellte.

Um nicht für Bill und Elaine und andere unschuldig Betroffene alte Wunden dadurch aufzureißen, dass ich alle Einzelheiten des Verbrechens darstelle, beschränke ich mich darauf, dass ihre Tochter »Amanda« in ihren späten Teenagerjahren in ihrer Wohnung in einer kleinen Stadt im Süden der USA gewaltsam ums Leben gekommen ist. Die örtliche Polizei hatte mehrere Verdächtige, aber nicht genügend Beweismaterial, um den Täter ausfindig zu machen, geschweige denn verhaften zu können. Da inzwischen ein ganzes Jahr vergangen war, lief der Fall Gefahr, »zu den Akten« gelegt zu werden.

»Können Sie uns irgendetwas sagen, das die Polizei auf die richtige Fährte führt?«, fragte mich Bill.

»Wissen Sie, wer es getan hat? Können Sie uns seinen Namen nennen?«, fügte Elaine hinzu.

Sie kennen bestimmt die Situation, in der Sie versuchen, sich an einen vertrauten Namen zu erinnern, der Ihnen irgendwie auf der Zunge liegt, Ihnen aber partout nicht einfallen will – und dann erinnern Sie sich plötzlich klar und deutlich. Es ist schwer zu beschreiben, in welcher Form der Name zu einem kommt, ob man ihn gehört oder gesehen hat, man weiß nur, dass man ihn auf einmal mit absoluter Sicherheit kennt.

Dies ist die beste Beschreibung, die ich Ihnen liefern kann, für den Moment, als Elaine mich fragte: »Können Sie uns seinen Namen nennen?« Ich wusste ihn plötzlich mit absoluter

Sicherheit, obwohl ich die Verdächtigen nicht kannte und auch keine anderen Namen von Beteiligten, mit Ausnahme von Bill, Elaine und Amanda.

»Richard«, sagte ich. »Sie sollen sich auf Richard konzentrieren.«

In der ausgestrahlten Version der Sendung wurde der Name »Richard« ausgeblendet, sodass ihn niemand hören konnte. Aber die Kamera war auf mich gerichtet, als ich ihn aussprach, und man musste kein erfahrener Lippenleser sein, um ihn sich vorstellen zu können. Man musste auch nicht hellsichtig sein, um Bills und Elaines schockierte Reaktion zu sehen, weil sie offensichtlich einen »Richard« kannten. Tatsächlich erklärten sie dann auch, dass es im Freundes- und Bekanntenkreis von Amanda einen Richard gab, der auch schon zu Beginn der Ermittlungen vernommen worden war.

Diese Episode wurde drei Wochen später ausgestrahlt. Ein paar Stunden nach dem Sendetermin beging Richard Selbstmord.

Weitere Ermittlungen der örtlichen Polizei bestätigten, dass Richard in der Tat Amandas schuldbeladener Mörder war. Der Mord war damit aufgeklärt, und der Fall wurde geschlossen. Meine Aussage hatte sich bestätigt, wenn auch mit einem bitteren Nachgeschmack.

Ich werde weiterhin für Bill und Elaine beten und ebenso für Richards Familie.

Nach der Erfahrung mit »Richard« saß ein todunglücklicher junger Mann namens Paul mit seiner Mutter Rita in Montels Publikum. Sie baten um Hilfe bei der Aufklärung des Mordes an Pauls jüngerer Schwester Erin. Dieses Mal war nicht nur der Ton ausgeblendet, sondern die Kamera blieb auch auf Paul gerichtet, anstatt auf mich zu gehen. Als ich ihm und seiner Mutter den Vornamen des Mörders nannte, den – da bin ich mir sicher – Erin selbst mir mitgeteilt hatte, war Paul so geschockt, dass er vor Schreck seine Augen aufriss.

Bei diesem Fall war die Aufklärung angemessener und weniger gewalttätig. Paul und Rita wurden ein paar Wochen später erneut ins Publikum eingeladen. Montel zeigte die Aufzeichnung ihres Auftritts in der ersten Sendung, ohne dass der Ton ausgeblendet wurde, sodass die Zuschauer im Studio und zu Hause deutlich hörten, wie ich sagte, der Name des Mörders sei Alex. Paul und Rita verkündeten daraufhin, dass es im Mord an Erin eine Festnahme gegeben habe. Der Name des vermutlichen Mörders war Patrick McCarthy, den aber jeder nur unter seinem zweiten Namen kannte, und der lautete Alexi.

Ich glaube, es beeinträchtigt nicht Mr. McCarthys gesetzlich garantiertes Recht der Unschuldsannahme, wenn ich hier schwarz auf weiß voraussage, dass er für diesen Mord verurteilt werden wird, wenn er dumm genug ist und auf »nicht schuldig« plädiert und den Fall vor Gericht gehen lässt. Aber schließlich bin ich nur eine Hellseherin. Was weiß ich schon?

Am 26. Februar 1993 rumpelte ein Transporter in die Tiefgarage des Nordturms vom World Trade Center in New York. Mittags um 12.17 Uhr detonierte die in dem Wagen versteckte Bombe. Sie tötete sechs Menschen, verletzte mehr als 1000 und markierte das schockierende Ende des amerikanischen Mythos, dass die USA auf heimischem Boden nicht von Terroristen angegriffen würden.

Mein Freund Ted Gunderson vom FBI, mit dem ich schon

in anderen Fällen zusammengearbeitet hatte, rief mich an, nachdem drei der Bombenleger, allesamt islamistische Terroristen, verhaftet worden waren. Im Laufe der Jahre hatte Ted gelernt, dass er mir und meinen Informationen vertrauen konnte. Außerdem wusste er, dass ich niemals der Selbsttäuschung anheim fallen und glauben würde, ich sei schlauer als das FBI. Nein, ich bin eine von vielen Ermittlungsmethoden, die der Strafverfolgung zur Verfügung stehen.

Ted hatte so viel kriminalistische Erfahrung, dass er kein bisschen erstaunt war, als ich ihm versicherte, dass fünf, vielleicht sogar sechs Männer an dem Bombenanschlag beteiligt waren, und nicht nur die drei, die schon in Haft saßen. Ich wurde am 16. März 1993 formell vom FBI befragt, und das Interview wurde auf Video aufgenommen. Da Teile des Videos bereits im bundesweiten Fernsehen ausgestrahlt worden sind, habe auch ich die Freiheit, einen Teil der Abschrift hier abzudrucken:

Browne: Einer der Männer, die Sie suchen, ist von gedrungener Statur … drahtig … schwarze Haare … schwarze Augenbrauen … irgendwo gibt es ein m… S-a-l-z-e-m oder so … Salzemon … Salzemon … m-o-n … Okay, Salzemon.

Gunderson/FBI: Wie sieht es mit zukünftigen Anschlägen durch diese Gruppe aus?

Browne: Darüber weiß ich nicht viel, aber ich mache mir Sorgen um ein Botschaftsgebäude, ein Kaufhaus und eine Brücke.

Das FBI verhaftete schließlich insgesamt sechs islamistische Terroristen im Zusammenhang mit dem Bombenanschlag auf das World Trade Center. Sie wurden 1997 und 1998 verurteilt, und zwar durchschnittlich zu 240 Jahren für jedes ihrer Verbrechen. Unter ihnen war ein Mann mit gedrungener Statur. Er hatte schwarzes Haar und schwarze Augenbrauen und hieß Mohammed A. Salameh. Ich lag nur bei ein paar Buchstaben daneben, und als Ted mich anrief und mir mitteilte, dass Salameh verhaftet war, war ich so außer mir vor Freude, dass beinahe Teds Trommelfell geplatzt wäre, als ich unfreiwillig ausrief: »Ihr habt ihn!«

Eine der wenigen Ausnahmen, wo ich von mir aus Himmel und Erde in Bewegung gesetzt habe, war ein Fall, bei dem sich eine Tragödie zusammenbraute und ich alles tun musste, was in meiner Macht stand, um sie zu verhindern.

Ronald Reagan war damals amerikanischer Präsident. Zusammen mit mehreren Diplomaten der USA und der Vereinten Nationen hatte er vor, am 6. Oktober 1981 an einer festlichen Parade zum Jahrestag des Camp-David-Friedensabkommens zwischen Ägypten und Israel teilzunehmen, das durch die Vermittlung von Präsident Reagans Vorgänger Jimmy Carter zustande gekommen war. Ägyptens Präsident Anwar as-Sadat, der für die Unterzeichnung des Abkommens anteilig den Friedensnobelpreis erhalten hatte, war der Ehrengast dieser Veranstaltung. Als ich von den geplanten Feierlichkeiten hörte, hatte ich sofort schreckliche Gewaltszenen und viele mögliche Todesopfer vor Augen – einschließlich eines Angriffs auf Präsident Reagan. Ich schaffte es irgendwie, die First Lady Nancy Reagan an den Apparat zu bekommen, und teilte ihr die Informationen mit, die mir aus dem Jenseits übermittelt worden waren.

Ronald Reagan sagte daraufhin seine Teilnahme an dem Ereignis ab.

Tragischerweise tat Präsident Sadat es nicht. Die Militärparade nahm ihren geplanten Ablauf, mit gewohnter Würde und Präzision. Sadat befand sich auf der Ehrentribüne und salutierte den vorbeiziehenden Truppen, als aus ihrer Mitte eine kleine Gruppe von ihren Paradefahrzeugen sprang und die Ehrentribüne mit einem furchtbaren Sperrfeuer von Maschinengewehren und Handgranaten unter Beschuss nahm.

Anwar as-Sadat war sofort tot und 20 weitere Personen wurden schwer verletzt, einschließlich vier amerikanischer Diplomaten, bei denen Präsident Reagan gesessen hätte.

Ich bin sehr stolz auf die Zusammenarbeit mit dem FBI und anderen Strafverfolgungsbehörden bei der Verbrechensbekämpfung auf der ganzen Welt, einschließlich der berühmten und berüchtigten Fälle. Aber ich bin genauso stolz auf meine Hilfe bei ungelösten Verbrechen, über die Sie nichts in den Nachrichten erfahren oder in der Zeitung lesen. Diese Straftaten erfahre ich in der privaten Abgeschiedenheit meines Büros von denjenigen, die unter den Auswirkungen leiden und nach Antworten suchen. Wie ich weiter vorne in diesem Kapitel gesagt habe, gibt es kein »unwichtiges Opfer«, und die Trauer der Angehörigen dieser Opfer ist genauso tief wie die Trauer der Menschen, die im Rampenlicht der Medien stehen.

Liebe Sylvia,
ich hatte ein telefonisches Reading mit Ihnen, in dem es hauptsächlich um meinen Sohn ging, der vor zwei Jahren verschwunden ist. Sie sagten mir, dass er schizophren, aber noch am Leben sei. Er sei in Tennessee und ich würde ihn innerhalb von einem Jahr wiedersehen.

Ich gebe zu, ich war sehr skeptisch, besonders als ich hörte, dass er sich in Tennessee aufhalten solle. Vor zwei Jahren, als er von der Bildfläche verschwand, war er in Las Vegas. Ich würde nicht so weit gehen und sagen, dass ich Ihnen nicht geglaubt habe, aber andererseits machten Sie mir auch nicht gerade viel Hoffnung.

Dies war bis gestern so, als ich einen Brief erhielt, der an meinen Sohn adressiert war. Der Absender war eine Autoversicherung. Es handelte sich um einen Werbebrief an ihre Kunden, und der Poststempel war Nashville, Tennessee! Er enthielt keinen Hinweis auf seinen gegenwärtigen Aufenthaltsort, aber er bestätigte, wie Sie vorausgesagt hatten, dass er lebte und in Tennessee war oder ist! Und da er das erste Mal seit seinem Verschwinden meine Adresse angegeben hat, hoffe ich nun stark, dass ich ihn vor Ablauf eines Jahres sehe.

Gott segne Sie für Ihre Gabe und den guten Gebrauch, den Sie von ihr machen. Und nochmals vielen Dank.
(von Ethel)

Ich ging zu Sylvia in der Hoffnung, den Mann wiederzufinden, der die große Liebe meines Lebens war, und mit ihm wieder zusammen zu sein. Ich habe ihn in den fast 30 Jahren, in denen wir nun schon getrennt sind, jeden Tag vermisst. Unfairerweise habe ich meine beiden Ex-Ehemänner immer mit ihm verglichen und war zu dem Urteil gekommen, dass sie ihm nicht annähernd das Wasser reichen konnten. Meine erste Frage an Sylvia lautete, ob er noch lebte oder nicht. Sie sagte: »Er ist nicht mehr am Leben.«

Ich glaubte ihr keine Sekunde lang, denn ich war mir sicher, dass das Problem darin lag, dass ich ihr nur seinen Vornamen gegeben hatte, sodass sie gar nicht wissen konnte, um wen es sich eigentlich handelte.

Um ihr zu zeigen, dass sie falsch lag, kam mir schließlich die Idee, im Internet nach ihm zu suchen. Es dauerte keinen Tag, und ich hatte seinen Namen auf der Webseite der Social Security gefunden, wo stand, dass er 1989 gestorben war.

Ich war am Boden zerstört. Ich weiß immer noch nicht, wo er gestorben ist oder wie seine Lebensumstände waren. Ich bin wütend auf mich, weil ich mit Sylvia in diesem Punkt so hartnäckig war. Ich habe all diese Jahre an sie geglaubt und mich an sie in einer Sache gewendet, die mir sehr wichtig war, und als sie etwas sagte, was ich nicht hören wollte, habe ich sofort »dichtgemacht«. Wenn ich akzeptiert hätte, dass sie Recht gehabt hat mit ihrer Äußerung, dass er tot sei, hätte ich ihr all diese unbeantworteten Fragen stellen können, und ich bin mir sicher, auch diese hätte sie richtig beantwortet.
(von Arlene)

Ich bekam heute einen Anruf von meinem Schwiegervater, der Sylvia in der *Montel Williams Show* gesehen hatte. Eine Person aus dem Publikum hatte Sylvia gefragt, ob die beiden Zwillingsbrüder, die sie zur Adoption gegeben hatte, wohlauf seien. Sie seien 1980 in einer kleinen Stadt namens Lima in Ohio geboren.

Sylvia erzählte der Frau, dass es den Zwillingen gut gehe, sie erfolgreich seien und in Florida lebten. Sie meinte, einer der Jungen sei im Baugewerbe und der andere im Maschinenbau tätig.

Meine Frau und ich sind die Adoptiveltern dieser beiden Zwillinge, die am 1. Februar 1980 in Lima, Ohio, geboren wurden. Im Jahre 1984 zogen wir nach Florida. Den Jungen geht es wirklich gut. Der eine baut Häuser und der andere arbeitet in der Maschinenfertigung. Sie leben beide in Jacksonville, Florida.

Ich bin mir sicher, dass Sylvia nicht alle ihre E-Mails lesen kann, daher bitte ich Sie, meinen Brief an sie weiterzuleiten.
(von Tom)

Anfang der 1980er Jahre nahm ich Kontakt zu Sylvia auf, weil ich ihre Hilfe beim Auffinden eines Freundes in Anspruch nehmen wollte. Sein Name war Mel. Am Muttertag war er zur Besteigung des Mount Diablo aufgebrochen und wollte am Vatertag zurück sein. Als er nicht auftauchte, nahm ich Kontakt zum Sheriff's Department und der Naturparkverwaltung auf, und seine Tochter meldete ihn bei der Polizei als vermisst.

Sylvia meinte, Mel sei immer noch auf dem Berg; wenn man diesen von der San-Francisco-Bucht aus betrachte, sei er auf der linken Seite. Er hielt sich in der Nähe eines »Campingplatzes« auf, der zum Picknicken und Zelten etc. benutzt wurde. Sie sagte, es gebe dort auch »Blockhütten« und einen »Laden«, genauso wie einen Bach oder ein kleines Flüsschen.

Die Suche mit dem Hubschrauber hatte keinen Erfolg. Ich ging zum Marsh Creek Fire Department, wo mein

Vater einst als Feuerwehrmann gearbeitet hatte, und erzählte, was Sylvia gesagt hatte, denn ich wusste, dass man dort einen Reiter-Suchtrupp hatte. Dieser konnte jedoch nur losgeschickt werden auf Anordnung des Sheriffs, aber der verweigerte seine Zustimmung. Sie glaubten, die Stelle, die Sylvia meinte, auf der Landkarte identifiziert zu haben, und verwiesen mich an eine Familie, die dort oben lebte und für den Bergwanderverein tätig war.

Diese Familie organisierte mit ein paar Freiwilligen schließlich eine eigene Suche, wobei sie sowohl Sylvias Beschreibung als auch ihrer Kenntnis des Berges folgten. In wenigen Stunden fanden sie Mels Leiche in einem Bach in unmittelbarer Nähe des verlassenen Campingplatzes.

Das ist der erste Teil von Sylvias Einfluss auf mein Leben. Der zweite Teil war noch härter zu nehmen.

Es geschah am Morgen, bevor die Mitglieder des Bergwandervereins zur Suche aufbrachen. Ich war mit meiner 12-jährigen Tochter auf dem Weg zum vereinbarten Treffpunkt mit den Reitern, als sie mir sachlich und in einem ruhigen Tonfall berichtete, dass sie nicht traurig darüber sei, wenn Mel tot wäre, weil er sie schon seit Jahren sexuell missbrauche. Ich muss wohl nicht betonen, wie geschockt ich war. Als seine Leiche gefunden wurde, wusste ich nicht mehr, was ich fühlen sollte – meine Dummheit, diesen Mann für einen vertrauenswürdigen Freund zu halten; meine Schuld, jemanden ins Haus zu bringen, der vielleicht schon davon geträumt hatte, meine Tochter zu missbrauchen; meine augenscheinliche Blindheit in Bezug auf meine Tochter, die alles für sich behalten hatte, weil sie mich nicht verletzen wollte.

Ich schlug mich 20 Jahre lang mit diesem Wissen herum, hasste einen toten Mann und hatte das Gefühl, dass er gestorben war, ohne zur Rechenschaft für das gezogen worden zu sein, was er getan hatte.

Dann las ich eins von Sylvias Büchern, in dem sie eindeutig sagt, dass jeder, der Kinder oder Tiere quält, seinen speziellen »Lohn« von Gott empfängt. Ich weiß, dass dies stimmt, und es tröstet mich.

Vielen Dank, Sylvia. Sie haben mein Leben stärker beeinflusst, als ich es mit Worten ausdrücken kann.
(von Tina)

Ich sah Sie im Fernsehen, wie ein Mann aus dem Publikum, der in Seattle als Wachmann der Geldtransportfirma Loomis arbeitete, Sie fragte, ob der Schütze, der seinen Partner getötet habe, jemals gefasst werde. Ich verfolgte diese Geschichte genau, denn ich erinnere mich an den Mann und seinen Partner aus meiner Zeit im Bankgewerbe im Einzugsgebiet von Seattle.

Sie versicherten dem Wachmann, dass der Täter in einem anderen Teil des Landes ergriffen werde und zwar im Zusammenhang mit einem anderen Verbrechen.

Nicht lange nachdem Sie im Fernsehen gewesen waren, las ich zufällig die *Seattle Times* in der Ausgabe vom 16. November und stieß dort auf einen Artikel, an dem Sie interessiert sein werden. (Ich habe den ersten Teil meinem Brief beigelegt.) Wie Sie sehen, steht dort, dass ein Mann aus Michigan, der wegen eines anderen Falls festgenommen worden war, angeklagt wurde, zusammen mit Komplizen einen schweren Raub in einem Vorort von Seattle

begangen zu haben, in dessen Verlauf ein Loomis-Wachmann getötet wurde.
(von Juditha)

Hallo Sylvia,
beiliegend finden Sie einen Zeitungsausschnitt, der Sie sicherlich interessieren wird. Ein Verwandter eines dieser vermissten Männer saß neulich im Publikum bei Montel Williams und fragte, ob sie jemals gefunden werden würden, und wenn ja, wo. Sie sagten, sie würden bestimmt gefunden werden und zwar im Wasser.

Der erste Abschnitt des Artikels lautet wie folgt: »Laut Polizeibericht wurde am Montagabend ein Laster, der drei Männern aus Massachusetts gehörte, die 1998 spurlos während eines gemeinsamen Urlaubs verschwunden waren, in einem Rückhaltebecken gefunden. In dem Laster befanden sich Insassen, aber die Polizei konnte noch nicht bestätigen, wie viele.«
(von Ronnie)

Ich hatte ein Reading mit Sylvia, um sie nach meinem Vater zu fragen, der sechs Jahre zuvor verschwunden war und nicht wieder auftauchte, obwohl die Familie, Freunde. Polizei und Privatdetektive intensiv nach ihm gesucht hatten. Sylvia meinte, wir würden ihn im Verlauf von zwei Jahren finden, in einem Waldgebiet in Wassernähe. Anderthalb Jahre nach dem Reading fanden wir schließlich seine Überreste im dichten Unterholz eines Kiefernhains an den Ufern des Flusses, der durch unsere Stadt fließt. Bitte richten Sie Sylvia den Dank aller aus,

die meinen Vater geliebt haben. Wir hatten nun endlich die Möglichkeit, einen längst überfälligen Abschied von ihm zu nehmen. So hart das auch klingt, es ist ein gesegneter Frieden im Vergleich zu der jahrelangen Hölle der Ungewissheit.
(von Shirley)

Schlussbemerkung

Ich muss, glaube ich, nicht extra betonen, dass ich in den vergangenen 50 Jahren durch viele Höhen und Tiefen gegangen bin und so manches Mal nicht wusste, wie ich das alles schaffen sollte. Aber mit Gottes Hilfe und der Hilfe des Christus-Bewusstseins und all der Menschen, die mich in Trab gehalten haben, werde ich bis zu meinem letzten Atemzug durchhalten.

Ich habe eine private Sammlung von Briefen, die ich mir für jene Momente aufhebe, wenn ich – wie es andere auch tun – an mir zweifle und mir wünschte, ich hätte mehr getan oder es besser getan oder etwas früher gewusst oder, oder, oder … all die Fragen, die wir Menschen uns stellen, weil wir uns fern unserer wirklichen Heimat fühlen. Ich muss dann nur einen dieser Briefe aus meiner Privatsammlung lesen, um sofort daran erinnert zu werden, dass es so viele wunderbare Menschen auf der Welt gibt, die ich in irgendeiner Weise berühren durfte und die mich im Gegenzug ebenfalls berührt haben. Sie bereicherten meine Seele mehr, als ich es mir jemals erträumt hatte, als ich noch das komische, ängstliche, verwirrte kleine Mädchen in Missouri war.

Aber genau das tun wir Brüder und Schwestern, die wir alle Kinder Gottes sind: Wir berühren uns gegenseitig und verstärken gegenseitig unser Licht. Wir verbinden es mit dem herrlichen weißen Licht des Heiligen Geistes und vertreiben zusammen die Dunkelheit.

Ich möchte Ihnen zum Schluss einen Brief aus meiner Privatsammlung vorstellen und mich bei Ihnen allen dafür bedanken, dass Sie mir Ihr Licht gebracht haben. Auf diese Weise haben Sie auch mein eigenes Licht dazu gebracht, heller zu leuchten.

Hallo Sylvia,
meine liebe Freundin, wie geht es Ihnen in diesen Tagen? Ich bin eine blinde Dichterin und genieße es, Ihre Bücher zu lesen, die meine Aufmerksamkeit fesseln. Ich schätze Ihre Herangehensweise an Spiritualität und verpasse keine *Montel Williams Show*, wenn Sie darin auftreten.

Es gab eine Zeit in meinem Leben, bevor ich auf Ihre Bücher stieß, wo ich Gott fragte: »Warum musste ausgerechnet ich mit einer Sehbehinderung geboren werden?« Nachdem ich einige Ihrer literarischen Werke intensiv studiert habe, verstehe ich mittlerweile das mit dem »Lebensplan«, den wir Ihnen zufolge alle schreiben, wenn wir ein neues Leben auf der Erde planen, bevor wir unsere Heimat im Jenseits verlassen! Indem ich dieses Konzept begreife und weiß, dass ich mich, während ich in meinem Geistkörper im Jenseits war, bewusst dafür entschieden habe, mit einer Sehbehinderung geboren zu werden, fühle ich mich als Person besser, weil ich weiß, dass meine Entscheidung dazu dient, mein irdisches Leben auf die Probe zu stellen. Seit ich dies weiß, zeige ich nicht mehr mit dem »metaphorischen Finger« auf Gott, denn Er gibt uns die

Freiheit, selbst zu entscheiden, was wir uns auf der Erde vornehmen, bevor wir unsere geistige Heimat verlassen und wieder zur körperlichen Seite zurückkehren.

Wissen Sie, Sylvia, wenn ich mir Ihre Werke als Hörbücher anhöre, amüsiere ich mich oft köstlich, weil die Vorleserin es ausgezeichnet versteht, aus Ihren Emotionen einen wahren Hörgenuss zu machen. Dies ist besonders der Fall, wenn Sie von Ihrer Geistführerin Francine frustriert sind. In Ihrem Buch *Die Geisterwelt ist nicht verschlossen* gibt es zum Beispiel die Stelle, wo Ihnen klar wird, dass das Jenseits einfach unsere irdische Welt überlagert, und Sie sich über Francine ärgern, weil sie es Ihnen nicht früher gesagt hat, worauf diese sagt: »Du hast mich nie danach gefragt.« *Ha!* Du meine Güte, das war genau der Lacher, den ich an diesem Tag brauchte, um mich aufzumuntern.

Ich lache gerne und fühle mich gern inspiriert, und Sie haben eine besondere Art, all die Menschen zu inspirieren, mit denen Sie in Kontakt kommen, sei es direkt oder indirekt. *Vielen Dank,* dass Sie mir Hoffnung und Zuversicht gegeben haben. Darauf vertrauen zu können, dass ich geliebte Menschen nach dem Tod wiedersehe und dass ich in die Heimat gehe, um ein auf Gott ausgerichtetes Leben zu führen, erfüllt mich mit Freude.

Gott segne Sie, Sylvia. Bitte hören Sie nicht auf, uns zu inspirieren und auf unserer Reise zu unterstützen. Ich schätze Sie sehr, und wenn ich in diesem Leben nicht mehr die Gelegenheit haben sollte, Sie persönlich zu treffen, dann hoffe ich, es zu Hause im Jenseits zu tun.

P. S. Grüßen Sie Francine von mir und sagen Sie ihr, sie soll weiterhin gut auf Sie aufpassen.